워릭 백작 리처드 네빌

-장미전쟁의 킹메이커

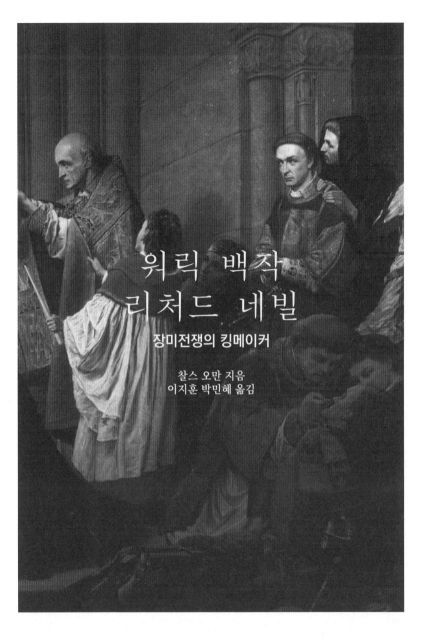

워릭 백작
리처드 네빌

장미전쟁의 킹메이커

찰스 오만 지음
이지훈 박민혜 옮김

필요
한책

4 워릭 백작 리처드 네빌

목차

I 킹메이커의 시대   10

II 네빌 가문   24

III 솔즈버리의 리처드   32

IV 킹메이커의 유년 시절   42

V 요크의 대의   52

VI 내전의 시작, 세인트 올번스   62

VII 칼레의 수장, 해군 제독 워릭   76

VIII 망명의 워릭   96

IX 승리와 재앙, 노스햄튼과 세인트 올번스   112

X 타우튼 전투   128

XI 에드워드 4세의 승리   148

XII 북부에 찾아온 평화   158

XIII 워릭과 에드워드 4세의 분열   180

XIV 배신의 게임   196

XV 헨리 6세를 위하여   214

XVI 에드워드 4세의 귀환   230

XVII 바넷   252

해제-장미전쟁의 열쇠, 워릭 백작 리처드 네빌   270

*본서의 번역 저본은 찰스 윌리엄 채드윅 오만 저 『Warwick the Kingmaker』 맥밀란판(1916)입니다.

*번역 작업은 11~14장은 박민혜, 그 외의 장들은 이지훈, 해제와 각주는 편집자가 맡아 진행하였습니다.

*본문 내의 중제목들은 저자가 원서의 각 페이지에서 느슨하게 제시했던 중제목들을 편집자가 내용과 순서에 맞춰 배치한 것입니다.

*주석들 중 편집자 주석은 ◎으로 구분하였으며 별도의 표기가 없는 주석은 모두 저자의 주석입니다. 또한 저자 주석에서 ( ) 안에 부가적으로 설명되어 있는 내용은 대부분 이해를 돕기 위한 편집자의 추가적인 주석입니다.

*명사의 표기는 되도록 영국식 영어 발음에 충실하게 표기하고자 했습니다.

*왕이나 군주의 경우는 생몰연대로, 그 외의 인물들은 이름 철자를 기재하여 구분 표기하였습니다. 기타 명사는 필요하다 싶은 경우 철자를 기재하였습니다.

*본서에서 사용된 서체는 순바탕, 서울한강체, 문체부바탕체, KoPub돋움, KoPub바탕, KBIZ한마음명조, 스포카 한산스, 본명조입니다.

네빌 가문 1364~1485

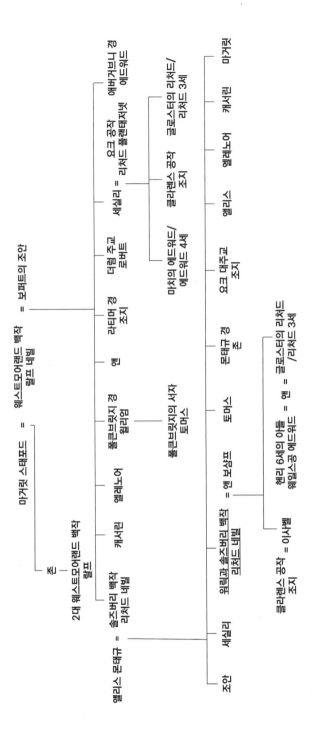

I
킹메이커의 시대

노르만 정복이 잉글랜드 정책의 진로를 인도하게 된 이후 등장한 모든 위대한 활동가들 중에서, 역사서 독자에게 워릭Warwick과 솔즈버리Salisbury의 백작 리처드 네빌Richard Neville만큼 잘 알려지지 않은 사람도 없을 것이다. 무시당하는 대우를 받기로 그의 명성에 근접한 유일한 사람으로는 토머스 크롬웰Thomas Cromwell이[1] 있었는데, 최근 몇 년 동안 이 헨리 8세 (1491~1547)의 위대한 주교는 그가 마땅히 받아야 할 주목을 받기 시작했다. 그러나 킹메이커는 십여 년 동안 영국 왕실의 첫째 가는 사안이었으며 모호하게 기록된 장미전쟁 연대기들에서조차도 막연한 위엄과 함께 드러나고 있지만, 어떤 작가도 그에 관한 연구를 남기지 않았다. 모든 사람들이 그의 이름을 알고 있지만 정작 그의 개인적인 정체성은 전혀 파악되지 않았다. 그가 어떤 사람인지 묘사해달라고 물으면 열 명 중 아홉 명은 자신이 가진 정보가 리튼 경Edward Bulwer-Lytton의 『최후의 제후들Last of the Barons』 (1843)이나 셰익스피어의 『헨리 6세』(1591~?)로 되돌아간다는 사실을 깨닫고 놀라게 될 것이다.

그러므로 비록 부족한 시도일지라도 원형의 학문적 결과들로부터 그의 경력과 사고방식을 정확하게 추적하려는 시도는 역사학도뿐만 아니라 일반 독자들에게도 어느 정도 도움이 될 수 있다. 물론 그 결과물은 후대의 인물을 다룬 전기들에 익숙한 사람들에게는 빈약하게 보일 수도 있다. 그러나 우리는 그의 초상을 그리는 데 도움이 될 사실들을 기이할 정도로 알지 못한다. 그의 체형에 대한 신뢰할 만한 표현은 없다. 초상화는 아직 발견하지 못했

---

1   잉글랜드 종교개혁에서 중요한 역할을 하며 앤 불린의 처형을 지지하고 제인 시무어 사후 클레페의 앤을 헨리 8세의 세 번째 아내로 추진하였으나 클레페의 앤에게 실망한 헨리 8세가 이혼함으로써 권력을 잃고 참수된다.◎

『루스 롤Rous Roll』의 워릭 백작 리처드 네빌 삽화

고, 비셤Bisham 수도원에 있는 기념비는 오랜 시간 마모되었으며, 어떤 작가도 그의 개인적인 모습을 묘사하려 하지 않았다. 우리는 그가 어둡게 생겼는지 밝게 생겼는지, 통통한지 날씬한지 모른다. 연대기 작가들의 모호한 구절들 모음에서, 그리고 『루스 롤Rous Roll』(1483/1484)[2]에 그려진 진기하게 무장한 모습에서 그가 대단히 큰 키와 넓직한 팔 다리를 가졌음을 알 수 있는 정도다. 하지만 훌륭한 루스는 사촌이자 왕이면서 적인 에드워드 4세(1442~1483)를 구함으로써 자신의 모든 경주를 무효화시키게 되는 기묘한 가계도 속 백작을 그리면서, 아마도 그의 몸보다는 명성을 떠올리고 있었으리라.

---

2   워릭셔Warwickshire의 역사가 존 루스John Rous가 쓴 군사 연대기.◎

15세기라는 어둠

워릭은 동시대인들과 운명을 공유했다. 15세기 사람들은 그들의 할아버지나 손자들보다 훨씬 덜 알려져 있다는 점에서 그렇다. 14세기에 연대기 작가들은 여전히 그들만의 오래된 구조로 일하고 있었다. 16세기에는 문학 정신이 온 나라에 내려와 위대한 사람[3]과 그보다 못한 사람들은 다른 모든 지식 분야들처럼 역사에 관한 글을 열심히 썼다. 그러나 랭커스터와 요크의 시대는 오래된 원천은 말라가면서 르네상스라는 새로운 홍수는 아직 일어나지 않았을 때였다. 이 시대의 역사를 재구성하는 데 필요한 자료들은 거의 없고 다루기도 힘들다. 지난 200여 년 동안 역사학계의 법도였던 홀Hall과 홀링스헤드Hollingshead가 쓴 모든 내용을 사실로 받아들일 엄두를 내기는 어렵다. 또는 그들이 쓴 튜더Tudor 왕조에 대한 동정심으로 끝없이 얼룩진 연대기를 이전 세기가 해낸 훌륭한 권위본으로서 받아들일 수도 없다. 그렇지만 그들의 다소 신뢰할 수 없는 매혹적인 책들을 잠시 제쳐둔다면, 두세 개의 딱딱하고 단순한 연대기 더미에 매달려 있는 매우 따분한 단편과 역사의 쓰레기 들 속에서 헤매는 자신을 발견하게 될 것이다. 윌리엄 우스터William Worcester[4]나 휘섬스테드Whethamsted 수도원장[5]을 시간대의 연속성의 근거로 삼는 것은 정말 미친 짓이다. 따라서 워릭은 정당한 평가를 받을 수가 없었다.

워릭이 속한 시대의 사람들 중에서 우리가 완벽하게 파악해야 할 인물로는 각각 그 시대의 최고, 그리고 최악의 결과였던 헨리 5세(1387~1422)와

---

3   윌리엄 셰익스피어를 의미한다.◎

4   15세기 영국 역사가.◎

5   장미전쟁의 첫 전투가 벌어진 세인트 올번스의 수도원장 존 휘섬스테드.◎

리처드 3세(1452~1485)가 꼽힌다. 전자의 업적은 그 시대의 별 볼일 없는 작가들조차도 다른 영웅들을 탐탁지 않게 여기게끔 하는 세세한 허세를 부리게 만들었다. 후자는 튜더 왕조에서 우리가 볼 수 있으리라 상상할 수 있는 음울한 초상을 가진 실제 인간으로서 너무 많은 비방과 욕설의 대상으로 쓰였다. 그러나 우리가 가진 인상이 제대로 그려진 게 아니며, 첫째든 둘째든 리처드의 역사에 관한 단 하나의 진지한 사료로 받아들여졌으며 문학적인 가치를 가진 작업물인 토머스 모어 경Sir Thomas More[6]의 찬탈자에 관한 유명한 전기로부터 거의 나온 것은 아닌지 공정하게 되물을 필요가 있다. 만약 그런 작업이 없으면 글로스터Gloucester의 리처드[7]는 막연하게 정의된 죄악의 괴물로만 보일 것이다. 모두에게 익숙한, 핏빛 무덤으로 번갈아서 향하는 몰락의 불길한 시간들 사이에서 춤추는 다른 그늘진 형상들처럼, 역사 학도에게는 대단한 퍼즐로서 말이다.

그러나 좋은 연대기는 사라지고 문학적 가치를 가진 당대 작가의 존재는 심각하게 부재한다고 할지라도 워릭과 그의 시대의 상세한 그림을 그리는 게 가능할 정도로 유익하고도 충분한 권위를 가진 한두 가지 저술들이 있다. 무엇보다 가장 중요한 것은 물론 귀중하기 그지없는 『패스튼의 편지들 Paston Letters』[8]이다. 그것은 전 기간을 망라하고 있을 뿐 아니라 종종 격식

---

6   관료이자 『유토피아Utopia』의 저자로 그의 저서들 중 『리처드 3세의 역사History of King Richard III』는 사후에 출판되어 셰익스피어의 『리처드 3세』에 큰 영향을 끼쳤다.◎

7   리처드 3세를 말한다.◎

8   1422년부터 1509년까지 노퍽의 젠트리Gentry(작위를 가진 귀족보다는 낮으나 독립 자영농민이자 소지주인 요먼보다는 위인 계층으로 평민 출신이나 근대 초에 이르러선 토지재 산을 바탕으로 의회에도 진출한다)에 속했던 패스튼 가문 내에서와 다른 가문들과 교환했던 서신과 공적 문서, 기록들의 모음으로 15세기 영국에 관한 중요한 자료다.◎

을 갖춘 자료들이 안타깝게도 누락시키고 있는 상세한 내용들을 생생하게 전달해 주기 때문이다. 만약 존 패스튼John Paston과 마거리 패스튼Margery Paston처럼 꾸준한 서신 활동을 한 사람이 여섯 가족만이라도 있어서 그들의 편지가 후대에 전달됐다면 우리는 정보 부족에 대해 불평할 필요가 없을 것이다. 다른 편지들은 벨보어 성Belvoir Castle의 잡동사니에서 튀어 나온, 바넷 전투(1471) 전 비참한 곤경에 처한 워릭 백작이 헨리 버논Henry Vernon에게 휘갈겨 쓴 흥미로운 편지처럼 수집품들 사이에 흩어져 있다. 명부roll와 조사서inquest 들에서도 많은 것을 모을 수 있다. 예를 들어 지역 권력의 중심과 소재 들에 관한 모든 중요한 정보는 귀족이나 기사들의 땅이 그가 사망하는 순간에 조심스럽게 새겨지는 『이스취트 롤Escheats Roll』의 평론란에서 매우 정확하게 찾아낼 수 있다. 하나의 권위 있는 사료에 다른 사료를 합치면, 완전함에 이르는 접근으로서의 어떤 관점에 기반하여 15세기 잉글랜드를 바르게 구축할 수 있을 것이다.

프랑스 전쟁의 결과

시대의 전체적인 양상은 물질적인 면은 그렇다 쳐도 도덕적인 면에서는 매우 우울하다. 역사상 헨리 6세의 치세에 관한 이야기보다 더 가련한 에피소드는 흔치 않다. 그는 잉글랜드 왕좌에 앉았던 사람들 중 가장 이타적이고 사심 없는 왕이었다. 심지어 그의 적과 탄압자 들마저도 그에게 악의적인 말을 할 수가 없었다. 문제가 발생하면 그들은 이렇게 불평했을 뿐이다.

"모든 것은 거짓 주군 때문인데, 문제는 그런 사람이 없다는 점이다."

아내와 아이에게서 찢겨져 나간 온유한 왕이 옴짝달싹 못하게 되고, 불쌍

할 정도로 최선을 다한 왕국의 여기저기로 변장한 채 보내져 헤매게 되고, 마침내 자신이 오랜 시간 살았던 왕실 성채의 죄수가 되어 5년 동안 소나무처럼 지내는 운명을 보게 되면 국가의 중추에 뭔가 문제가 생겼다고 느끼지 않을 수 없다. 잉글랜드의 침울한 모습에 대한 우리의 첫인상은 잘못되지 않았다. 우리가 읽는 모든 구절들은 나라가 점점 더 나쁜 시기에 빠져들어 갔다는 사실을 알려주고 있기 때문이다.

도덕적 퇴보의 가장 중요한 원인은 프랑스와의 비참한 전쟁[9]이었다. 전쟁은 순수한 탐욕과 야망이 뒤섞인 채 시작됐다. 거기에는 방탕한 외국인 용병 무리의 지원에 의해 지탱됐던 에드워드 3세(1312~1377) 시대의 빈약한 변명조차도 없었다.[10] 전쟁은 부분적으로는 잘못된 국가적 자부심 때문에, 부분적으로는 지배 계급의 개인적인 이익 때문에 절망스러울 정도로 오래 지속됐다. 불행한 만큼이나 부당했던 35년간의 전쟁은 국가에 악영향을 끼치고 사기를 떨어뜨렸다. 잉글랜드는 해산한 용병들로 가득 찼다. 영국해협 너머에서 부정하게 얻은 영토를 잃은, 운이 좋았던 시절에는 불안정한 영주 노릇을 했던 기사, 성주와 총독 들은 실직한 상태였다. 노르망디와 기옌Guyenne의 전리품들로 재정을 해결했던 온갖 종류의 뜨내기들 또한 마찬가지였다.

매년 사람과 돈이 아무 효과도 없이 전쟁에 쏟아 부어졌다. 그리고 최후의 파멸이 닥치면서 포르미니Formigny 전투(1450)와 샤티옹Châtillon 전투(1453)가 재난의 마지막 장을 장식하자, 국가는 실패의 부담을 지울 희생

---

9   백년전쟁을 말한다. 백년전쟁은 백 년이라는 시간 동안 계속 전쟁이 이뤄진 게 아니라 다수의 큰 전쟁 시기와 작은 전쟁 시기들, 휴전 시기들이 교차하고 있으며 여기서 말하는 프랑스 전쟁은 후기부터 마지막까지를 말한다. 학자에 따라선 전쟁의 발발 시기들이 분할되어 있고 연속성이 약하다며 백년전쟁이라는 하나의 전쟁으로 묶는 것을 비판하는 이들도 있다.◎

10   헨리 5세 사망 후 잉글랜드인들은 프랑스 땅의 3분의 1도 장악하지 못하고 있었다.

양을 찾기 시작했다. 진짜 책임은 그 어떤 개인도 아닌 국가 자체에 있었다. 그리고 진정한 실수는 성공에 대한 어떤 희망을 보여준 사업의 부실한 운영이 아니라 너무 강렬해서 억누를 수 없었던, 한 국가를 정복하려고 한 잘못된 끈기였다. 그러나 대다수 잉글랜드인들은 프랑스와의 전쟁이 번영이라는 결말로 끝마쳐졌을지도 모른다고 가정했으며, 전쟁을 반대한 특정한 사람들에게 책임이 있다고 여기기로 했다. 얼마 지나 대중의 격렬한 항의는 보다 대담해져서 랭커스터 왕조가 대외에서 벌어진 재난뿐만 아니라 국내에서의 '부실한 통치력'에 대해서도 비난을 받아야 한다고 주장하기 시작했다.

헨리 왕이 이에 대한 책임감을 이해하고 답변할 기지를 지녔다면 자신이 아니라 자신의 신하들이 그 부담을 짊어져야 하는 것이 마땅하다고 대답했으리라. 전쟁은 미약하게 진행되었다. 사실이다. 왜냐하면 전쟁에 필요한 인력과 돈이 아까웠기 때문이다. 잉글랜드는 노르망디에서의 운명을 결정지은 포르미니 전투에 4천 명을 보냈지만 후에 장미전쟁의 타우튼Towton 전장에는 10만 명의 인원을 투입했다.

고국 내에서는 사회 질서의 보루가 무너지는 것처럼 보였다. 사적 전투, 폭동, 노상강도, 살인, 납치, 법에 대한 무장 저항은 에드워드 2세(1284~1327)[11]의 난세 이후 발생한 적이 없는 규모였다. 가히 스티븐 왕(1092/1096~1154)[12]의 불행한 시절 수준이었다고 말할 수 있다.

하지만 왕국의 상태에 관한 비난을 받아야 하는 것은 왕뿐만이 아니었다.

---

11   스코틀랜드 침공을 계획했으나 폴커크와 베넉번에서의 대패 이후 국정의 혼란을 겪었고 반란에 의해 런던탑에 갇히면서 왕위를 박탈당했다.◎

12   잉글랜드 전임 왕인 헨리 1세(1068~1135)의 적통이자 부르고뉴 공작의 딸인 마틸다 Matilda와 결혼하고 왕위에 올랐으나, 마틸다의 이복동생 글로스터 백작 로버트가 마틸다를 왕위에 옹립하기 위해 반란을 일으키면서 9년여 간의 내전을 치른다.◎

자치정부가 성립하기 전, 국가는 왕권에 대하여 매우 엄중한 헌법적 견제를 하기로 결정했고 랭커스터 가문은 그 견제에 동의했기에 왕좌에 앉을 수 있었다. 실험의 결과가 비참하다면, 계약 당사자들은 치러야 할 책임에 대한 자기 몫을 부담해야만 하는 법이다. 그러나 국가는 실수를 좀처럼 인정하지 않는다. 그리고 윈저Windsor의 헨리[13]는 볼링브루크Bolingbroke의 헨리[14]가 그의 후손들을 불행한 합의에 맡겼기 때문에 왕국의 모든 불운을 책임지는 희생양이 되어야만 했다.

허약한 거버넌스

강력한 중앙정부를 원하는 욕구는 의심의 여지없이 15세기 중반의 잉글랜드가 막노동을 하게 되면서 쌓인 불만이었고, 격렬한 항의가 깃든 모든 불만은 잠재된 질병의 징후였다.

헨리 5세(1387~1422)가 사망한 이후, 국가의 내정은 꾸준히 악화되었다. 운명의 장난은 어린 왕의 이른 시절부터 시작되었다. 그의 이름을 빌어 통치한 섭정 위원회Council of Regency는 단 한 명의 통치자가 해낸 만큼의 권위를 만들지 못함을 처음부터 증명했다.[15] 끝없이 계속되는 프랑스 전쟁의 부담이 가중되면서, 보퍼트Beaufort와 글로스터 파벌로 나뉜 의원들은 정부

---

13   윈저 성에서 태어난 헨리 6세를 가리킨다.◎

14   헨리 4세를 가리킨다. 그의 원래 이름은 헨리 볼링브루크였으며 링컨셔의 볼링브루크에서 태어났다. 의회의 도움으로 리처드 2세를 몰아내고 왕위를 찬탈한 첫 랭커스터 가문 출신 왕이다.◎

15   헨리 6세는 생후 아홉 달이 됐을 때 즉위했기에 오랜 시간 미성년 상태였으며 그동안 주변의 대귀족들이 섭정 형태로 국정을 전횡했다.◎

에 신경 쓸 여력이 없었다. 그 예로 1428년쯤에 북부에서 사적 전투가 발발했을 때, 양쪽의 범죄자들을 벌하지 않고 중재로 분쟁을 해결하려고 노력하는 그들의 모습을 확인할 수 있다. 전국 각지에서 일어난 폭동 집회들, 의회 선거들에서의 무장 폭력, 의회 개회 기간에 런던에서 벌어진 부분적인 분쟁들-방망이 의회Parliament of Bats[16]라는 이름으로 1426년에 열린 모임에서 이긴 것처럼-때문에, 더 흔하고 커져만 갔다. 심지어 1431년에는 잭 샤프 Jack Sharp가 이끌던 정치적 롤라드파Lollards의 이상하고도 모호한 부상에 따른 반역 내란이 일어나게 되는데[17] 이 사건은 잉글랜드가 내전이 발발하기 20년 전부터 얼마나 피투성이 상태였는지를 보여준다.

그러나 이 모든 공공의 문제는 국가의 심장부가 건전했다면 비교적 중요하지 않았을 것이다. 시대를 그토록 침울하게 만드는 현상은 이전 세기 이후부터 계속된 개인적 도덕의 끔찍한 쇠퇴에서 비롯되고 있었다. 한 세기 내내 꾸준한 열화가 진행되었으며, 그 기간 동안에는 관심을 기울일 만한 인물을 찾을 수가 없다. 간혹 영혼을 가진 존 콜릿John Colet[18]이나 윌리엄 캐스튼William Caxton[19] 같은 인물들을 말할 수 있을지도 모른다. 그들이 다가올

---

16   1426년 레스터에서 열린 의회는 글로스터 공작에 의해 검의 소지가 금지되었기에 의원들은 몽둥이로 무장하고 출석했다.◎

17   애빙든Abingdon의 방직공이었던 잭 샤프는 교회 개혁가 존 위클리프John Wyclif를 추종하는 롤라드파를 이끌고 옥스포드셔에서 반란을 일으키지만 글로스터 공작 험프리에 의해 제압된다.◎

18   르네상스 스콜라 철학자이자 기독교 인도주의자, 교육자로 문예부흥운동의 선구자였던 에라스무스의 친구였다.◎

19   상인이자 외교관, 인쇄업자로 1476년에 잉글랜드 최초의 인쇄기를 도입하였고 다양한 외국어 작품을 영어로 번역하며 영어의 표준화에 혁혁한 역할을 했다.◎

르네상스에 속한 이들이 아니었다면 말이다.

잉글랜드에는 사태를 잘 살펴볼 계층이나 계급은 없었다. 예전의 호시절에 국민의 양심 역할을 했던 교회는 영적인 힘을 상실했다. 교회는 더 이상 성스러운 삶을 살아가는 사람이나 박학한 신학자, 또는 애국적인 정치인을 배출하지 못했다. 교회의 역량은 타성에 젖은 전통 신앙이 되는 데 그쳤다. 교회는 어떠한 영적 활력의 기미도 보여주지 못하면서 이전 세기에는 전혀 보여준 적 없는 박해 활동을 전개했다. 몇몇 사람들이 종교 문제에 대해 (사제의 가르침을 받지 않고) 스스로 생각고자 하는 어떤 조짐이라도 보이면 이들을 사냥하는 것이 교회의 유일한 활동이었다.

교회의 몰락은 너무 커서 레지널드 피콕Reginald Pecock 주교[20]처럼 곤경에 빠지는 일이 가능했다. 그는 롤라드파를 보호하기보다는 공격하는 일에 지나칠 정도로 독창성을 보여줬다. 교회 지도자들은 개인적으로는 정치인에 불과했다. 그렇다고 안정되고 확고한 신념을 가졌다고 평가되는 보퍼트처럼 더 나은 종류의 정치인은 더욱 아니었으며 자신의 가문이나 행운에 강한 흥미를 느끼며 바람에 몸을 맡겨 항해하는 듯한 수많은 부치어Bourchiers와 조지 네빌George Nevilles과 보샹프Beauchamps들이라고 할 수 있었다.

귀족들

15세기 잉글랜드 귀족들에 대해서 여기서 상세히 말할 필요는 없을 듯하다. 앞으로의 장에서 그들의 특성에 대해 실컷 말하게 될 테니까. 소수의 라

---

20   주교이자 추밀고문관으로 롤라드파에 대항했으며 성경을 통한 옳고 그름의 판단을 거부하고 이성을 중요하게 여겼기에 나중에 이단으로 몰렸다.◎

이벌 그룹으로 나뉘어지는 통에 너무 적은 숫자로 지나치게 강대하게 성장한 그들의 정치적 입장은 원칙이나 애국심, 또는 충성에 근거하지 않았으며, 가문의 원한과 관심에 의해 결정되었다. 그들은 성직 동업자들이 월터 랭튼 Walter Langton[21]이나 심지어 로버트 윈첼시Robert Winchelsey[22]와도 닮은 데가 없는 것처럼 에드워드 1세나 존 왕 시대의 조상들과 닮은 구석이 없었다. 잉글랜드 귀족들은 종종 제멋대로 굴었지만 두 장미의 시대[23]만큼 난잡한 유혈극과 약삭빠른 정치적 변절이라는 노골적인 두 악덕이 발전된 적은 없었다. 노스햄튼Northampton의 군주 그레이 드 루딘Gray De Ruthyn이나 보스워스Bosworth의 스탠리Stanley처럼 전투 중에 적에게 탈주하거나 우스터의 팁토프트 백작Tiptoft Earl of Worcester처럼 포로들을 고문으로 죽이는 것은 잉글랜드적인 관습이 아니었다. 그런 특성들은 프랑스 전쟁의 결과임을 인정할 수밖에 없다. 20여 년 동안 프랑스 파벌들과 싸우며, 잉글랜드 군대의 대다수를 형성한 신뢰할 수 없는 용병들을 지휘하면서 귀족들은 전에 없던 잔인성과 불충不忠을 흡수하였다. 그들의 타락은 고국의 내전에서 분명히 드러나기 한참 전에 이미 프랑스에서도 나타나고 있었다.

도시들

교회가 무력해지고 귀족들이 타락했다면 잉글랜드는 젠트리와 시민들의

---

21 코번트리와 리치필드 주교이자 재무장관으로 에드워드 1세(1239~1307)을 섬겼다.◎

22 캔터버리 대주교로 월터 랭튼과는 라이벌 관계였다.◎

23 랭커스터파는 붉은 장미, 요크파는 흰 장미를 상징으로 삼았기에 장미전쟁이라는 이름이 붙여진다.◎

건전한 마음에서 구원을 찾았으리라 생각할 수도 있다. 불행하게도 그런 일은 일어나지 않았다. 이 두 계급은 한 세기 내내 세력과 지위를 키워왔지만 고난의 시기가 왔을 때 국가의 운명을 이끌어 갈 어떠한 의지 표명도 하지 않았다. 그 계급들을 대표하면서 자신의 특권들을 계속 발전시켰던 하원[24]은 오히려 헨리 4세(1367~1413) 치세 당시보다 에드워드 4세 치세에 3배나 되는 세력을 지니게 됐다. 그리고 (하급) 기사와 종자 들은 귀족의 모든 악덕을 보다 작은 규모로 자행했다. 그들은 함께 뭉쳐서 왕위에 대한 충성을 유지하는 대신, 각자가 선호하는 제후(대귀족)에게서 경건하게 봉인된 채권[25]과 제복liveries[26] 들을 받아들임으로써 그들 스스로를 옭아맸다. 소규모 지주들이 평화와 전쟁이라는 사안과 관련하여 자신과 세입자들을 대신하여 인근 유력자들을 따르기로 동의한 이 치명적인 체제는 잉글랜드의 군사 체제를 붕괴시켰으며 예전의 봉건제만큼이나 위험했다. 그래서 영주의 소작인이 아니었던 모든 자유민들이 전쟁 중에는 어떤 제후의 깃발 밑이 아니라 주 장관sheriff[27] 아래에서 지휘를 받던 건강했던 옛 관습은 오랫동안 잊혀 갔다. 이제 한 주county의 모든 젠트리들이 어떤 대영주를 섬기겠다고 자의에 따라 계약을 맺는다면, 그 주에서는 왕권이 고려할만한 국민군이란 존재할 수 없었다. 왜냐하면 기사가 제후를 따르듯 요먼은 기사를 따랐기 때문이다. 젠트리가 기꺼이 제후의 추종세력을 형성하여 제후들이 잉글랜드를 불행하게

---

24   잉글랜드 의회는 에드워드 3세 때부터 도시민과 주에 소속된 하급 기사로 만들어진 하원과 대귀족들과 고위 성직자들이 주축인 상원으로 구성되었다.◎

25   경제적 후원.◎

26   한 제후의 가신집단이라는 것을 표시하는 표장, 옷 등등.◎

27   주 장관은 왕이 임명하게끔 되어 있었으며 이는 왕권 중심 체제의 형태를 보여주므로 학자에 따라서 대륙의 봉건제와 잉글랜드의 봉건제가 성격이 다르다는 주장의 근거가 된다.◎

만들었다면, 시민과 유산 계급은 그와는 매우 다른 입장을 취했다. 말썽을 피우지 않으면 그들은 매우 비활동적이었다. 그들은 정치에의 관여를 전적으로 거부했기 때문이다. 그리고 그렇게 함으로써 인격과 재산이 위험에 처하지 않는다는 걸 확인하면, 차례로 통치자들에게 열정적인 복종을 바쳤다. 덕분에 그 어떤 도시도 입성入城을 요구할만큼 충분한 군대를 가진 사령관에게 문을 개방하기를 거부한 적이 없었기에 장미전쟁 기간 동안 포위를 당한 도시는 거의 없었다. 몇 가지 예외를 제외하면 시민에 의해서가 아니라 성벽 안에 이미 주둔해 있던 적군 수비대에 의해 입장이 거부됨을 확인할 수 있다. 충성심은 잉글랜드의 제후들만큼이나 시민들 사이에서도 부족했던 셈이다. 그들이 일반적으로 랭커스터파보다 요크파를 좀 더 선호하는 모습을 보인 이유도 도덕적이거나 감상적인 근거에서가 아니었다. '좋은 통치'를 강행함에 있어 랭커스터가는 취약한 경험을 가졌다고 알려진 반면, 요크파는 왕좌의 권위를 회복하여 경쟁자가 왕좌를 차지했을 때보다 더 나은 무역이 가능하게끔 보호를 약속했기 때문이었다.

워릭 백작은 강한 사람이었다. 그는 재난 같았던 프랑스 전쟁의 종말로 촉발된 국가적 분노의 폭발과 함께 헨리 6세가 불행한 소수파가 되면서 나타났다. 그러한 기원은 그를 귀족 가문들 중 강력한 파벌의 우두머리에 위치시켰고, 강인한 몸과 마음은 역사의 흐름을 돌리게끔 만들었다. 이제 그가 자신 앞에 놓인 필연적인 문제들을 어떻게 다루었는가에 대하여 설명하게 될 것이다.

II
네빌 가문

중세 잉글랜드의 대가문들 중에서도 래비의 네빌 가문은 의심의 여지없이 가장 튼튼하고 풍족했다. 존(1167~1216)의 치세에서 엘리자베스 1세 (1533~1603) 시대에 이르기까지 그들의 유산은 한 번도 여성 혈통으로 전해지지 않았고, 1210년에서 1600년 사이에 살다가 죽은 14세대 중 아버지로부터 아들이나 손자로 이어지지 않고 삼촌으로부터 조카로 승계된 경우는 딱 한 번뿐이었다.

네빌 일족의 생명력은 외동딸과 오래된 가문의 폐절廢絕을 예고하는 듯한 혼인한 상속녀들의 반복적인 결혼을 통해 넉넉하게 지탱됐다. 1250년에서 1350년 사이 4명의 연속된 가계 중, 모든 기혼 여성들은 낡은 귀족 가문을 대표하는 상속자들이기도 했다. 그러나 네빌가는 점점 더 많아지고, 점점 더 많은 나뭇가지로 퍼져나갔다. 그들의 소유는 북부의 모든 주들이 그들의 영지로 채워질 때까지, 부계와 아버지가 소유했던 더럼Durham 황야의 원래 자리에서 점점 더 멀리까지 확장되었다.

초기 네빌 가문

가문의 기원은 존의 치세에 이웃 브란스페스Brancepeth의 제프리 드 네빌Geoffrey de Neville의 상속녀 이사벨라 드 네빌Isabella de Neville과 결혼한 래비 제후 로버트 피츠몰드레드Robert Fitz-Maldred였다. 더럼 관문 근처에 있는 어머니의 유산과 아버지의 티즈데일Teesdale 땅을 통합한 로버트의 아들 제프리는 네빌의 이름을 따왔고, 그 이후로 피츠몰드레드의 이름은 다시 쓰이지 않았다. 래비의 영주는 처음에는 북부의 다른 귀족들보다 더 우월한 방식으로 자신을 구별 짓지 않았다. 우리는 때때로 그들이 왕의 스코틀랜드 전쟁, 혹은 프랑스 전쟁에 참전하고, 시몽 드 몽포르Simon de Montfort[28]의 반란군에서 복무하고, 봉건제 상관인 더럼 주교와 언쟁하고, 때때로 주 장관을 살해하고, 그런 류의 행동을 한 후 스스로 책임을 지는 모습을 발견할 수 있다. 1346년 스코틀랜드와의 대결에서는 잉글랜드군의 선봉을 이끌었던 가문 중 하나로, 전쟁터에 네빌의 십자가라고 이름을 붙인 우아한 기념비를 세우기도 했다.

두 가지 분명한 특징이 13세기와 14세기의 네빌을 드러낸다. 하나는 그들 가족의 거대한 규모다.[29] 그리고 영지에 의해 영지가 만들어지는 그칠 줄 몰랐던 성공들이다. 로버트 네빌Robert Neville은 헨리 3세(1207~1272) 치세에 아이다 미트포드Ida Mitford와 결혼하면서 자신의 더럼 땅에 완스벡Wansbeck 골짜기에 있는 아내 소유의 넓은 노섬브리아Northumbria 제후령을 포함시켰다.

같은 이름의 그의 아들은 우레Ure 강을 따라 십여 마일에 이르며 커버데일Coverdale 숲으로 급조된 가장 먼 경계선으로 그어진 모든 영지와, 미들햄Middleham 성의 영주의 권리를 가진 미들햄의 메리Mary와 결혼하며 네빌을 요크셔에서 가장 저명한 이름 중 하나로 만들었다.

로버트의 젊은 상속인인 랄프는 아내로 클레이버링Clavering의 상속녀인 유피미아Euphemia를 취하여 그의 아버지와 할아버지의 행운을 모방했다. 그녀가 가져온 땅은 에식스의 클레브링의 절반이었지만, 노섬브리아 해변의 워크워스Warkworth 땅보다 덜 멀리 떨어져 있어서 더 가치 있는 땅이었다.

---

28   6대 레스터 백작이자 1대 체스터 백작이며 의회의 대변자로서 헨리 3세가 대헌장을 무시하자 대치하였으며 루이스 전투(1264)의 승리로 왕을 포로로 잡았다.◎

29   세 명까지 이어진 래비의 군주들은 각각 열 명, 열한 명, 아홉 명의 자식들을 자랑했다.

랄프의 아들 존은 퍼시Percy 가문의 어린 딸을 첫 번째 아내로 맞이하여 결혼했고, 그의 두 번째 아내로 확실시되는 엘리자베스 라티머Elizabeth Latimer는 벅스Bucks와 베드포드셔Bedfordshire에 흩어져 있는 영지를 소유한 귀족 가문의 상속인이었다.

웨스트모어랜드 백작 랄프

4세대에 걸친 부유한 결혼은 네빌을 북부의 모든 영주들 중 가장 강대한 영주로 만들었다. 이웃인 노섬벌랜드Northborland의 퍼시가조차 그렇게 강력하지는 않았다. 두 개의 네빌 배지인 회갈색 황소Dun Bull와 붉은색 바탕 위의 은색 X자형 십자saltire argent on the field gules는 많은 봉신들이 소유하고 있었다. 기사 열네 명과 궁병 3백 명으로 구성된 중장병 3백여 명은 래비의 영주가 브르타뉴Brittany만큼 멀리 갔을 때도 따를 정도였다. 안방에서 벌어진 스코틀랜드와의 전쟁에서는 그보다 세 배 많은 병력을 동원할 수 있었다. 에식스, 노퍽, 베드포드셔, 버킹엄셔Buckinghamshire에 드넓게 펼쳐진 70여 곳 이상의 영지가 그의 손에 있었다. 그러나 상당수는 그의 영향력의 중심을 이루는 강력한 두 개의 성castle들인 래비와 미들햄 주변 노스 요크셔North Yorkshire와 사우스 더럼South Durham에 놓여 있었다. 그러므로 리처드 2세(1367~1400)가 1397년의 갑작스러운 쿠데타 이후 귀족들에게 후한 작위를 내릴 때, 우호를 위해 네빌 수장의 직위를 올려준 것은 놀라운 일이 아니었다. 이에 따라 랄프 네빌은 서른네 살에 백작의 위엄을 갖게 되었다. 그런데 이상하게도 그는 자신의 넓은 땅 대부분이 놓인 지역들 중 어느 한 곳의 지정을 받지 못했다. 더럼의 백작 지위는 정복왕 윌리엄(1028?~1087) 시대 이후 언제나 그곳 궁정백comes palatinus[30]인 주교 손에 있었다. 네빌이 소유한 땅의 또 다른 커다란 영역인 요크와 리치몬드셔 Richmondshire의 이름은 왕가 사람의 소유로 되어 있었다. 퍼시가는 노섬 벌랜드의 이름을 받기까지 20년이 걸렸는데, 여기는 네빌가가 소유한 영지 들 중 세 번째로 큰 지역이기도 했다. 그래서 래비의 랄프의 직함은 본인부 터가 이상하게 생각하기에 충분할 정도로 하나의 영지도 보유하지 않은 웨 스트모어랜드Westmoreland로 밀려야 했다. 백작 직위로 내려진 이 선물에 는 왕실의 영예가 담기는 펜리스Penrith[31]라는 더 구체적인 선물이 함께 있 었다.

그러나 이 모든 호의들은 랄프 네빌의 충성심을 사지 못했다. 그는 캐서 린 스윈포드Katherine Swinford[32]가 낳은 곤트의 존John of Gaunt[33]의 딸들 중 한 명과 결혼했으며 마음 속으로 랭커스터가의 열렬한 지지자였다. 따라 서 1399년 7월에 볼링브루크의 헨리[34]가 라벤스푸르Ravenspur에 상륙했을 때 웨스트모어랜드는 그와 처음으로 합류한 지역들 중 하나였다. 그는 그와 함께 플린트Flint로 가서 리처드 2세의 투항을 받고, 웨스트민스터에서 열린 강탈자가 차지한 새 왕실의 대관식을 구경했다. 헨리는 랄프 네빌을 추방된 노퍽 공작 대신에 문장원 총재Earl Marshal로 세움으로써 공로에 보상했다.

---

30 왕의 대리인으로서 임명된 백작 작위로 일반 백작보다 더 큰 권한을 갖고 있었다.◎

31 잉글랜드 서북부 컴브리아주에 속한 도시로 랄프 네빌에 의해 성이 지어져서 네빌가의 자산으로 활용되며 리처드 3세가 거주하기도 했다.◎

32 곤트의 존의 세 번째 아내.◎

33 랭커스터 가문을 세운 제1대 랭커스터 공작.◎

34 헨리 4세. 랄프 네빌의 아내와는 이복 남매 관계였다.◎

랄프 백작은 성공적인 경력을 이어갔다. 1403년에는 퍼시 가문의 부상을 막으려는 헨리 왕을 도왔고, 1405년에는 스크롭Scrope, 모브레이Mowbray와 노섬벌랜드 원로들의 반란을 진압하여 랭커스터가에 그 어느 때보다도 확고한 헌신을 보여줬다. 그는 헨리 왕을 도와 대사로서 스코틀랜드 일을 두 번 처리했고, 두 번 국경수비대장으로서 헌신했다. 그러나 볼링브루크가 죽고 몬머스의 헨리 5세(1387~1422)가 뒤를 잇자 랄프 백작은 덜 충실해졌다. 1414년 레스터Leicester의 저 유명한 의회에서 프랑스와의 영광스럽지만 치명적인 전쟁이 의결되기 전부터, 그는 원정에 대한 치첼리Chicheley 대주교의 비판과 엑시터Exeter 공작의 항의를 지지하는 몇 안 되는 사람들 중 하나였다. 그는 만약 전쟁을 해야 한다면 프랑스보다는 스코틀랜드를 공격해야 한다고 왕에게 간청했다. 스코틀랜드 왕위에 대한 잉글랜드식 칭호는 훌륭하게 어울릴 것이고, 산업적으로 더 전망이 밝으며, 결과는 영구적인 이익을 가져올 가능성이 높다는 그의 말은 오래된 인기 있는 압운을 이용한 다음 문장으로 끝을 맺었다.

프랑스를 이기기 위해서는 먼저 스코틀랜드부터 시작해야 한다
He that wolde France win, must with Scotland first begin.

그러나 모든 사람들은 "전쟁! 전쟁! 프랑스! 프랑스!"를 외쳤다. 야심에 찬 젊은 왕은 소망을 이룰 수 있었다. 그리고 다음 해 봄, 국가가 확정적인 패배를 맞이할 때까지 수많은 결실 없는 전투의 승리들을 거두게 될 용맹한 잉글랜드인들이 사우스햄튼에서 출항했다. 그리고 그들의 뼈는 아르플뢰르Harfleur와 오를레앙Orleans의 도랑들, 혹은 보제Beaugé와 파테Patay의 평

야 같은 프랑스 땅 밑에서 서서히 썩게 된다.

셰익스피어의 독자들이라면 아쟁쿠르 전투 전날 잉글랜드군 야영지에서 랄프 백작을 볼 수 있을 것이다. 그리고 '지금 잠자리에 누워 있는 잉글랜드 장정들' 몇 천 명에 대한 그의 진심 어린 소망을 떠올리고, 삼촌의 불길한 예감을 부정하는 젊은 왕의 대답에 담긴 진심을 반복해서 만나게 될 것이다.[35]

하지만 사실 랄프 백작은 아쟁쿠르에 있지 않았고, 심지어 바다를 건너지도 않았다. 그는 스코틀랜드 마치Scottish March[36]를 지키기 위해 스크롭 경 Lord Scrope, 그레이스톡 남작Baron of Greystock과 함께 고국에 남아 있었으며 헨리가 이끈 소수의 잉글랜드군이 파란만장한 세인트 크리스핀 데이St. Crispin's day[37] 새벽을 기다리고 있을 때는 멀리 칼라일에 있었다. 그리고 전승이 틀리지 않았다면, 주군의 질책을 초래한 것은 랄프 백작이 아니라 실은 헝거포드Hungerford의 월터Walter였다.

랄프 백작의 마지막 나날들

랄프는 15세기 사람들이 노년이라고 여기는 노회한 인간이 되어갔다. 그리고 헨리 5세가 빛나는 군사적 업적을 쌓는 동안, 전쟁보다는 내치를 관리하느라 바쁘게 움직이고 있었다. 그러나 많은 일족이 된 그의 아들들은 왕

---

35   셰익스피어의 역사극 『헨리 5세』(1599?) 4막 3장에 나오는 장면이다. 병력을 늘리기 위해 잉글랜드에 있는 사람들을 더 데려왔으면 좋겠다는 랄프 네빌의 한탄을 들은 헨리 5세가 훈계조의 일장연설을 펼친다.◎

36   잦은 충돌이 일어났던 잉글랜드와 스코틀랜드의 국경 지대.◎

37   아쟁쿠르 전투가 일어난 1415년 10월 25일.◎

실 사촌과 합류하기 위해 바다를 건넜다. 웨스트모어랜드의 후계자인 존은 1417년부터 1418년까지의 모든 군사 작전에 복무하였고 루앙Rouen에서의 긴 포위전이 이뤄지는 동안 포트 드 노르망디Porte de Normandie의 반대편 참호들trenches을 차지한 후, 베르누엘Verneuil과 그 이웃의 주지사가 되었다. 그리고 캉Caen의 우군 또한 지원했다. 랄프, 리처드, 윌리엄과 조지도 각각 형제의 발자취를 따라 도착함으로써 모두 프랑스에서의 공적으로 기사 작위를 받았다.

그 사이에 랄프 백작은 왕실 조카보다 3년을 더 살면서 어린 헨리 6세의 이름으로 운영된 추밀원Privy Council의 일원으로 몇 개월 봉사했으며 1425년 10월 21일에 예순두 살로 사망했다. 그는 래비 성의 선조가 만든 관문에 의해 엄중히 보호되는, 자신이 스테인드롭Staindrop에 세운 아름다운 참사회 성당collegiate church에 묻혔다. 그곳에는 에드워드 왕조와 크롬웰의 개신교도들의 반달리즘vandalism을 운좋게 피한 그의 기념물들이 남아있다.

그는 비록 당시 유행과 거리가 멀었지만 젊은 시절의 관례처럼 뾰족한 철모를 쓰고 완전 무장을 한 채 누워 있다. 그의 일상적인 모습은 실제 조상 effigy에 조금 반영됐다. 왜냐하면 거기에서는 그의 나이 든 모습을 발견할 수가 없어서 조각가가 자신이 표현하려는 인물을 접한 적이 전혀 없다는 결론을 내릴 수밖에 없기 때문이다. 오직 백작의 캐메일camail[38]에 꼬인 짧은 수염만이 그의 개성 및 삶과 일치한다. 1425년의 모든 젊은 남자들은 헨리 5세처럼 말끔하게 면도했다. 백작의 오른쪽에는 왕족에 걸맞는 두 번째 부인 보퍼트의 조안Joan of Beaufort이 누워 있고 왼쪽에는 젊은 신부이자 상속자의 어머니인 마거릿 스태포드Margaret Stafford가 있다.

---

38   투구의 좌우와 뒤쪽에 늘어뜨려 목덜미를 덮는 부분.◎

III
솔즈버리의 리처드

랄프 백작은 운명을 시험하여 성공을 일군 것뿐만 아니라, 두 아내로부터 자그마치 스물세 명의 아이를 낳아 만든 많은 가족으로 열정적이고 다산이 었던 조상들을 뛰어넘었다. 아홉 명은 스태포드의 마거릿, 열네 명은 보퍼트 의 조안의 자손이었다. 웨스트모어랜드의 상속자인 존은 아버지가 세상을 떠나기 몇 년 먼저 사망했고, 그 지위는 그의 아들인 열여덟 살 청년 랄프 2 세에게 넘어갔다. 그러나 다른 스물두 명의 자식들 중 여전히 많은 수가 생 존해 있었으며 그들의 성쇠는 네빌가와 잉글랜드 왕국에 영향을 미쳤기에 신중한 서술이 필요하다.

나이 든 백작은 모든 에너지를 아이들의 결혼 협상 작업으로 바꾸었다. 그 리고 부분적으로는 두 헨리 왕의 호의에 의해, 부분적으로는 15세기의 관습 에 따라, 부분적으로는 북부의 위대한 가문에 속하길 바라는 이웃이 품은 욕 구에 의해, 1425년에 이미 잉글랜드 정계에서 신경써야 마땅한 치밀한 가 족 그룹을 수립하는 데 성공했다. 관계들 중 가장 중요한 것은 막내딸 세실 리Cecily와 요크의 리처드Richard of York 공작의 결혼이다. 이 결혼은 백작 이 죽기 직전에 왕실의 호의로 재빨리 이루어졌으므로 계약 당사자들은 열 한 살 된 공작, 아홉 살 된 작은 신부인 어린아이들에 불과했다.[39] 이 연합에 의해 웨스트모어랜드의 랄프는 잉글랜드 왕과 왕비의 조상이 될 운명이 되 었다. 이 결혼은 네빌가를 요크파의 일부로 묶었으며, 랄프의 자녀들로 하여 금 아버지가 가진 위대함의 원천이었던 랭커스터를 향한 충성심에서 멀어지 게 했다. 그러나 결혼이 이루어졌을 때 어느 누구도 장미전쟁을 예견할 수는

---

39   세실리는 랄프 백작의 유언에 따라 요크 공작부인으로 불렸기에 아이들은 이미 결혼한
      상황이었을 것이다. 그러나 그가 스물여섯 살, 그녀가 스물세 살이 되는 1438년이 되어서야
      첫날밤을 치렀다.

없었을 것이기에, 또 다른 왕족과의 결혼을 통한 가문의 번영보다 더 큰 어떤 구상을 고안할 수 없었던 백작에게 무죄를 선고할 수밖에 없다. 보퍼트의 조안과의 연합은 그에게 매우 잘 봉사했기 때문에 그는 다음 세대를 위해 더 나은 것을 바랄 수 없었다. 세실리의 아직 결혼하지 않은 언니와 오빠들은 그들의 결합이 그녀보다 덜 우월하다고 해도 거의 예외없이 귀족들 중 가장 중요한 구성원들과 결혼했다.

랄프 백작의 아들들

스태포드의 마거릿이 낳은 랄프 백작의 자손인 나이가 찬 형제자매들, 둘째 아들인 비웰Biwell의 랄프 네빌은 페러르가Ferrers의 공동 상속인인 여성과 결혼했다. 딸 하나는 젊은 나이에 죽고 다른 하나는 수녀가 되었지만, 나머지 다섯 명 중 네 명은 몰리Mauley, 데이커Dacre, 볼튼Bolton의 스크롭, 그리고 카임Kyme 가문의 상속인과 결혼했다. 보퍼트의 조안이 낳은 어린 형제자매들은 훨씬 더 운이 좋은 결혼을 했다. 그 딸들 중 막내는 우리가 앞서 확인한 것처럼 요크의 리처드와 결혼했다. 그녀의 언니들은 각각 노퍽 공작 존 모브레이John Mowbray, 버킹엄Buckingham 공작 험프리 스태포드Humphrey Stafford, 그리고 랄프 백작의 오랜 적의 손자이자 홋스퍼Hotspur의 아들인 노섬벌랜드의 헨리 퍼시Henry Percy 백작과 맺어졌다. 보퍼트의 조안의 여섯 아들 가운데에서 맏아들 리처드는 솔즈버리Salisbury 백작의 상속녀인 엘리스 몬태큐트Alice Montacute와 결혼하여 우리의 할 일 많은 킹메이커의 아버지가 됐다. 둘째 아들인 윌리엄은 폴큰브릿지Falconbridge의 상속녀를 얻었다. 셋째 아들 조지는 반쪽짜리 삼촌인 존 라티머John Latimer 경의 후계자가 되었고, 삼촌의 제후 지위를 성공적으로 물려받았다. 로버트는 교회에 입문했으며 현명한 가족의 후원으로 스물다섯 살이 되기 전에 솔즈버리 주교가 되었다. 10년 후에 그는 많은 일가 친척들에게 활용될 왕과 같은 권한을 가진 잉글랜드에서 가장 강력한 주교인 더럼 Durham이 된다. 마지막으로 막내인 에드워드는 애버거브니Abergavenny의 상속녀인 엘리자베스 보샴프Elizabeth Beauchamp를 가졌다.

에드워드 3세의 통치 이후 잉글랜드의 귀족들 수는 급격히 감소해 왔으며 헨리 6세 초창기에는 의회에 소환된 귀족의 수가 서른다섯 명을 넘지 않을 정도였다. 이 작은 모임 안에 랄프 백작의 손자가 한 명, 아들이 세 명, 그리고 사위가 다섯 명이 있었다.[40] 얼마 후에는 네빌가 친척의 아들 하나와 손자 하나가 더 추가되었다. 그리고 다음 세대의 결혼을 통해 잉글랜드 상원의 절반은 다산인 래비의 가계로부터 이어지고 있음을 보게 된다.

젊은 왕의 개인적 결함이 알려지지 않았던 시기인 헨리 6세 치세의 첫 20년, 베드포드와 윈체스터에 있는 그의 강력한 삼촌들이 왕좌를 굳건히 받치고 있었던 동안, 그리고 프랑스 전쟁에서 프랑스가 잉글랜드에 맞서는 데 오랜 시간이 걸림으로써 발생한 균형을 통해 여전히 파국과는 멀리 있는 동안, 거대한 귀족 가문들의 연합은 비교적 중요하게 여겨지지 않았다. 왕위 계승에 관한 치명적 문제는 아직 잠들어 있었다. 어린 왕은 성년에 가까웠을 뿐이며, 모두가 알고 있듯이 그의 할아버지만큼 호전적인 여러 일원들이 부모 노릇을 했기 때문이다. 그것은 귀족들의 마음이 승계 문제에 고착되는 바람

40　손자는 웨스트모어랜드의 랄프, 아들들은 솔즈버리의 리처드, 폴크브릿지의 윌리엄, 라티머의 조지, 사위는 요크, 노퍽, 버킹엄의 공작들과 노섬벌랜드 백작, 후일 데이커의 군주가 되는 애버거브니 군주 에드워드 네빌과 스크롭 군주 로저도 있는데, 이들은 맏아들과 둘째 손자였다.

에 잉글랜드의 평화를 정말로 위협하게 만든, 1445년부터 1454년까지 9년간 계속된 헨리의 척박한 결혼생활이 닥칠 때까지는 문제가 아니었다.

리처드 네빌의 결혼

랄프 백작의 두 번째 결혼에서 생긴 첫 아들인 리처드 네빌은 1399년에 태어났다. 그는 아르플뢰르 공방전과 아쟁쿠르 전투를 헨리 왕과 함께 치르기에는 너무 어렸다. 몇 년 후 그는 배다른 형이자 웨스트모어랜드 상속자인 존과 함께 프랑스 전쟁에 참전했다. 그러나 그가 이른 남성성을 몇 년 간 발휘한 장소는 프랑스가 아니라 아버지의 군대가 있는 스코틀랜드 국경이었다. 성년에 이르러 기사가 된 1420년에 그는 서 스코틀랜드 마치Western Marches 관리자인 나이든 백작을 동료로 삼았다. 이 수뇌부는 몇 년 동안 유지됐는데 결과적으로는 스코틀랜드 사정에 의해 뒤죽박죽이 됐고 스코틀랜드 섭정과 두 번 교섭했으며 잉글랜드가 제임스(1394~1437)[41]를 오랜 포로 생활에서 풀어주었을 때 그의 왕국의 경계까지 호위해 주기도 했다. 우리는 종종 궁정에서도 그의 얘기를 듣게 된다. 예를 들어 갓 결혼한 캐서린 왕비의 대관식 식전 행사에서 그는 조각을 뜨는 것처럼 연기했다. 몽스트렐레Monstrelet에 따르면 "잉글랜드와 브리타니아인들의 왕이었던 저 숭고한 아서 왕 시절 이후로 본 적 없는 멋지고 훌륭한 공연이었다."

1425년, 스물여섯 살이 된 리처드는 막 열여덟 살이 된 솔즈버리의 토머스 몬태큐트Thomas Montacute 백작의 외동딸 앨리스와 결혼했다. 몬태큐

---

41   잉글랜드에서 18년 동안 포로 생활을 하다가 석방되어 스코틀랜드로 돌아가 제임스 1세로 즉위한다.◎

트가는 잉글랜드 백작들 중 부유한 가문은 아니었다. 집안의 마지막 우두머리인 리처드 2세를 충실히 지키느라 삶과 재산을 잃었기 때문이다. 비록 그의 아들은 혈통을 회복했고 몬태큐트의 많은 땅을 되돌려 받았으나, 『이스취트 롤』에 나와있는 그의 영지들의 목록은 노퍽Norfolk과 데븐Devon, 마치March와 아룬델Arundell 백작들의 영지에 비하면 형편없다. 토머스 백작은 아버지가 겪은 운명에도 불구하고 랭커스터가에 봉사하기로 했다.

이미 언급했듯이 1425년에 웨스트모어랜드의 랄프가 사망했다. 보존된 유언장을 통해 우리는 그가 아들 리처드를 위해 남겨둔 게 매우 적다는 걸 알 수 있다.

'군마 두 마리, 접시 열두 개, 그리고 큰 은제 주전자와 세면대, 붉은색·하얀색·녹색의 침대 아라스 직물 벽걸이와 훈련되지 않은 말 네 마리, 가장 좋은 것은 스스로의 평온.'

분명히 그는 솔즈버리 백작 지위를 양도받게 될 이 아들을 위해 아무것도 할 필요가 없다고 생각했다. 자신들의 아내로부터 땅을 승계받지 못한 이는 그의 살아있는 아들들 중 랄프와 에드워드뿐이었다. 늙은 백작은 외곽 지역 중 두 곳인 비웰Biwel과 윈레이튼Winlayton의 제후령을 그들에게 양도했다.

그러나 또 다른 관점에서 봤을 때 랄프 백작의 이러한 의지는 네빌가의 수많은 불만의 근원임을 증명하게 될 운명이었고 힘을 얻어 강고해진 가족 동맹을 무너뜨리게끔 준비되었다. 그는 래비에 있는 조상의 성을 둘러싼 더럼의 땅은 손주이자 후계자인 랄프 2세에게 넘기면서, 요크셔 땅의 광범위한 영역은 그가 아닌 자신의 미망인이며 리처드와 다른 열세 명의 아이들의 어머니인 보퍼트의 조안에게 과부급여조로 소유하게끔 만들었다. 한때 셰리프 호튼 성Sherif Hoton Castle과 네빌의 노스라이딩North-Riding 땅의 여주인이었던 이 백작부인은 자기 아들들이 아닌 남편의 첫 아내의 자손들에게로 그것들을 넘겨줄 생각이 전혀 없었다. 그것들은 손위 방계가 아니라 손아래 방계로 옮겨질 운명이었다. 여기에 미래에 생길 많은 문제들의 근원이 있다. 그러나 어린 랄프 백작은 아직 미미했고 문제는 핵심화되지 않았다.

솔즈버리의 땅들

아버지를 잃고 3년 후, 리처드 네빌은 장인 토머스 몬태큐트의 사망 소식을 듣게 된다. 이 솔즈버리의 백작은 베드포드의 존[42]에 의해 프랑스의 모든 잉글랜드군을 지휘하는 총사령관으로 임명되었고, 섭정으로서 구할 수 있는 모든 여분 인력인 만 명을 모아 오를레앙에서의 치명적인 포위전 (1428~1429)을 치르기 위해 진군했다. 잔다르크가 수비대를 구하러 오기 반 년 전, 전투 초창기에 그는 죽음을 맞이했다. 그는 르와르Loire 강을 가로지르는 다리 위 탑에서 성벽을 감시하다가 투척된 돌에 맞아 얼굴의 반이 찢겼다. 그는 며칠 후 마지막 숨과 함께 장교들에게 적의 공격에 대한 인내심을 가지라고 촉구하고는 죽었다.

그래서 리처드 네빌은 솔즈버리의 장인의 죽음으로 몬태큐트 땅의 주인이 되었다. 땅은 대부분 월트셔Wiltshire와 햄프셔Hampshire의 국경, 링우드 Ringwood와 에임즈버리Amesbury 사이, 본Bourn과 에이븐Avon의 계곡에 걸쳐 있었다. 크라이스트처치Christchurch와 트로브릿지Trowbridge의 성들은 군사적 관점에서 유산의 가장 중요한 부분이었다. 버크셔Berkshire, 도셋

---

42   1대 베드포드 공작인 랭커스터의 존. 유능한 군인이자 정치인으로 프랑스 섭정이기도 했다. 1435년에 아라스 조약이 진행되던 중 사망하였다. ◎

Dorset, 서머셋Somerset에 일부 흩어져 있는 영지들은 가치를 높이는 데 기여했다. 이제 무시하지 못할 정도로 남부 주들을 가진 귀족이 된 리처드는 즉시 아내의 땅에 경의를 표했으며 1429년에 열린 다음 의회에서 솔즈버리 백작으로 소집되었다. 그가 의회에 자리를 가졌을 때 조카인 웨스트모어랜드의 랄프도 성인이 되어 같은 자리를 차지하며 처음으로 모습을 드러냈고, 의붓어머니가 넘기지 않은 네빌의 땅을 차지하기 위한 활동을 시작했다.

곧 가시적으로 드러나는 북부의 문제로서 손아래 방계 네빌가와 손위 방계 네빌가 사이의 소원함이 이 땅들의 처분 때문임은 의심의 여지가 없다. 랄프는 노섬벌랜드 백작 헨리와 결혼하면서 할아버지가 매우 미천하게 여긴 퍼시 가문의 확고한 친구이자 동맹이 되었다. 리처드는 이 조카와 오래 반목했고 항상 반대편에서 발견되었다. 이윽고[43] 우리는 헨리 6세 치세 의회에서 거듭된 한탄이기도 한 '선하고 강력한 통치'를 날려버린 그들의 행동들을 발견하고 화해가 이미 희망 없는 꿈이 되었음을 알게 된다. 그때 북부로부터 대법관Lord Chancellor에게 내려온 고소장에는 다음과 같은 내용이 있었다.

'웨스트모어랜드 백작 랄프와, 한편으로는 그의 형제들 존과 토머스와, 한편으로는 웨스트모어랜드의 상속후견인 조안과 그녀의 아들 솔즈버리 백작 리처드는 전쟁과 반란으로 전장에서 거대한 집회와 군대를 결집하여 왕의 신하들을 도살하고 파괴하는 데 있어 온갖 범죄 행위를 저질렀을 뿐만 아니라 왕국의 재산과 번영과 평화를 크게 위협했다.'

우리는 요크셔에서 벌어진 이 국지전의 세부 사항을 아무것도 모른다. 추밀원에서 지명한 3명의 중재인에 의해 삼촌과 조카 사이에 어떤 종류의 합의가 이뤄졌다. 그러나 원한은 마음에 맺혔다. 만약 잉글랜드가 내전에 휩싸

---

43   분쟁이 시작된 정확한 해는 불확실하지만, 그 절정기인 1453년에 이르러서.

인다면 이 두 명의 네빌 백작이 서로의 반대 진지에서 발견되리라고 굳이 예언까지 할 필요가 없을 정도였다.

늙은 웨스트모어랜드 백작부인 조안은 1440년에 죽었고 미들햄, 셰리프 호튼과 과부급여로 받은 모든 다른 땅들을 그대로 맏아들에게 넘겼다. 그래서 솔즈버리의 리처드는 이미 가진 남부의 땅보다 훨씬 많은 북부의 땅을 소유하게 됐다. 햄프셔와 윌트셔의 봉지fiefs는 미래의 그의 권력의 덜 중요한 핵심이었다. 오늘날의 연대기 작가들은 셰리프 호튼은 그가 선호하는 거주지가 됐고 언제나 웨식스가 아닌 요크셔가 중심임을 말했다고 전한다.

리처드 네빌의 경력

네빌의 백작들 중 그 누구도 끝없이 계속되는 프랑스 전쟁에서 두드러진 역할을 하지 못했다. 웨스트모어랜드의 랄프는 전쟁에 대한 욕구와 그때까지의 래비의 영주들과 구별 짓는 중요한 기회를 차지할 예리한 안목 둘 다를 원했던 듯하다. 네빌가 손위 방계 파벌의 싸움꾼은 그의 동생 존이었다. 반면에 솔즈버리의 리처드 백작은 힘은 넘쳤지만, 서퍽과 서머셋과 그 밖의 인망을 막대하게 잃고 오명만 더 번 사람들처럼 불운한 전쟁으로 평판을 위태롭게 만들기보다는 고향에서 운명을 개척하기로 한 듯하다. 우리는 스코틀랜드 국경에서 그에 대한 얘기를 가장 자주 듣게 되는데, 그곳에서 한때 아버지가 가졌던 우위에 성공적으로 안착한 것으로 보인다. 그는 베릭Berwick의 대장이었으며 동부와 서부 스코틀랜드 마치에서 관리인Warden으로 일했고, 1435년 말까지 에든버러Edinburgh의 특출대사로 파견되었다. 국경 분쟁을 해결해야 했던 제임스 1세에게 있어 그는 연줄이었다. 솔즈버리의 어머니 보퍼트의 조안은 제임스 1세의 아내와 같은 이름인 동시에 그녀의 숙모이기도 했기 때문이다. 제임스 왕이 떠나고 그가 퍼스에서 잔인하게 살해당하기[44] 불과 몇 달 전에 리처드 백작은 훨씬 더 중요한 사명을 맡게 됐다. 그는 처남인 요크 공작과 함께 지난해의 베드포드 공작의 죽음으로부터 시작된 연이은 재난을 끝낼 어떤 합의를 성사시키려는 노력으로 프랑스로 보내졌다. 사실 그 모든 합의의 내용은 아라스Arras 조약[45] 이전의 프랑스인들이 거부했던 요구들을 조약 이후에도 계속 요구하고 있었기에 결국 임무는 실패했다. 그럼에도 불구하고 1437년에 그가 돌아왔을 때, 솔즈버리는 섭정 위원회의 일원으로 임명되었으며 1422년 이후 잉글랜드의 성쇠를 이끈 그 기구에 자리를 마련했다.

이 임명은 다음 십 년 동안의 역사적인 큰 비중을 런던의 솔즈버리에게 고정시켰다. 섭정 위원회 기록을 보면 그가 실제 총리와 같았던 헨리 보퍼트 Henry Beaufort 추기경을 거의 일상 수행원처럼 만났음이 발견된다. 그의 서명은 무수한 문서들 속 발자취로 드러나며 활동 범위와 비즈니스적 욕구는 최고의 모범사례처럼 보일 정도다. 그의 행동을 판단해보면, 글로스터의 험프리 공작을 중심으로 한 파벌이 아닌 대大 추기경 쪽이었음이 드러난다. 그러나 파벌 싸움은 의회 내에서 아직 완전하게 발전하지 않았다. 몇 년 후면 존재할 뚜렷한 파벌들은 자신들에 대한 스케치를 막 시작했을 뿐이었다.

---

44 1422년에 잉글랜드의 포로 생활에서 풀려난 제임스 1세는 1424년부터 스코틀랜드 왕으로서 잉글랜드에게 유화적인 통치를 시작한다. 그러나 1436년에 휴전이 깨지고 직접 록스버그 성을 침공하나 패한다. 이에 불만을 품은 귀족들에게 퍼스에서 암살당한다.◎

45 프랑스 왕 샤를 7세와 부르고뉴공 필립 사이에 1435년에 체결된 조약으로 프랑스는 다수 도시의 영유권을 부르고뉴에게 양도하며 부르고뉴는 잉글랜드와의 동맹을 파기하게 된다. 이 조약으로 백년전쟁에서 잉글랜드의 입지는 크게 약화된다.◎

IV
킹메이커의 유년 시절

솔즈버리의 리처드 네빌과 앨리스 몬테큐트의 둘째 아이이자 장남이었던 리처드는 그의 할아버지가 오를레앙의 포위전에서 전사한 지 19일 후인 1428년 11월 22일에 태어났다. 우리는 그의 어린 시절을 전혀 모른다. 심지어 태어난 장소도 기록되어 있지 않다. 그가 아주 어렸을 때는 주기적으로 영지에서 영지로 이동해야 하는 당대의 관습에 따라 그의 부모들이 에임즈버리, 크라이스트처치, 링우드 사이를 이동하면서 웨식스의 어머니 땅도 지나갔으리라고 추측되지만 증명할 수는 없다. 아버지가 스코틀랜드 국경의 관리자로서 북부에 고정되어 있을 때, 소년이었던 그는 보퍼트의 조안을 요크셔에 있는 그녀의 영지에서 방문했을 것이다. 그는 이 노부인이 그녀와 자신의 아버지와 공개적으로 틀어진 네빌가의 오래된 분파에 속한 의붓아들들을 좋아하지 않음을 알아차렸을 것이다. 얼마 후 그의 아버지가 섭정 위원회의 일원이 되면서 그는 런던에서 많은 시간을 보내야만 했다. 그는 웨스트모어랜드 백작 지위와 함께 가문 소유의 런던의 커다란 집인 실버 스트리트의 네빌 주거지Neville's Inn in Silver Street가 손위 방계에게 넘어갈 때 아버지와 할머니가 할아버지로부터 받은 유산이었던 다우게이트구區의 항구라고 불린 주택Tenement called the Harbour in the Ward of Dowgate에 묵었다.

워릭의 결혼

지금까지 말한 것처럼, 네빌가의 성쇠는 운 좋은 결혼에 관한 짜증날 정도로 끝없는 이야기로 만들어져 있다. 독자들은 이제 킹메이커의 역사를 만들고 그에게 영원한 백작의 칭호를 부여한 이러한 동맹들의 또 다른 그룹에 주의를 집중할 차례다.

워릭의 보샴프 가문Beauchamps은 가장 오래된 잉글랜드 백작 지위 중 하나를 쥐고 있었다. 그들은 윌리엄 2세(1056?~1100)[46]가 1190년에 자치주를 수여한 뉴버그Newburgh의 헨리의 직접적인 후손에 해당됐다.[47] 이 시대의 가문의 수장이었던 리처드 보샴프는 아마도 그가 속한 시대의 잉글랜드 귀족들 중 가장 존경 받을 가치가 있는 인물이었다. 지기스문트Sigismund 황제(1368~1437)[48]는 그를 '예의의 아버지", '은혜로운 워릭'이라고 칭했으며 헨리 5세의 모든 전쟁들을 치렀고, 왕 다음의 두 번째 자리를 차지했다. 그는 잉글랜드와 팔레스타인 사이에 있는 모든 땅에서 많은 도시와 사람 들을 보았으며 그 모든 곳들에 대한 훌륭한 보고서를 남겼다. 그 미덕과 성취로 인해 그는 어린 왕의 가정교사이자 관리자로 선출되었다. 헨리 6세는 모두가 동의하듯 잉글랜드 통치자로서 본받을 만한 모델은 아니었다. 워릭 또한 그의 과업을 착각하게 만들지 않았다. 그는 헨리를 똑바로 세웠고, 배우게끔 하고, 힘들게 만들고, 양심적이게끔 하여 실수하게 만들었다. 만약 워릭이 그를 도덕적으로 강했던 것처럼 육체와 정신도 강하게 만들 수 있었다면, 잉글랜드는 최고의 왕을 가질 수 있었을 것이다.

리처드 보샴프는 디스펜서Despenser의 상속녀이자 애버거브니 군주 리처드의 과부인 이사벨Isabel과 결혼했다. 가족은 열 살 된 아들 헨리와 세 살 아래였던 딸 앤으로 구성되었다. 또한 워릭의 백작부인에게는 그녀의 첫 남

---

46   얼굴이 붉어 윌리엄 루퍼스William Rufus라고도 불렸다. 형 로버트가 소유한 노르망디 계승권을 계속 주장하였고 교회와 적대하는 등 일생 동안 강력한 왕권을 휘두르려는 행보를 보였다.◎

47   보샴프가는 1268년에 가문의 이름을 얻었는데 윌리엄 드 보샴프William de Beauchamp가 남자 문제가 사라진 뉴버그의 헨리의 손녀와 결혼하면서부터다.

48   신성로마 제국의 황제로 오스만 튀르크, 보헤미아의 후스파 등과 전쟁을 치렀다.◎

편 사이에서 낳은 애버거브니의 상속인인 유일한 딸이 있었다. 보샴프와 솔즈버리의 리처드 네빌은 최고의 친구들로서 가족 간의 결혼으로 우정을 보장하기로 했다. 이 동맹은 복잡해질 운명이었다. 각각의 백작은 상속인을 서로의 딸과 결혼시켰기 때문이었다. 워릭의 상속자인 소년 헨리는 솔즈버리의 여섯 살 딸인 세실리 네빌과 약혼했다. 솔즈버리의 상속자인 소년 리처드는 워릭의 딸 앤 보샴프Anne Beauchamp와 약혼했다. 이게 전부가 아니었다. 가족 관계는 워릭의 의붓딸인 애버거브니 상속인 엘리자베스Elizabeth와 솔즈버리의 남동생 에드워드 네빌의 결혼으로 인해 더 복잡해졌다.

소년 리처드 네빌은 아내로부터 만족스러운 지참금을 받았지만 결혼 후 그 이상으로는 얻지 못하리라 예상되었다. 그러나 운명은 그런 예상과는 다르게 결정되어 있었다.

워릭의 늙은 백작은 1439년에 영광으로 가득한 삶을 마쳤다. 그의 아들이며 세실리 네빌의 남편이자 이제 열여섯 살이 된 '점잖은 군주' 헨리가 뒤를 이었다. 그는 자기 또래의 청년인 젊은 왕, 랭커스터의 헨리와 함께 자랐으며 절친한 친구였다. 왕이 성년이 되자 젊은 보샴프는 자신이 베푼 애정이 만든 모든 영광을 듬뿍 받았다. 그는 열아홉 살이 되기 전 추밀 고문관Privy Councillor과 가터Garter 기사단이 되었을 뿐만 아니라 워릭 '공작'이 되었고 왕의 권한으로 와이트 섬Isle of Wight의 관리 권한을 받았다. 만약 헨리 보샴프가 계속 살았더라면 그는 서퍽과 서머셋 정도가 아니라 몇 년 안에 잉글랜드를 통치했을 것이다. 그러나 그의 경력은 매우 이르게 맺어진 운명과의 약속으로 깨졌다. 스물세 살이 끝나기도 전에 헨리 보샴프는 세상을 떠났고 그의 땅과 영지 들은 네 살밖에 안 된 외동딸 앤 보샴프에게 위임됐다. 그녀의 후견권은 일찌감치 네빌과 솔즈버리가의 적수로 선언된 서퍽 백작 윌리엄 드 라 폴William de la Pole에게 넘어갔다.

헨리 보샴프의 예상치 못한 죽음으로 인해, 앤 보샴프의 허약한 삶은 청년 리처드 네빌[49]과 워릭 백작 작위 사이에 놓인다. 그러나 그 삶도 오래 가지 못했다. 앤 보샴프는 그로부터 3년을 더 살지 못하고 1449년 6월 23일 일곱 살의 나이로 사망했다. 그녀는 레딩Reading 수도원의 높은 제단 앞에서 요크 공작 에드먼드Edmund의 딸이자 할머니인 콘스탄스Constance에 의해 묻혔다.

워릭의 상속인은 리처드 네빌의 어린 아내인 장녀 앤이 되었고[50] 그녀의 권리에 의거하여 리처드는 작은 백작부인의 수호자였던 서퍽의 마지못한 손으로부터 보샴프 땅을 받았다. 아내에 대한 권리 인정과 함께 그를 워릭 백작으로 만든 허가증의 날짜는 1449년 7월 23일로 적혀있다.

워릭이 소유한 영토

그래서 미래의 킹메이커는 스물두 번째 생일을 맞은 해에 '워릭, 뉴버그, 오마를Aumarle 백작, 잉글랜드 최고 백작, 엘름리Elmley와 헨슬레이프 Hanslape 제후, 글러모건Glamorgan과 모건녹Morgannoc의 영주'가 되었다. 그는 아버지보다 훨씬 더 중요한 인물이 되었다. 웨스트 미들랜드와 웨

---

49 사촌이 죽었을 때 그는 열여섯 살이었다.

50 앤은 워릭의 헨리 공작의 유일한 후계자였다. 하지만 그에게는 몇 명의 이복 자매가 있었고, 그들에게는 리처드 네빌과 앤 네빌에게 주어진 백작 직위에 대한 권리에 의해 직함의 반환이 남겨지게 됐다.

일스 마치Welsh Marches[51]의 보샹프와 디스펜서 영지는 웨식스의 몬태큐트 땅이나 네빌가가 미들햄 부근에 가진 것보다 훨씬 더 넓었다.

젊은 리처드 네빌의 손에 쥐어진 권력이 얼마나 광대한지는 보샹프의 유산에 대한 짧은 조사가 필요하다. 아마도 그의 새로운 소유지의 가장 작은 부분은 카디프Cardiff의 성들, 니스Neath, 케어필리Caerphilly, 랜트리선트Llantrisant, 세인트레오나드Seyntweonard, 에위야스 레이시Ewyas Lacy, 디나스Dinas 성, 스노드힐Snodhill, 위트처치Whitchurch, 모드 가문의Maud's 성을 포함하는 오래된 디스펜서 가문이 쥐고 있는 사우스 웨일스와 헤리포드셔Herefordshire 지역들였다. 케어필리만 해도 거대한 원 모양으로 집중적으로 형성된 방어 시설로 1만 명이 거주할 수 있는 요새였다. 카디프의 막대한 노르만 석조물은 여전히 훌륭한 방어진지가 될 준비가 되어 있었다. 니스와 에위야스 레이시 사이에는 디스펜서의 유산인 오십여 곳 이상의 장원들이 놓여 있었다. 글로스터셔Gloucestershire에는 보샹프가 디스펜서가로부터 받은 또다른 사유지 그룹이 있었다. 그중 우두머리격은 튜크스버리Tewkesbury, 소드버리Sodbury, 페어퍼드Fairford, 위팅튼Whittington, 체드워스Chedworth, 윅워Wickwar, 리드니Lydney의 광활한 장원들이었다. 우스터셔Worcestershire에는 세번 강과 두 강둑을 따라 작은 땅들이 있었다. 여기에 포함된 가장 큰 영지는 업튼온세번Upton-on-Severn, 핸리Hanley 성, 뷰들리Bewdley였다. 거기에는 보샹프의 제후 칭호로 주어진 엘름리 성과 함께 덜 중요한 스물네 곳의 땅들이 더 있었다. 백작 작위와 함께 간 괜찮은 도시와 성에 비하면 워릭셔Warwickshire에는 아홉 개 영지를 통틀어서 아주 넓은 관리 지역은 없었다. 그러나 이들 중 하나가 탐워스Tamworth

---

51 웨일스와 잉글랜드 국경 주위의 변경 지대들을 이른다.◎

의 부유한 장원이었다. 장차 거대해질 미들랜드Midlands의 남쪽에는 옥스포드셔의 다섯 영지들과 보샴프 것으로 추정되는 위치우드Wychwood의 숲, 핸슬레이프의 제후 지위로 받은 버킹엄셔와 일곱 개의 영지를 더 찾을 수 있다. 리처드 네빌의 땅들을 잉글랜드 중심부에서만 볼 수 있는 건 아니다. 그는 켄트Kent, 햄프셔Hampshire, 서식스Sussex, 에식스Essex, 허트퍼드셔Hertfordshire, 서퍽, 노퍽, 버크셔Berkshire, 윌트셔, 서머셋, 데븐, 콘월Cornwall, 노스햄튼, 스태포드, 캠브리지Cambridge, 러틀랜드Rutland, 노팅햄Nottingham 등지에 산재한 총 마흔여덟 개 영지를 누적하고 있었다. 심지어 먼 북부의 고립된 소유물 하나도 그에게 떨어졌는데 티즈Tees 강의 버나드 성Barnard's-Castle이었다. 게다가 보샴프 유산의 일부를 이루는 산재한 기사 수수료Knight's fee[52], 교회 성직자 추천권, 예배당·수도원 후원, 도시 공동 주택들까지 센다면 이 작업은 영원히 끝나지 않을 것이다. 이 모든 것은 고고학자가 발굴한 『이스취트 롤』에 적혀 있다.

1449년

1449년, 리처드 네빌이 성년에 이르고 아내의 유산이 합쳐진 그해는 헨리 6세 치세의 전환점이었다. 이후로 이 젊고 유망하고 야심 있었던 남자의 손에 힘과 영향력이 쥐어지는 결정적인 순간은 세기 내내 더 이상 나오지 않았다. 프랑스에서의 잉글랜드 지배가 마지막으로 붕괴함에 따라 랭커스터 가문의 불운이 결정되는 것이 1449년이었기 때문이다. 3월에 전쟁이 재개된 푸제르Fougères에 치명적인 공격이 가해졌는데, 이 공격은 어리석었는지 불

---

52   영주가 기사를 데리고 있기에 필요한 봉토로, 토지 평가의 기본 단위이기도 했다.◎

작자 미상
「헨리 6세」
1540년경
영국국립초상화미술관 소장

행했는지 설명하기가 어렵다. 8월, 9월, 10월은 노르망디 동부와 중앙의 거대한 도시들의 어리둥절할 정도의 급속한 몰락과 19일 동안의 포위전 이후 루앙Rouen의 항복으로 끝났다.

이 전례 없는 일련의 재난으로 인해 잉글랜드 국민은 작금의 랭커스터 통치를 견딜 수 없게 되었다. 재난을 초래한 대신인 서퍽과 탐욕 때문에 노르망디 수비대를 고갈시킨 서머셋 총독, 무모하고 잘못된 신념으로 교전을 촉발시킨 이들은 잉글랜드인 대다수의 격렬한 증오에 쫓기게 되었다. 헨리 왕은-전에는 아무도 입밖에 낸 적이 없지만-그들의 원인이 자신이라고 여겨지고 있음을 발견하였을 때, 처음으로 여론이 불리함을 발견했다.

바로 여기서 후에 요크와 랭커스터로 알려지게 되는 두 파벌의 마지막 분열이 일어났다. 잉글랜드의 모든 저명인사들은 이제 헨리 왕이 공개적으로 지지했던 대신들의 지속적인 직위를 개인적인 충성심으로 묵인할지, 아니면 왕의 반대에 부딪치더라도 왕당파에 반대할지를 선택해야 했다.

처음부터 젊은 두 네빌 백작들이 두 가지 길 중 어느 쪽을 채택할지는 의심의 여지가 없었다. 워릭은 언제나 그렇듯이 아버지와의 엄중한 연대 속에서 행동했으며, 솔즈버리는 서퍽의 친구였던 적이 없었다. 게다가 둘 다 서머셋의 계략에 의해 명예로운 망명자가 되어 아일랜드로 보내진 친척 요크 공작을 염려했다. 고비가 닥치면 솔즈버리와 워릭이 서퍽과 서머셋이 아닌 요크 쪽에서 발견되리라는 사실은 이미 확실했다. 그러나 사람들은 점점 더 흥분하면서 나쁜 시기를 대비하고 있었지만, 아직까지는 아무도 그 문제가 어떤 형태로 일어나게 될지 예측하지 못했다. 한 가지 확실한 것은 서퍽과 서머셋의 나라에 대한 증오가 커지면서 그들을 향한 폭발이 곧 일어나리라는 점과 폭발이 일어나면 그 상황을 매우 기뻐할 잉글랜드 지도자들 사이에서 큰 축제가 열리리라는 점이었다.

정비 주문

당시의 가장 불길한 징조는 양측의 대귀족들이 이미 조용히 무장하면서 부하들의 수를 측정하고, 최악의 상황이 되면 이웃들이 자신들에게 합류하도록 하는 합의를 마무리하고 있었다는 점이다.

서머셋이 노르망디를 잃어 버린 바로 그 달인 1449년 9월 초, 솔즈버리가 큰 소유지에서 멀지 않은 위치에 있는 노스라이딩에서 웨스트모어랜드의 기사와 체결한 조약보다 더 전형적인 시대적 징조는 없었다.

'솔즈버리의 리처드 백작과 기사 월터 스트라이클랜드Walter Strykelande 사이에 만들어진 이 계약서는 어떤 방해가 있을지라도 왕을 향한 충성을 지키는 월터가 자신의 삶 동안 백작에게 고용되어 세금을 바침을 말하는 믿을

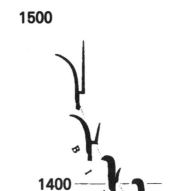

1500

1400

1200

딘 배시포드
13세기~15세기 잉글랜드식 미늘창 빌bill
1916년

만한 증명이다. 그리고 월터는 백작의 임금을 받으며 전시처럼 평화시에도 모든 때와 장소에서 항상 백작의 명령을 받아 이동할 준비가 되어 있어야 하고 사용하기 용이하도록 말과 무장을 갖추고 정렬되어 있어야 함을 말한다.'

월터의 수하에는 다음과 같은 가치가 있었다.

'웨스트모어랜드의 하인, 세입자 및 거주자 들, 말과 마구를 지닌 궁병 69명, 말과 마구를 단 미늘창병billmen 24명, 말이 없는 미늘창병 76명.'-실제로는 290명의 작은 군대였다.

솔즈버리와 그의 북부 이웃들 사이의 이와 같은 몇 가지 조약의 존재는 네빌의 권력이 어떻게 구축되었고, 공공의 평화에 얼마나 큰 힘을 발휘할 수 있을지를 분명하게 보여준다. 이런 조약들이 존재했는데, '왕을 향한 충성을 지키는' 조항이 망각되기까지는 얼마나 걸렸을까?

V
요크의 대의

케이드의 부상

1449년이 워릭에게는 아내가 받은 유산을 취득한 해였다고 한다면, 잉글랜드에게 있어선 즉각적으로 뒤따른 심각한 문제의 시기였다. 노르망디 요새의 상실 후에는 예상대로 수 개월 동안 대중의 분노가 산발적으로 터져 나왔다. 이 표출은 어떤 식으로든 왕국의 엉망진창인 통치와 연결된 모든 사람들을 향해 있었다. 국새상서國璽尙書인 몰레인스Moleyns 주교는 1월에 포츠머스Portsmouth 반란을 일으킨 선원들에 의해 살해되었다. 그러나 이 타격은 정부의 수반인 서퍽에게 불어 닥친 폭풍의 전조일 뿐이었다. 넉 달 후-포르미니에서 치명적인 전투가 벌어지고 프랑스 북부의 마지막 잉글랜드 기반이 상실되는 동안-그는 상원에서부터 런던 군중에 이르기까지 온 나라에 불어닥친 억누를 수 없는 분노의 시위에 의해 권좌에서 쫓겨났다. 왕의 사면 덕분에 법적 처벌로부터 보호받은 서퍽은 바다 밖으로 도망쳤다. 그러나 런던 배 몇 척이 도버해협에서 그를 멈춰 세웠고, 그는 붙잡힌 채 탑의 니콜러스Nicholas of the Tower 선장의 모의재판 후에 죽었다. 증오는 그의 비극적 결말을 연민 대신 환희로 받아들이게끔 만들었고, 당대의 정치적인 선동 시인들은 그의 머리 없는 시신에 대한 모욕적인 운을 많이 썼다.

서퍽의 죽음은 문제를 해결하기보다는 더 심각한 문제에 대한 신호탄일 뿐이었다. 그가 죽은 지 두 달 후에 잭 케이드Jack Cade가 이끄는 켄트 주민들의 거대한 반란이 일어났고, 남부 주에서 여러 가지 다른 사건들이 동반하여 일어났다.[53] 반란군은 서퍽을 살해한 것과 같은 충동에서 영감을 얻었다.

---

53 잭 케이드 개인에 관한 명확한 정보는 전해지지 않는다. 서퍽 공작의 살해 사건에 켄트 주민이 관여되어 국왕이 켄트주에 보복할 것이라는 소문이 반란의 첫 동기였다. 반란군은 런던에까지 이른다.◎

그들은 해외에서 일어난 최근의 재난과 국내의 잘못된 정부에 책임이 있는 모든 사람들을 끝장내고자 했다. 런던에서 세이Say 재무상은 붙잡혀 죽었다. 윌트셔에서는 에이스코Ayscough 주교가 데리고 있던 소작인 집단에게 참수되었다. 그러나 재건 프로그램이나 계획도 없이 갑자기 폭발한 분노와 평판이 그리 안 좋은 모험가 케이드가 이끄는, 존경할 만한 지도자가 부재했던 반란군은 왕국의 정치에 어떠한 영구적인 효과도 남기지 못한 채 자멸했다. 그 결과는 국가적 불만 세력으로 하여금 책임 있는 지도자와 확실한 계획에 주목하게끔 만들었다.

요크의 리처드

왕당파와 그 외의 사람들 모두 그 지도자가 어디에 있는지 알고 있었다. 아이가 없는 왕의 상속인이기도 했던 요크 공작 리처드는 바다 건너 아일랜드에 있었다. 그는 프랑스 전쟁에서 많은 노력을 한 뛰어난 군인이었고 아일랜드에서 확고하고 성공적인 관리자로서 인기를 얻는 데 성공했으며 전국적인 신뢰를 받는 흠잡을 곳 없는 인물이었다. 게다가 그는 불만을 가진 사람이었다. 그는 비록 첫 번째 왕세자였지만 의도적으로 왕의 의회의 모든 자리에서 배제되거나 왕국의 관리로서 참여해야 했다. 그는 프랑스에서 성공적인 군사 작전을 진행하다가 불운한 서머셋과 대체되어 아일랜드로 보내졌다. 보아하니 분명 그 비참한 나라의 대부분의 통치자들이 그랬던 것처럼 그의 명성을 망칠 수 있으리라고 여겨졌기 때문이리라. 하지만 그는 운이 좋았고, 섬을 통치하는 일은 명성을 높일 뿐이었다. 이미 왕당파는 다시 한 번 그에 대해 수군거리고 있었고 사람들은 또 다른 망명자가 오래지 않아 그를 찾

으리라고 믿었다. 서툰 시인의 노래에서처럼.

　매는 날면서 쉬지 않는다
　어딘가에 둥지를 지을 때까지

　케이드의 반란군은 선언문에서 공작의 이름을 즐겨 사용했지만, 그들과 그가 어떠한 소통을 했다고 가정할 실질적인 근거는 없어 보인다. 유일한 증거라면 불만에 찬 모든 파벌과 사람 들이 그야말로 언젠가 바로잡을 사람이라고 말한 것뿐이었다. 그럼에도 불구하고 그가 대역죄로 기소되어야 한다는 위협들이 있었으며 관련 조치가 임박해 보였다. 그러자 마침내 요크가 주도권을 잡았다. 그는 아일랜드 정부 일을 관두고 웨일스를 가로질러 웨일스 마치에서 모은 많은 소작인들을 등에 업고 런던으로 왔다. 그는 헨리 왕에게 청원하여 면담을 가졌다. 그때 그는 왕에게 충성을 맹세했고 자신에게 해를 끼칠 의도가 없다는 보증을 받았다. 이 일이 끝난 후 그는 웨일스 국경에 있는 영지로 돌아갔다. 그러나 왕당파에게 있어 그는 왕에게 유감을 표한 적이 있는 반대파의 수장으로서 분명히 각인되었다. 잉글랜드의 불만 세력은 부상보다는 갑옷에 억눌리는 바람에 아쟁쿠르에서 전사한 그의 삼촌 요크의 에드먼드처럼 '작은 키와 짧고 사각인 얼굴을 가진 다소 통통한 남자'인 이 단호한 왕자에게서 자신들의 대변자이자 지도자를 발견했다.

1450년에서 1460년 사이 10년 간 워릭의 행위에 대한 모든 견해는, 같은 기간 동안의 그의 삼촌 요크가 준비하고 실행한 계획과 행동에 관한 결론에 기준하여 결정되어야 한다. 만약 공작이 처음부터 왕관을 노리고 있었다고 결론짓는다면, 그의 처남 솔즈버리와 조카 워릭은 그 희망을 알았거나 추측했음에 틀림없다. 그렇다면 요크파 수장의 거짓말을 통해 내전의 발발이 마련됐으므로 그들 모두 커다란 비난을 받는 게 당연하다. 그들은 가문들의 이익을 위해서 국가의 평화를 희생한 셈이기 때문이다. 이 견해는 일반적으로 역사가들에게 채택되었고 그 시대의 모든 랭커스터쪽 선언문에 쓰였다. 또한 튜더 왕가의 역사학자들에 의해서도 반복하여 쓰였으며 여전히 널리 퍼져있다.

그러나 그와는 다른 견해가 요크 왕조 시대에 잉글랜드 국민 대다수에 의해 취해졌다. 잉글랜드 어디에서든, 재산이 축적되고 문명이 발달한 곳이면 요크파에 대한 동정심이 나타났다. 켄트, 런던, 그리고 이스트 앵글리아East Anglia는 항상 공작의 강력한 우군이었다. 만약 요크가 야망을 품은 음모자였다면, 자신의 목적을 위해 일부러 왕국의 평화를 망쳤다면, 그처럼 평화와 훌륭한 통치가 모두 성과를 거두는 상황인 나라 안에서 그의 지지자들을 찾을 수는 없었을 것이다.

전쟁의 시대를 살았던 하딩Harding, 그레고리Gregory, 우스터의 윌리엄 William of Worcester, 휘섬스테드, 그리고 캄덴 시리즈Camden Series의 익명 저자들이 쓴 연대기들의 페이지를 흘깃 보면 잉글랜드 사람들이 요크를 평화의 훼방꾼이 아니라 왕당파의 모략에 의해 괴롭힘을 당하자 저항하면서 부당하게 취급 받고 상처 입은 사람으로 여겼음을 알 수 있다. 한편으로 그는 추밀원의 정당한 자리에서 밀려났으며 왕의 귀King's ear였던 적들에 의해서 나라를 떠나야 했던 왕가의 혈통을 가진 위대한 군주로 간주되었다. 또 다른 한편으로 그는 헨리 5세와 글로스터의 험프리의 전통을 계승한 오래되고 보편적이며 호전적인 파벌로서의 그 시대 야권의 대변인이며 지도자로서 여겨졌다. 사실 이러한 파벌적 관점은 어디선가 말한 것처럼 어리석고 부도덕하기까지 했지만, 왕국의 일을 관리하는 사람들에게는 합리적인 고려를 요구할 수가 있는 법이다. 정부 각 부처들이 무능을 입증하고 불명예를 키우고 있던 시대에 야권에서는 그런 상황에 대한 반발로 인한 자연스러운 방향으로 나아가고 있었던 셈이다. 시몽 드 몽포르의 1322년 칙령기초위원회 Lords Ordainers[54]가 행한 오래된 방법은 15세기에도 여전히 국가에 대한 연민을 저버린 대신들에게 써먹을 수 있는 유일한 방법이었다. 요크는 시몽 드 몽포르 백작이 루이스Lewes에서 한 많은 것들을 세인트 올번스에서 하게 된다.

---

54   에드워드 2세에 대항하여 의회는 21명의 위원을 소집하여 40여 개의 칙령을 선포한 후 왕의 최측근인 콘월 백작 피어스 개버스턴Piers Gaveston을 국외로 추방시켰다.◎

밀라노의 피에로
앙주의 마거릿 초상이 새겨진 메달
1463년경

앙주의 마거릿

이것 또한 분명히 말할 필요가 있는 부분인데, 전에 없던 재난과 무질서가 그 어떤 규칙도 무시할 만큼 차고넘치게 유지되는 이 상황은 잉글랜드가 통치자에게 불만을 품을 권리가 있었던 배넉번에서의 엉망인 나날들[55] 이후로 한 번도 없었다. 게다가 상황이 좋아질 가능성은 없었다. 왕비와 그녀의 친구들이 왕을 다스리는 한, 모든 것은 오랫동안 계속될 터였다. 한때 사람들은 서퍽을 제거함으로써 엉망진창인 시간이 끝나리라고 생각했다. 그러나 대중의 분노가 서퍽에게 폭발하여 그를 끝장냈지만-서퍽의 이 비극적인 죽음과 요크가 상관없음을 떠올렸을 때-서머셋의 통치는 그의 전임자만큼 비참하고 절망적인 것으로 드러났다. 그리고 서머셋이 세인트 올번스에서 쓰러졌을 때. 사람들은 다시 한 번 문제가 해결되기를 바랐다. 그러나 곧 정권

---

55   1314년에 잉글랜드와 스코틀랜드가 치른 배넉번 전투를 말한다. 귀족들의 비협조 속에서 에드워드 2세가 주도한 이 전투는 잉글랜드의 패배로 끝났고, 국정 혼란을 불러왔다.◎

을 잡은 잘 알려지지 않은 각료인 보먼트Beaumont와 윌트셔 백작은 국가에 이로울 게 없는 종들처럼 보였다. 왕비가 왕의 편에 서서 그를 위한답시고 그의 측근들을 선택하는 한, 잉글랜드의 불만은 계속 증가할 터였다.

마거릿이 겪게 될 불행은 그녀에 대해 나쁘게 말하는 것을 꺼리게 만들지만, 요크파에게 있어서 그녀는 잉글랜드에서 가장 가증스러운 정치인이었다는 점을 기억해야 한다. 그녀에 대해선 보통 외국인에 대한 어리석은 편견 때문에 국가적 반감을 맞게 됐다고 본다. 그러나 1459년 의회에서 광범위한 사권 박탈의 혐오스러운 사례를 재도입하고 왕을 파벌의 지도자로 삼아 충성심을 당론으로 만드는 데 성공하여 베릭을 스코틀랜드에, 칼레Calais를 프랑스에 팔아넘긴 사람을 증오하는 이유는 분명할 수밖에 없었다. 그녀는 언젠가 외국인 친구에게 "만약 그녀 파벌에 속한 대영주들이 그녀가 무엇을 하고 있는지 안다면, 그들 스스로가 가장 먼저 일어나서 그녀를 죽일 것"이라고 고백했다. 그녀는-적절한 때에 정치적 파벌을 칠 수 있도록 외국의 적에게 어디를 칠지를 비밀스럽게 알려준-더러운 반역죄를 범한 이였다. 1457년의 왕국이 평화로웠던 순간, 그녀는 의도적으로 프랑스 제독들을 부추겨서 샌드위치Sandwich에서의 무시무시한 약탈로 끝난 켄트 해안에의 대규모 상륙을 실행시켰다. 단지 그런 재앙이 그녀의 정적들인 요크에게 불리하게 작용하리라는 걸 알았기 때문이었다.

요크의 목적

마거릿 왕비에 대한 잉글랜드의 증오는 국가적 편견에서가 아니었다. 잉글랜드 국민이 자신의 적을 인식하도록 만든 건전한 본능에서 비롯된 것이었다. 그녀는 스스로를 파벌의 지도자로 삼았고 지도자로서 대접받았다. 요크와 그녀 사이의 10년 간의 싸움은 왕에 대항하려는 목적의 반란이 아니라 그 시대 입헌 정치의 위기 속에서 벌인, 원시적 무기들로 무장한 다른 파벌 지도자에 대한 투쟁으로 간주되어야 한다. 요크의 해명들을 인정해도 그의 전반적인 태도가 언뜻 보기에 자명하지 않다고 하더라도, 그의 계획이 얼마나 정당했으며 최선을 다해 수행하려고 노력했는지를 지켜봐야 한다. 그는 능력 있고 자신감 있고 야심 있는 사람이었다. 자신이 왕실의 음모에 희생되었다는 고정관념이 있긴 했지만, 그에게는 출생이 준 권리에 따라 왕의 의회에서 자리를 가질 권리가 있었다. 왕이 결혼 후 9년 동안 아이를 갖지 못하자 요크는 한층 가까워진 자신의 왕위 계승 가능성에 의존하게 됐을 것이다. 그러나 아이가 없다는 것은 단지 왕에 관한 악평의 문제일 뿐이었다. 왕위를 물려받을 이의 예상치 못한 탄생에 의해 그 가능성을 갑자기 빼앗겼을 때, 요크의 영혼은 깊이 무너졌고 그의 친구들은 바꿔친 아이와 사생아에 대한 비밀을 수군거렸다. 그러나 그의 모든 태도와 언어는 여전히 가장 엄격한 비평가에게서나 요구될 수 있는 것이었다. 그는 에드워드 왕세자의 탄생을 축하하는 자리에 함께 했고, 아기에게 웨일스공의 칭호를 주기 위한 위원회에 임명되어 들어갔다. 이후 6년 동안 그의 모든 연설과 선언은 왕에게 충성하는 일의 민족감으로 가득 차 있었으며, 당연한 권리이기도 한 왕의 귀에 접근할 수 있는 권리 이상의 어떠한 주장도 한 적이 없었다. 요크파의 선언은 언제나 공개적인 이유로 제기된 불만과 개혁 요구에 대한 성명이었다. 거기에는 왕조 주장의 흔적이 보이지 않는다. 그들의 행동 역시 선언문과 상당히 일치한다. 그들은 왕을 직접 자신들의 손에 두지 서머셋이나 월트셔나 보먼트에게 버려 두고 떠나지 않겠다고 항상 말했고, 그럴 기회가 있을 때에도

시도하지 않았다. 요크의 정직성을 확인할 가장 좋은 기준은 전쟁의 행운이 그로 하여금 왕의 사람들을 장악하게 만들었던 세인트 올번스에서의 첫 번째 전투 이후 그의 행동이다. 그는 헨리에게 새로운 각료들을 줬지만, 그 이상은 아무것도 하지 않았다. 왕위계승권은 유효했지만 관련된 어떤 말도 하지 않았고, 왕국을 그렇게 형편없이 통치했던 전임자들을 벌하려고 시도하지도 않았다. 현명한 절제력은 모든 비난이 서머셋에게 쏟아지게 만들었고, 서머셋이 죽었을 때도 그의 책임으로 놓인 어떤 것에도 해를 입지 않았다.

전쟁이 끝나고 1460년까지 이어진 평화 속에서 순수한 계획을 갖고 요크의 리처드를 따른 워릭과 모든 이들이 분명히 입증하는 것은 그의 목적이 국가를 위해서지 개인적인 게 아님을, 잉글랜드 통치의 재구성이지 왕좌에 요크파를 세우는 게 아님을 그들에게 보장했다는 것이다. 그럼으로써 지도자를 향한 그들의 절실한 믿음이 가능했다. 우리는 수많은 악을 견디고 행한 후에 요크가 마침내 왕위 계승을 주장하자, 워릭이 이끄는 그의 파벌이 단호하게 대항하여 헨리 왕을 왕좌에 올리고 원래 약속에 따라 궁극적인 계승의 전망에만 만족할 것을 그에게 강요하는 걸 보게 된다.

그렇기 때문에 워릭과 다른 요크 지도자들은 그들의 행동에 대해 명예로운 설명을 허락할 수 있는 부분이면 어디에서든지 의혹의 혜택을 받아야 하며 그들의 초기 단언이나 주장이나 불만을 나중에 일어난 일에 비춰 판단하지 않아야 한다. 이 기준에서 전쟁의 마지막 발생이 일어나는 1459년까지의 젊은 백작의 행동들을 설명하고자 한다.

St. Peter's Street Bo[...]

St. Peters Lane

St. Peter's Church

a Pound

Catherine Lane

Cock Lane

Wall Close

To

Ton-man Ditch

The Towne Backsides

The Towne Backsides

Ton-man Ditch

ong Butt Field

St. Peter's Street

Dagnal Lane

The Cowner

[...]shopshire or Butcher[...] Lane (Now Victoria Stre[...]

WARWICK'S ATTACK

VI
내전의 시작,
세인트 올번스

Cook Row

Levye Lands

Modern London Road

The Pound
Roome
Land
Gaol

[...]ss Keys

The B[...]sides

Key Field

Abby   Church

The
Abby Ruins

Sopwell Lane

Abby
Mills

The Abby Meads

Holowell

[...]sh Pool Meads

Pond
Wicks

Ponds

Road to Lo[...]

N

Green Lane

S[...]

요크가 왕의 허락 없이 아일랜드에서 돌아와서 왕당파 잔당들과 서머셋의 행동에 대항하는 왕실 친족들과 함께하기 시작한 순간부터, 사건의 진행은 확실하고 꾸준했다. 피할 수 없는 내전을 막을 특별한 기회로 주어진 것은 아무것도 없었다. 일이 더 일찍 일어나지 않은 것은 그가 결심한 만큼 조심스러웠기 때문이며, 왕의 병약한 체질과 척박한 결혼이 약속하게 될 왕관을 기다리는 일에 만족했기 때문이었다. 게다가 왕당파에서도 아주 가까운 시기에 자신들의 왕이 될 가능성이 있는 그를 끝까지 밀어붙이고 싶지 않았다. 요크와 서머셋의 분쟁은 실제로 싸움이 벌어지기 전까지 4년 넘게 진행되었다. 그들은 선언과 선언문으로, 의회법에 의해서, 무장 시위로 싸웠지만 아무도 실제적인 첫 번째 타격을 날리지 않았다.

마지막 위기는 매우 다른 성격의 두 사건이 병렬됨으로써 야기되었다. 1453년 8월, 왕은 불운한 할아버지 샤를 6세(1368~1422)를 괴롭혔던 것과 정확히 똑같은 우울한 광기에 빠졌다. 그는 며칠 동안 꼼짝도 하지 않고 앉아 있었는데, 그에게 무슨 말을 하든지 눈을 내리깔고 아무 대답도 하지 않았다. 왕의 광기는 서머셋에게 치명적인 타격이었다. 서머셋은 자신을 지지할 왕의 이름이 없으면 무력했다. 반면에 요크는 국가의 만장일치를 얻어 사태의 방향을 잡았으며 왕의 대리인lieutenant이 되었다. 그는 후에 '왕국의 호민관Protector of the Realm'으로 임명되었다. 이것은 왕국의 내부 문제에 종지부를 찍었다.

그러나 왕이 정신이 나간 지 몇 달 후, 왕위 계승자의 탄생으로 모든 형세가 바뀌었다. 왕비가 10월 13일에 아들을 낳은 것이다. 9년 동안 아이가 없었던 국왕 부부에게 일어난 이 예기치 못한 사건은 요크에게 치명적인 의미였다. 그 일은 적들로 하여금 그가 다스릴 때가 온다고 믿었기 때문에 유지되었던 안전을 앗아갔고, 요크 스스로를 절망적으로 만들었다. 그는 반드시 섭정을 하거나, 아니면 의미가 없다고 결론지었다. 그의 머리를 구하기 위해서는 절박한 수단에 의지해야 했으며, 더 이상 무기를 꺼릴 필요가 없었다.

요크와 네빌가

이제 워릭이 전면에 나서기 시작하는 순간이다. 요크와 서머셋의 분쟁 초기 단계에서 워릭과 그의 아버지는 친인척 파벌에 거리낌 없이 헌신하는 일을 피했다. 그 예로 요크가 1452년에 무장 시위를 했을 때 그들은 그의 편에 나타나지 않았다. 다만 왕과 협상을 하는 데 도움을 줬다. 그러나 1454년 1월 의회에서 그들은 요크를 위해 더욱 단호하게 참여했다. 문제의 조짐이 보이자 모든 귀족들이 수백 명의 하인들을 싣고 런던으로 왔다. 그리고 워릭은 요크 삼촌과 같은 편에 선 '뒤에서 좋은 친분을 가진' 이임을 알리게 되었으며, 백사십여 중장병을 거느린 아버지 솔즈버리와 런던에서 합류했다.

의회에서의 요크파의 우세는 즉시 네빌 일족의 승진으로 이어졌다. 워릭은 스물다섯 살의 나이로 12월에 추밀원 위원으로 임명되었다. 요크가 4월에 호민관Protector이 된 직후에 솔즈버리는 왕국의 대법관이 되었다. 비전문가가 그 직책을 맡은 지 44년이 지난 후의 일이었다.[56]

왕은 열여섯 달 동안 제정신이 아니었고, 그 기간 동안 요크가 통치한 왕국은 신중하고 성공적이었다. 권력 승계 문제에 관한 그의 행동은 꼼꼼하고 옳았다. 어린 에드워드 왕자는 왕위 계승자로 인정받고 요크, 워릭, 솔즈버리는 모두 4월에 왕자에게 웨일스공의 칭호를 준 위원회의 구성원이었다.

56　이전까지의 대법관 직책은 모두 주교들이 맡고 있었던 것을 말한다.◎

왕당파는 관대하게 다루어졌다. 단 대중들의 격렬한 항의가 이전과 같이 컸던 서머셋만은[57] 탑에서 왕의 모든 광기의 시간 동안 헌신적으로 그를 보살펴야 했다. 나라는 만족하는 듯했고 전망은 밝았다.

하지만 네빌의 지난 2년간의 승진과 성공은 퍼시가와의 격렬한 싸움 때문에 흐려졌다. 1453년 솔즈버리는 요크셔의 태터셜Tattershall에서 크롬웰 경Lord Cromwell의 조카와 자신의 넷째 자식인 아들 토머스의 결혼을 축하하고 있었다. 그가 잔치를 떠날 때, 그의 신하들은 노섬벌랜드 백작의 어린 아들인 에그리먼트 경 토머스 퍼시Thomas Percy Lord Egremont의 추종자들과 소동을 벌였다.[58] 이 작은 불꽃은 솔즈버리의 아들 존이 이끈 네빌가와 에그리먼트의 퍼시 가문이 속한 요크와 노섬벌랜드 전역에 갑작스러운 사적 전투를 발발시켰다. 문제는 1년 이상 지속되었고, 요크가 호민관이 된 후 전투 부대들을 진정시키기 위해 직접 찾아가서야 끝났다. 이 과정에서 네빌가는 성공했지만, 퍼시가는 상대가 잘못했다고 주장했으며 후에 서머셋과 왕비의 강력한 지지자가 되었다.

1454년 12월 헨리 왕이 의식을 되찾았고 요크는 호민관직을 사임했다. 왕의 회복은 모든 면에서 불행했다. 다시 그 자신이 된 순간, 그는 또 왕당파의 손에 들어갔다. 그의 첫 번째 행동은 서머셋을 탑에서 풀어주면서 진실하고 믿음직한 신하라고 선언한 것이었다. 다음 행동은 요크와 솔즈버리를 그들처럼 서머셋의 적들이었던 재무상 우스터 백작 팁토프트를 포함하는

---

57   그는 1453년에 런던 군중에 의해 거의 산산조각 날 뻔했다.

58   결혼식의 신부였던 크롬웰 경의 조카 모드 스태넙Maud Stanhope은 크롬웰 가문의 상속인으로서 크롬웰이 퍼시 가문으로부터 소송을 통해 얻어낸 영지를 이 결혼을 통해 네빌 가문에게 전달하게 될 예정이었다.◎

몇 명의 고위 관리들과 함께 모든 직무에서 해고하는 것이었다. 요크는 샌들 Sendal로, 솔즈버리는 미들햄으로, 불명예스러워진 동료들은 자신들의 땅으로 물러났다.

그러나 더 나쁜 일이 도래했다. 5월 추밀원은 요크, 솔즈버리, 워릭, 그리고 그들의 친구였던 그 밖의 어떤 고참 의원들도 소환하지 않은 채 웨스트민스터에서 모였다. 이들은 '왕의 사람들이 적들에 대항하여 안전을 제공받을 목적을 위해' 레스터에서 의회를 소집했다. 누가 그 적들을 요크와 솔즈버리로 선언했을지, 그리고 잘 알고 있는 그 적들을 어떻게 처리하려고 했을지 어렵지 않게 짐작할 수 있을 것이다. 투옥은 서머셋의 손에 쥐어진 가장 덜 가혹한 선택지가 될 터였다.

내전 발발

결정적인 순간이 왔다. 요크는 필사적이었고 적들의 복수극에 선수를 치기로 결심했다. 소식이 전해지는 순간, 그는 요크셔 신하들을 불러 잉글랜드 전역의 친구들에게 도움을 청하기 위해 보냈다. 솔즈버리는 즉시 자신의 노스라이딩 지역 네빌가 봉신들과 함께 그와 합류했다. 그리고 요크와 솔즈버리는 런던에서 잠시도 지체하지 않고 행군했다. 워릭은 도중에 그들과 마주쳤지만, 다른 친구들은 그들을 도우러 오지 않았다. 하지만 노퍽 공작은 이스트 앵글리아를 대표하여 힘을 모으고 있었다.

요크의 작은 군대는 어민 스트리트Ermine Street를 행진했고 5월 20일에는 캠브리지셔Cambridgeshire의 로이스튼Royston에 있었다. 그에게는 네빌가의 두 명 외에 동료인 클린튼 경Lord Clinton 한 명만 더 있었고, 기사들은 요크와 솔즈버리의 개인적인 추종자들일 뿐이었다. 워릭의 미들랜드 봉신들 중 몇 명을 제외하고 군대는 요크파와 솔즈버리가의 요크셔 지주들로 구성되었으며 연대기 저자들은 군대 전체가 북부 사람들이었다고도 말한다. 더 많은 병력이 기다리고 있을 수도 있었지만, 공작은 만약 자신이 지연된다면 적들도 힘을 모을 시간을 가지리라는 점을 알았다. 아직 국왕 측 지도자들은 전쟁에 대한 준비가 전혀 되어 있지 않았고, 요크의 작은 군대의 재빠른 진군은 그들에게 준비할 시간을 주지 않았다.

21일 공작은 어민 스트리트를 따라 남쪽으로 가는 길을 인지하고 웨어 Ware에 진을 쳤다. 그곳에서 그와 두 백작은 '전혀 의심할 바 없는 우리의 주군인 왕'에게 무장한 채 도착한 것에 대한 공들인 사과문을 작성했다. 그들은 '진실하고 겸손한 신하로서 예의를 갖추어 커다란 충성을 맹세하고 보여주겠'다며 '적들이 얼마나 음흉하고 악의적이며 부정한 보고를 올렸는지' 그에게 납득시킬 수 있도록 왕실의 참석에 대한 즉각적인 승인을 요구했다.

세인트 올번스의 요크

서머셋은 런던에서의 요크의 진군이 가진 의미를 명확하게 읽었으며, 공작의 선언이 받아들여지기 전에 왕이 무력에 의지하도록 자극했다. 왕당파에 속한 많은 영주들이 런던에 있었지만, 그들은 적의 갑작스러운 접근에 놀랐고 적은 수의 수행원들만 데려왔을 뿐이었다. 이에 따라 21일에 왕이 잉글랜드의 많은 군주들을 거느리고 웨스트민스터에서 행진했지만 3천 명도 채 되지 않았다. 그와 함께 펨브루크의 이복형제인 재스퍼와 서머셋과 버킹엄 공작들, 노섬벌랜드·데번·스태포드·윌트셔, 그리고 도셋의 백작들과 클리포드Clifford·더들리·버너스와 루스 경이 함께 했다. 잉글랜드의 빈약한 귀족들의 4분의 1 정도 되는 수였다. 요크의 선언문은 왕이 킬번Kilburn 강[59]을 통과하며 진군할 때 그에게 도달했지만, 서머셋은 그것이 왕의 손에 닿는 것을 허락하지 않고 되돌려 보냈다. 그날 밤 군대는 왓포드의 저택들에 주둔하기 위해 로마 도로Roman road[60]를 차단했다. 그러나 다음날 아침, 모든 일이 아주 일찍부터 다시 진행되기 시작했다. 7시가 되기 훨씬 전에 헨리 왕과 그의 군대는 세인트올번스St. Albans에 도착했다. 왕실 깃발은 흩어져 있는 작은 도시의 북쪽 끝에 위치한 세인트 피터 스트리트St. Peter's Street에 세워졌고, 그 거리의 출구에는 바리케이드가 쳐졌으며, 군대는 말들에게 물을 주고 아침 식사를 준비하기 위해 흩어졌다. 한 시간 후에 요크와 그의 군대는 허트포드Hertford 길을 따라 동쪽으로부터 조심스럽게 전진하면서 나타났다. 공작은 왓포드에서의 왕의 진군 소식을 듣고, 런던으로 가는 직행로에서 빠져나와서 적들을 물색하기 시작했다. 완고하게 장악된 세인트올번스가 발견되었다. 요크, 솔즈버리, 워릭은 도시 동쪽의 키필드Keyfield라고 불리는 들판에 4천여 병사들을 배치했으며, 본격적으로 공격하기 전에 멈추었다. 그들은 버킹엄 공작이 도시의 동쪽 출구를 막은 바리케이드로부터의 전령과 함께 나타나는 것을 보기 전에 겨우 도착할 수 있었다. 이 나이든 귀족은 솔즈버리의 처남이자 워릭의 삼촌이었다. 그는 반란군들로부터 공정한 심문을 확신했다. 서퍽과 서머셋 파벌에 대한 충성심이라고는 전혀 없었으며 왕에 대한 충성심으로 무장하였기 때문이다. 반군 지도자들 앞에 나타난 버킹엄의 험프리는 그들의 대의와 진짜 의도가 무엇인지를 요구했다.

---

59   현재의 웨스트본 강River Westbourne.◎

60   로마가 잉글랜드를 통치하던 시절 만든 도로.◎

요크 공작은 무장한 그의 진군은 정의롭고 진실한 의도를 갖고 있다고 애매하게 선언하며, 충성에 대한 중대한 이의들로 시작되는 왕의 귀들에게 보내는 메시지를 주군이 보낸 특사에게 전달함으로써 대답했다. 그리고 '고발해야 할 사람들을 인도해 주시고, 그들이 마땅히 받아야 할 대접을 받게끔' 왕이 양해하길 원한다는 위압적인 주문으로 끝냈다. 버킹엄은 이 메시지를 다시 왕에게 전하였다. 도착 후 진이 빠진 그는 세인트올번스 도시의 헌드레드맨Hundredman[61]인 웨슬리의 저택에 있었다. 공작의 요구를 알게 되자 성자 같은 왕은 일생에 한 번일 열정이 솟구쳤다. 그가 외쳤다.

"이제는 반역자들이 얼마나 대담하게 내 영토에서 반역 세력을 일으켰는지를 알게 되었다. 나는 성 에드워드와 잉글랜드 왕위에 대한 믿음으로, 그들 모든 어머니의 자식들을 부숴버릴 것이다. 왕과 통치자에게 대항하는 모든 반역자들의 본보기로 삼을 것이다. 그들은 이제 자신들이 나와 함께 있을 영주가 아니라고 결정했다. 나는 오늘 죽든 살든 이 싸움에 나를 걸리라."

이 대답이 요크 공작에게 돌아왔을 때 그는 도시를 즉시 공격하지는 않았지만, 돌아서서 자신의 군대를 향해 장광설을 늘어놨다. 왕이 모든 개혁이나 보상을 거절했으며, 잉글랜드의 운명은 자신들 손에 달려있고 최악의 경우에 맞이하게 될 전투에서의 영광된 죽음이 만약 실패했을 때 기다리고 있을 반역자의 종말이라는 수치보다 더 낫다고 말했다. 그리고 나서 그는 마을의 북쪽, 남쪽, 동쪽 출구를 가로막는 바리케이드에 대항하여 전체 부대를 세 갈래로 나누어 공격하기 시작했다.

---

61   헌드레드맨은 주의 하위의 지방 단위로, 백호장이라고 할 수 있으며 하나의 헌드레드는 100하이드(1하이드는 60~120에이커의 땅이며 현재로 치면 30~60에이커, 12만~24만 제곱미터) 단위로 설정되는 것이 일반적이나 시대와 지역에 따라 양상은 달랐다.◎

작자 미상
잉글랜드의 수호성인 성 조지St. George
『성인들의 삶Vies de Saints』 중 부분
1340년대 추정

　왕과 요크의 메시지 교환이 오전의 네 시간을 소비했기 때문에 시간은 11시 30분이었다. 왕의 군대는 버킹엄이 양군 사이를 오가는 것을 보면서 싸우지 않고 합의를 마무리지으리라고 믿었다. 그래서 많은 병사들이 자리를 떠났고 몇몇은 무장해제를 했다. 그러다 공작의 군인들이 움직이는 모습이 보이자, 모든 병사들이 부대로 달려갔다. 기도를 하던 수도사와 도시 사람들은 수도원과 교회 들의 종을 울렸다. 휘섬스테드 수도원장을 항상 부실한 라틴어의 황홀경에 빠뜨렸던 북풍의 후예Gens Boreæ, 배반의 일족Gens Perfidiæ, 비굴한 약탈의 종족Gens Prona Rapinæ인 북부로부터 온 약탈자 군대를 자신들의 수호성인을 방패 삼아 막길 바라는 희망으로.

워릭의 첫 번째 승리

　요크군의 첫 돌격은 그들이 공격한 세 지점 모두에서 패배했다. 런던 로드

London Road에 있는 클리포드 경은 '방어벽을 강화했으며 공작 측은 전혀 현명하지 못하게도 온 힘을 쏟아내곤 거리에서 무너졌다.' 요크군 측 좌익을 이끌었던 워릭 역시 도시의 남쪽 출구를 공격했다가 격퇴되었다. 그러나 여기서 처음으로 발휘된 백작의 신속한 군사적 통찰력은 랭커스터군이 바리케이드를 지탱할 수 있을 만큼은 강했지만 도시의 남부를 구성하는, 집들이 길게 산발적으로 배치된 부분을 방어할 충분한 수를 갖추지는 못했음을 확인했다. 그는 퇴각한 부하들을 모아 홀리웰 스트리트Holywell Street의 집들 뒤에 있는 정원들에 침입했고, 여러 주택들의 뒷문을 열어제끼면서 도시의 중앙로로 달려나갔다.

"체커스Chequers의 징표[62]와 천국의 열쇠Key의 징표[63] 사이에서 그의 트럼펫과 커다란 목소리가 울려 퍼진다, 워릭! 워릭!"

미래의 수많은 전장들에서 랭커스터군이 들을 때마다 공포를 불러일으키게 될 외침. 워릭의 부대는 갑작스럽게 침입하면서 후방의 바리케이드 수비대와 맞닥뜨리게 됐지만, 그들은 거리에서 용감하게 맞섰다. 랭커스터군의 전선은 무너졌다. 스코틀랜드 마치에서 온 공작의 사병들을 이끌던 로버트 오글 경Sir Robert Ogle의 요크군 중앙 부대는 이제 워릭을 돕기 위해 도시 중심부에 있는 시장으로 뛰어들었다.

한 시간 반 동안 화살이 마치 진눈깨비처럼 세인트 피터 스트리트를 오르

---

62   6대 워릭 백작 토머스 드 보먼트Thomas de Beaumont가 체커스(체크 무늬)에 역V자와 흑담비 무늬를 넣어 문장紋章을 만든 이후 이는 워릭 백작의 문장이 되었다. 그리고 리처드 네빌이 아내로부터 16대 워릭 백작 작위를 받으면서 7개 문장을 합쳐 만든 그의 복잡한 문장의 하나로 편입되었다.◎

63   교차하는 두 개의 열쇠는 천국의 문지기인 성 베드로의 상징이며 바티칸 교황청의 문장이기도 하다.◎

워릭 백작 리저드 네빌의 분상

내렸다. 기사들은 도로를 따라 백병전을 벌였다. 하지만 결국 랭커스터군은 제압되었다. 왕은 목에 화살을 맞고 피투성이가 된 채 태너 저택으로 끌려 들어갔다. 전쟁의 원인인 서머셋은 성Castle이라는 이름의 여관의 문간에서 부상을 입고 죽었다. 왕의 기수였던 필립 웬트워스 경Sir Philip Wentworth 은 깃발을 내리고 도망쳤다. 윌트셔의 아일랜드 백작인 오먼드의 제임스 James of Ormond, 그리고 하원의장 소프Thorpe가 그 뒤를 따랐다. 하지만 왕의 군대의 다른 지도자들은 운이 별로 없었다. 노섬벌랜드 백작과 클리포 드 경은 살해당했다. 도셋 백작은 치명상을 입었고 거리에서 죽은 채로 남겨 졌다. 버킹엄 공작은 얼굴에 화살이 박힌 채 수도원 성역으로 도망쳤다. 부 상당한 스태포드와 데븐 백작, 그리고 더들리 경은 투항하여 포로가 됐다. 왕의 군대에서 백이십 명만이 죽었는데, 그 시대에 흔히 볼 수 있는 일이듯 이 기사와 귀족들이 패배하는 순간에도 달아날 수 없게끔 만드는 무거운 갑 옷을 걸치고 싸우는 동안 가벼운 장비로 무장한 궁병들과 미늘창병들은 무 기를 버리고 도망칠 수 있었다. 그래서 백이십 명의 랭커스터 군인이 쓰러졌지만 그중 마흔여덟 명만이 평민이었고, 나머지는 귀족들과 기사와 종자 들, 혹은 왕가의 장군들이었다. 다음날, 아마도 승자들은 서머셋의 죽음과 왕의 구속으로 랭커스터가의 허약한 정부가 끝나리라는 헛된 희망을 품고서 런던으로 행군했으리라.

칼레 총독이 된 워릭

공작과 그의 추종자들은 아직까지는 장관급의 교체에 대해서만 생각했다. 그들의 행동은 국가의 견해와 의지를 다루는 큰 행정 기구에 있는 왕당파들을 자신들이 더 용이하게 개입할 수 있는 사람으로 교체하는 일보다 더 중요하게 여긴 것은 없었음을 보여준다. 대법관직은 요크파가 믿을 수 있다고 생각한 대주교 부치어Bourchier에게 맡겨졌다. 재무상이었던 윌트셔 백작은 대주교 부치어 경에 의해 대주교의 형제로 바뀌었다. 요크 공작은 보안무관장保安武官長이 되었고, 워릭은 죽은 서머셋 대신 칼레의 수장을, 솔즈버리는 랭커스터 공작령의 토지 관리인이 되었다. 얼마 후 워릭의 남동생 조지 네빌은 막 스물여섯 살이 됐지만 엑시터의 부유한 주교로 임명되었다. 7월에 소집된 의회는 이러한 임명들을 승인했고, 존 웬록 경Sir John Wenlock을 의장으로 선택했는데, 그는 워릭의 가장 확고한 친구이자 지지자들 중 한 명으로서 앞으로 자주 접하게 될 것이다. 헨리 왕에 대한 강력한 충성의 맹세는 요크 공작과 모든 상원의원들에 의해 받아들여졌고, 새로운 부처는 호의적인 전망과 함께 일을 시작했다. 유일한 문제는 뻔히 보이는 사람들에 의해 벌어진 '세인트 올번스의 불쾌한 하루'의 책임을 고쳐보려는 의회의 잘못된 시도에서 비롯되었다. 워릭은 크롬웰 경을 가장 비난 받아야 할 사람으로 지목했고 크롬웰이 성난 대답을 하자 그들 사이에 논쟁이 생겼다. 사람들은 평화가 깨지게 될까 봐 두려워했다. 그날 밤 크롬웰은 집을 지키기 위해 슈어즈버리 Shrewsbury 백작의 중장병들을 빌렸다. 그러나 워릭은 진정했고 더 이상의 불화는 없었다. 의회는 매우 현명하게도 죽어서 대답을 할 수 없는 서머셋에게 내전의 모든 책임을 돌리는 결론을 내렸다.

왕국에서 요크의 권위는 헨리 왕이 10월에 다시 한 번 우울한 광기에 빠졌을 때 더 공고해졌다. 의회는 재소집을 거쳐 섭정공Duke Regent을 임명했다. 하지만 2월 25일에 헨리는 정신을 차렸고 바로 요크를 안도시켰다. 한 때는 전쟁 소문에 시달리던 시기였지만, 몇 달 동안 공작은 지휘권을 유지하는 데 성공했다. 그러나 문제는 항상 임박해 있었다. 칼레 주둔군 안에서 훈련되고 보수를 받는 왕실의 유일한 정규군이었던 워릭은 삼촌을 지원하기 위해 여러 번 그를 방문해야 했다. 요크는 의회로 가는 길에서 불려세워질까 두려워했다. 그래서 워릭과 '칼을 차거나 사슬갑옷을 입은' 삼백 명은 그를 저편으로 에스코트하곤 했다.

'그는 강력하게 방비하지 않으면 위험에 빠지리라는 걱정에 빠져있었지만, 사람들은 그런 계획을 수행할 수 있는 사람이 없다고 진심으로 생각했기 때문에 누가 그런 행동을 할런지 아무도 알지 못했다.'

마거릿 왕비의 음모

그러나 자신을 권력에서 물러나게 하기 위해 많은 위험을 감수할 준비가 된 사람들이 있으리라는 요크의 예상은 틀리지 않았다. 서머셋이 죽은 후, 왕당파 지도부는 매우 확고하고 단호하게 앙주의 마거릿과 손을 잡았다. 왕비는 흡사 즐기듯, 안전해질 때까지 그녀 남편으로 하여금 요크파 각료들을 내쫓게 할 수밖에 없는 영향력을 무한히 행사하기로 결심했다. 그녀의 결심은 많은 명분을 갖고 있었다. 새 정부가 처음에는 왕국의 질서를 시행하기에 있어서 예전만큼 운이 좋지 않았기 때문이다. 요크가 집권하던 시기에는 최악의 사적 전투가 일어났다. 데븐의 코트니Courtney 백작과 본빌 경Lord Bonville이 서부에서 부딪쳤고, 엑서터 밖에서 사천 명의 병사들이 전투를 벌였다. 백작은 승리를 거뒀으며 대성당을 샅샅이 뒤지고 죄수들처럼 보관되어 있던 대포 여러 대를 노획하여 승리를 알렸다. 그는 요크의 반대 파벌에 속했음에도 불구하고 이 가증스러운 신성 모독으로 인해 재판에 회부되지 않았다.

그러나 마거릿은 왕국의 상태에 대하여 요크에게 비난할 자격이 없었다. 우리는 그녀가 공작에게 문제를 일으키기 위해 고의적으로 잉글랜드에 대항하는 외국의 적들을 선동하는 작업을 했음을 알고 있다. 1456년 여름의 스코틀랜드로부터의 급습은 그녀의 음모인 것으로 의심되었다. 공작이 스코틀랜드인들을 왕의 이름으로 공식적으로 책망하는 동안, 정작 왕은 제임스 2세(1430~1460)[64]에게 보낸 개인적인 서한들 속에서 호전적인 요크를 경멸하고 있었음이 분명하다. 그리고 1년 후 마거릿이 자신의 개인적인 목적을 위해 켄트의 항구들을 프랑스군에 의해 파괴시키는 준비를 한 게 아니라는 사실을 알면, 그녀를 따라다녔던 남동부 주 주민들의 증오를 조금은 이해할 수 있을 것이다.

---

64   제임스의 1세의 아들로 당시 스코틀랜드 왕.◎

VII
칼레의 수장,
해군 제독 위릭

세인트 올번스 전투와 워릭이 명성을 쌓고 인기를 얻은 1459년의 내전의 두 번째 발발 사이에는 4년이라는 시간이 놓여 있다. 1455년까지의 그는 아버지 솔즈버리를 전적으로 따르는 능력 있는 젊은 귀족으로만 알려져 있었다. 비록 그는 이미 15세기의 많은 유명인사들이 정치에서 중요한 역할을 하기 시작한 나이를 훨씬 넘어섰지만, 아직 어떠한 독립적인 지휘권도 받지 못했고 중요한 사업에서 홀로 신뢰받지도 못했다. 그는 이제 스물일곱 살로 웨일스 정부를 인계받았을 때의 헨리 5세보다 열한 살이 많았으며, 모티머스 크로스Mortimer's Cross에서 승리했을 때(1461)의 에드워드 4세보다 아홉 살이 많았다. 워릭에게는 많은 동시대인들로 하여금 열여섯 살에 어른이 되고 마흔 살에 노쇠한 퇴역 군인으로 만든 그런 조숙한 발전의 징후가 없었다.

워릭의 명망

대부분의 가문 사람들과는 달리, 워릭은 대가족을 가지는 축복을 누리지 못했다. 앤 보샴프는 겨우 딸 둘만을 낳았는데, 둘 다 서른 살까지 살지 못한 허약한 소녀들이었다. 단 한 명의 아들도 그에게는 허락되지 않았고, 워릭과 디스펜서의 땅은 다시 한 번 여성으로 옮겨질 운명임이 분명해 보였다. 그러나 그날은 아직 멀었고, 리처드 네빌의 견고한 틀과 구조는-폴리도로 비르질리Polidore Vergil[65] 에 따르면 그의 영혼의 깊이와 이에 버금가는 육체적 힘은altitudo animi cum paribus corporis viribus-활기찬 남성성을 오랜 세월 유지하였다.

---

65   15~16세기 잉글랜드에서 대부분의 삶을 보낸 이탈리아 스콜라 철학자이자 역사가.◎

워릭은 잉글랜드 정계에서 이미 유명한 인물이 되었는데, 그가 누렸던 보편적 인기는 영토의 넓이나 세인트 올번스에서 보여준 군사적 기량에서 나오는 것이 아니었다. 그는 오만한 귀족이 되기는커녕 후에 작가들이 쓴 것처럼 마지막 제후가 되지도 않았다. 오히려 동시대 사람들은 그를 평민들의 우상이자 백성들의 친구라고 말한다.

'그의 말은 예의바르고 모든 사람에게 온순하고 친근했으며, 자신의 영달이 아닌 왕국의 좋은 통치와 발전을 항상 말했다.'

그보다 부하들에게 더 나은 영주였던 또 다른 영주는 없었고, 하원에게 더 친절한 귀족도 없었다. 그래서 그는 아버지 솔즈버리가 결코 얻을 수 없었던 인간적인 인기를 얻었으며 요크 삼촌도 그의 라이벌이 될 수 없었다.

칼레

행동가를 위한 학교로서 칼레의 통치자보다 더 좋은 직책은 없을 것이다. 그곳은 1450년 노르망디의 상실 이후 프랑스인들이 포위했기에 급습의 위험에서 결코 벗어나지 못하는 곳이었다. 지난 6년 동안 세 차례나 상당한 수의 군대가 진군해왔으며, 매번 다른 지역들에서 예상치 못한 사건들이 발생한 덕분에 겨우 퇴각시키곤 했다. 불로뉴와 그 밖의 인근 지역들에 있는 프랑스 주둔군과 다투는 일은 명목상의 휴전 시기에도 끝나지 않았다. 이런 상황에서 적을 상대하는 칼레의 수장은 수에 있어서는 항상 부족하며 평시에는 억압된 반란 상태에 있는 수비대를 보유해야 했다. 서퍽과 서머셋이 한 엉망진창인 통치의 주요 증상 중 하나는 왕국의 정규적인 전쟁 비용도 마련하지 못하는 중앙정부의 무력함이었다. 칼레 수비대의 급료는 계속해서 연체되고 있었다. 연이어 부임한 총독들은 병사들을 계속 주둔시키려면 그들의 주머니를 채우기 위해 자신의 주머니를 비워야 한다고 불평했다. 심지어 성벽을 고칠 돈조차 없어서 황폐해져도 내버려둬야 했다.

칼레의 수장은 군복무 외에 다른 어려움들도 있었다. 칼레는 플랑드르의 개척지 위에 걸쳐 있었고 잉글랜드와 부르고뉴 가문이 지배하는 지역들 간 무역의 많은 양이 그 도시를 지나다녔다. 칼레는 무역의 주된 지점이었다. 따라서 그는 인근의 부르고뉴 통치자들과 좋은 관계를 유지해야 했다. 또한-훨씬 더 어려운 일은-잉글랜드 함대가 부재할 때마다 도버해협에서 프랑스 사나포선과 해적 들을 쓸어버리기 위해 노력해야 했다. 이것은 한가한 일이 아니었다. 왜냐하면 최근 잉글랜드 함대는 거의 보이지 않았고, 나타난다고 해도 별 쓸모도 없이 모국으로 돌아가곤 했기 때문이다. 가벼운 마음으로 칼레 수장 자리를 맡으려면 분명 능력과 자신감 둘 다 있어야 했다.

워릭은 1455년 8월부터 1460년 8월까지 칼레의 수장 자리를 맡았고 1457년 10월부터 1459년 9월까지는 '바다를 수호하는 수장Captain to guard the Sea'이라는 직책을 겸임했다. 그의 임기는 어느 모로 보나 성공적이었다. 주둔군은 전력을 다할 수 있도록 고양됐고 훌륭한 규율이 주입됐다. 특히 요크 공작이 호민관을 그만둔 1456년 10월 이후로는 워릭이 잉글랜드로부터 가져온 약간의 돈과 격려가 담긴 주머니가 털리고 있었음을 짐작할 수 있다. 그는 부대를 약 2천 명 수준으로 끌어올렸기에 인근 프랑스 주둔군에 대한 공격을 감행할 수 있었다. 그의 가장 큰 성공은 일을 맡은 지 3년째 되는 봄에 8백 명의 전투원들을 이끌고, 피카르디Picardie 해안에서 40마일 떨어진 에타플Étaples을 급습한 일이다. 그는 인질로 잡은 프랑스 남부로부터 온 와인선 함대와 함께 도시에 머무르며 몇 개월 동안 부하들에게 지불할 수 있을 만큼의 많은 돈을 모았다. 플랑드르의 부르고뉴 통치자들과 의견 불일치에 빠지자 그는 필립Philip 공작이 주둔군으로 강화한 그라블린 Gravelines과 생 오메르St. Omer에 엄청난 피해를 입혔다. 그리고 마침내 화평에 동의하게 되어 기뻐했다. 이 협상은 칼레에서 열렸고 성공적인 결말을 맺었는데, 이 협정에서 플랑드르와 휴전만 하면서 상업적인 조약이 체결되었기 때문이다.

워릭은 칼레에 있는 동안 잉글랜드를 자주 방문할 수 없었다. 프랑스로부터의 위협들이 항상 넘쳤기 때문이다. 예를 들어 1456년 6월, '많은 병력이 솜므 강을 건넜고, 탁월한 해군이 바다에 있었기 때문에, 칼레를 포위해야 한다고 말했다.' 1457년 5월, 백작은 또 다른 위협적인 공격으로 인해 켄트에 의지하여 큰 인내를 치르게 되었다. '그래서 그는 캔터버리Canterbury와 샌드위치 사람들 앞으로 칼레에 식량을 공급한 그들의 따뜻한 마음에 감사를 전했으며 지속적인 지원이 가능하길 기원했다.' 말썽이 일어나리라는 소문 전부가 헛되지 않았음은 피에르 드 브레제Peter de Brézé의 노르만 함대가 8월의 샌드위치 근처 해안에 사천 명을 보낸 몇 달 후가 보여줬다.[66] 프랑스군은 육지 쪽으로부터 도시를 몰아쳤고 하루 동안 다락방부터 지하실까지 약탈했다. 이것은 잉글랜드가 품고 있던 앙주의 마거릿이 요크 공작 정부에게 불명예를 안기기 위해 계획적으로 드 브레제에게 공격 시간과 장소를 제안해서 만든 재난이었다.

66　켄트주에 위치한 도시 샌드위치는 칼레로 들어가는 잉글랜드의 원조가 거치는 중요한 지점이었으며 1459년 이후부터는 잉글랜드산 울이 칼레를 통해 대륙으로 들어가는 물류 유통의 핵심 도시였다.◎

쫓겨나는 요크파

워릭이 칼레 통치를 하던 초기 몇 년 동안 어떻게 세인트 올번스의 하루가 폭력적 충돌 없이도 계속되는 중이었는지에 대해 기록하는 것은 이상한 일이다. 왕비는 평소보다 더 조심스럽게 게임을 했다. 우선 세인트 올번스 이후 다시 미쳐버린 왕에 대한 핑계를 들어 요크의 보호를 끝냈다. 그리고 여덟 달 후, 요크가 매우 인기 있었던 런던이 아닌 코번트리Coventry에서 대의회가 소집되었다. 그 자리는 왕비 지지자들의 중장병들로 가득 차 있었고, 헨리 왕은 요크의 견고한 지원자인 두 부치어 형제들을 대법관과 재무상 직에서 해임했다. 그리고 윈체스터의 웨인플릿Wainfleet 사제에 의해 왕당파의 강력한 지지자인 슈어즈버리 백작이 대신 세워졌다. 그때 왕비의 쿠데타 계획도 모른 채 의회에 왔던 요크는 일가친척인 버킹엄 공작이 탈출시키지 않았다면 비참한 최후를 맞았으리라고 널리 여겨졌다. 세인트 올번스 전투로 부여된 모든 직책들 중에서 칼레에 있는 워릭의 자리만이 아직 박탈되지 않은 유일한 자리였다. 아마도 왕비와 그녀의 친구들은 그를 가능한 한 바다 건너에서 머무르게 만들기를 선호했을 것이다.

공작과 그의 친구들이 공직에서 쫓겨나면서도 아무 반발이 없었음은 그들의 충성심을 보여주는 좋은 증거다. 요크는 위그모어Wigmore로 물러났고, 그 다음 해 내내 자신의 땅에서 조용히 거주했다. 솔즈버리는 미들햄으로 가서 북쪽에 자리잡았다. 한편 나라는 왕비의 정치 재개에 불만을 나타냈다. 비록 주도적인 요크파 인물이 연루되지는 않았지만 옥스포드셔와 버크셔, 그리고 웨일스 국경에서 또 다시 열띤 집회가 열렸다. 런던의 분위기가 너무 불만스럽다 보니 왕비는 왕의 접근을 1년 내내 허락하지 않았다.

왕의 이름과 왕비의 지휘로 통치했던 윌트셔, 보먼트, 슈어즈버리, 엑시터, 그리고 다른 귀족들의 승진은 마거릿의 친구들이 책임을 맡은 다른 어떤 기간 동안보다도 더 불행하고 불운한 것으로 증명되었다. 사람들은 요크가 너무 심하게 압박을 받다가 결국에는 인내심을 찾아야 하는 순간 내전이 다시 한 번 발발하리라고 느꼈다. 이러한 일반적인 기대감은 1458년 1월에 왕이 영주들의 모든 사적 불만을 조정하려 한다고 발표했을 때, 그리고 요크, 솔즈버리, 워릭과 그들 파벌의 나머지가 웨스트민스터 대의회에 초대했을 때 느껴졌다. 그들은 참석하긴 참석했으나 왕비의 덫을 두려워하여, 수많은 사람들이 따라왔다. 요크는 백 명과 마흔 마리의 말, 솔즈버리는 4백 명, 워릭은 래기드 스타프ragged staff[67]의 보샴프 배지로 장식한 붉은 재킷을 입은 칼레 주둔군 6백 명과 함께였다. 왕의 초청에 함정은 없었고 모든 예방조치가 행해졌다. 막강한 병력을 가진 왕비의 친구들이 교외에서 준비하는 동안[68] 요크파 영주들과 그 봉신들은 도시에 숙박했다. 런던 시장[69]은 무장한 5천 명의 시민들로 두 파벌 가신들 사이의 분쟁을 막기 위해 거리를 지켰다.

1458년의 화해

왕은 즉각적이고 전면적인 평화를 위한다는 목적을 밝혔고, 요크와 그의 친구들이 자신의 견해에 따를 만반의 준비가 되어있음을 알게 되었다. 그러

---

67   양쪽에 잘린 나뭇가지들이 있는 통나무 그림으로 주로 곰과 함께 그려져 워릭 백작의 상징으로 쓰였다.◎

68   노섬벌랜드 백작 홀로 3천 명을 데려왔다.

69   후에 헨리 8세(1491~1547)의 두 번째 아내로 유명한 앤 불린Anne Bulleyn의 조상인 고드프리 불린Godfrey Bulleyn이다.

「곰과 래기드 스타프」 석조 양각
1576-85
북 웨일스의 16세기 저택 플라스 몰Plas Mawr

나 젊은 서머셋[70], 클리포드, 노섬벌랜드처럼 세인트 올번스에서 쓰러진 사람들의 아들들이 아버지의 피가 묻은 검을 가진 이들을 용서하게끔 유도하는 일에는 더 많은 문제가 있었다. 그러나 왕의 끊임없는 노력은 바람직한 결과를 낳았다. 요크, 솔즈버리, 워릭은 해마다 45파운드를 세인트 올번스 수도원에 기부하기로 약속했다. 상속자들에게 많은 돈을 지불하기 위해 요크는 젊은 서머셋 공작과 그의 어머니에게 5천 마크Marks를[71] 주었고 워릭은 젊은 클리포드에게 1만 마크를 만들어줬다. 이 기이한 흥정이 이루어진 후에, 모두가 승자라는 취지의 선언이 나왔다. 세인트 올번스에서 완패한 사람들은 왕의 진정한 신하로서 엄숙한 화해의 의식을 가졌다. 왕은 공식적으

70   앞서 세인트 올번스 전투에서 전사한 2대 서머셋 공작 에드먼드 보퍼트의 아들인 3대 서머셋 공작 헨리 보퍼트로 1464년까지의 서머셋 공작이다.◎

71   유럽 전역에 다양한 방식으로 쓰인 통화 단위로 중세 잉글랜드에서는 화폐 가치 환산용으로만 사용되었다. 1마크는 2/3 파운드 정도다.◎

로 세인트 폴 대성당으로 갔고, 그의 뒤를 이어 요크 공작이 이끄는 왕비가 왔다. 그리고 서머셋과 솔즈버리, 엑시터 공작과 워릭이 손에 손 잡고 그 뒤를 따랐다. 그 광경은 왕의 인자한 마음을 기쁘게 했음에 틀림없지만, 스스로에게 정직한 사람이라면 아무도 그러한 화해가 최종적인 것이라고 생각하지 않았다. 그 무리의 거의 모두가 서로의 손에 의해 죽을 운명이었다. 왕비와 서머셋은 어느 날 요크와 솔즈버리를 참수할 것이고 워릭은 엑시터의 아들을 죽일 운명이었다. 그렇게 모두 긴 행렬을 따라갔다.

화해의 징표 중 하나로서, 워릭은 '바다를 수호하는 최고 수장Chief Captain to guard the Sea' 자리를 만들어냈는데, 이는 그 거창한 행렬에 속한 자신의 꺼림칙한 파트너인 엑시터 공작의 야망을 중심으로 만든 자리였다. 그 직위는 큰 매력이 없었다. 왕실 해군은 그레이스 디우Grace Dieu[72]와 두세 척의 무장상선carracks만으로 구성됐다. 함대가 필요해지면, 해안가 마을로부터 급히 무장상선들을 징발하여 만들었다. 최근 몇 년 동안 그러한 군대들이 소집될 때마다 선원들은 무급으로 일해야 했고, 그 명령은 왕당파 소속의 몇몇 숙련되지 않은 지도자에게 맡겨졌다. 잉글랜드는 해군력 측정을 완전히 중단했다. 그리고 잉글랜드 해안은 1457년에 샌드위치 사람들을 불태운 것처럼 프랑스 원정대와 영국해협에 만연한 온갖 나라의 사병과 해적 들 때문에 자주 파괴되었다.

칼레의 수장이 가져야 할 능력으로서 워릭은 영국해협을 배워야만 했지만, 유능한 제독으로 만들 수 있는 바다사나이로서의 기술을 완벽하게 축적했다고 할 수는 없을 것이다. 그럼에도 불구하고 그는 해상에서 그의 지휘

---

72   헨리 5세 때 건조된 가장 큰 선박들 중 하나.◎

하에 스무 달 동안 행한 것들을 통해 로버트 블레이크Robert Blake[73]와 조지 멍크George Monck[74], 그리고 다른 내륙에서 온 해군 영웅들의 옆에 설 존경할 만한 입지를 갖게 되었다. 그는 임시변통으로 이뤄졌던 그 시대의 해전들에서 함대를 지휘할 수 있는 충분한 기술을 습득했을 뿐만 아니라, 실제로 유능한 선원이 되었다. 몇 년 후 그가 보여주었던 것처럼, 급박한 상황에서 그는 스스로 배의 키를 잡았고 많은 항해들에서 직접 배의 키잡이 역할을 했다.

워릭의 해전들

워릭의 첫 번째 해군 모험담은 한 관계자가 쓴 편지에 의해 다행스럽게도 대부분 보존되었다.

존 제르닌건 John Jernyngan 씀

삼위일체 주일 월요일(5월 28일) 아침에 저의 주군 워릭은 선상을 갖춘 큰 배 열여섯 척이 포함된 에스파냐 선박 스물네 척이 바다 위에 있다는 소식을 전했습니다. 그리고 주군께서는 다섯 척의 갑판배forecastle, 세 척의 작은 범선carvells, 네 척의 피니스pinnaces[75]를 이끌고 가서 오

---

73   17세기 잉글랜드 해군 제독으로 영국해협을 중심으로 내전과 잉글랜드-네덜란드 전쟁에서 활약했다.◎

74   17세기 잉글랜드 군인으로서 올리버 크롬웰(1599~1658)을 지원하며 권력을 잡았다. 잉글랜드-네덜란드 전쟁 때는 로버트 블레이크의 부상으로 해군 제독 자리를 맡게 되어 전승을 올렸다.◎

75   모선에 포함되는 작은 배.◎

전 네 시에 칼레 앞에서 맞붙어 10시까지 싸웠습니다, 우리는 그들의 배 여섯 척을 잡았고, 그들은 우리 병사들을 약 여든 명을 죽였으며 2백 명을 다치게 했습니다. 그리고 우리는 2백40명을 죽였고 5백 명에게 부상을 입혔습니다. 요행히 첫 승선에 3백 톤짜리 배를 탈취했고 저는 스물세 명과 함께 그 안에 남았습니다. 그러나 그들이 너무 격렬하게 저항해서 떠날 수밖에 없었습니다. 그리고 그들이 와서 제가 타고 있던 배에 올라탔습니다. 저는 잡혀서 포로가 되어 여섯 시간 동안 그들과 함께 있다가, 처음에 사로잡은 그들의 부하들과 교환되었습니다. 사람들이 말하듯이, 마흔 번의 겨울이 지나는 동안 바다에서 그렇게 큰 전투는 없었습니다. 그리고 사실인즉 우리는 능숙하고도 성실하게 공격했습니다. 저의 주군께서 더 많은 배를 보내셨으니, 서둘러 그들과 다시 싸우기를 바라고 있습니다.

압도적인 숫자에 대항해 싸운 어려운 전투는 승리만큼이나 워릭의 용기와 진취성을 고결하게 했고 불굴의 용기는 그의 죽음 이후에도 그의 대의에 충실했던 선원들의 마음을 사로잡은 듯하다. 그러나 그의 후기 사업들은 대담한 것만큼이나 운이 좋았다.

가장 잘 알려진 것은 1458년 봄에 일어났다. 열네 척의 작은 배로 영국해협을 휩쓴 워릭은 다섯 척의 거대한 배, 즉 세 척의 제노바 무장상선과 다른 것들보다 크고 높은 두 대의 에스파냐 선박과 맞닥뜨렸다. 워릭은 이틀 동안 적과 치열한 싸움을 벌였다.

'힘들고 오랜 시간 동안, 그에게는 상대의 것과 견줄 만한 크기의 배가 없었다.'

마침내 그는 세 척의 무장상선을 포획했고 다른 두 척은 도망갔다. 거의 천 명의 에스파냐 사람들이 살해당했고, 죄수들이 너무 많아서 칼레 감옥이 수용하기 힘들 지경이었다. 전리품은 풍부했고, 그 내용은 1만 파운드 이상으로 평가되었다. 칼레와 켄트의 시장은 그 전 2년 동안 산 것들보다 그 해에 실링shilling[76]으로 구매한 남쪽의 상품들로 더 많이 채워졌다.

이 전투는 자연스럽게 상인과 선원 들 사이에서 워릭의 인기를 높였지만, 웨스트민스터에서는 그렇지 않았다. 비록 카스티야 왕과 불화가 있었고 제노바에 의한 몇몇 잉글랜드 상인들의 학대가 분쟁으로 발전되고 있긴 했어도 잉글랜드는 이 시기에 제노바를 적대하는 행위에 가담하지 않았다. 그러나 워릭의 또 다른 업적은 그들을 더 큰 곤경에 빠뜨렸다. 같은 해 초가을, 그는 프랑스를 향해 남쪽 방향으로 항해하고 있던 한자동맹[77]의 거대한 선단과 도버해협에서 교전을 벌였다. 그는 다섯 척의 배를 빼앗아 칼레로 돌아갔다. 잉글랜드는 불과 2년 전에 한자동맹과 상업조약을 맺었다. 그리고 이 교전은 명백한 조약 위반이었다. 이 일은 대륙에 있는 워릭의 적들이 그가 해적보다 나을 게 없다고 부르도록 만들었다. 우리가 모르는 것은 그의 정당한 항변이었다. 일부 사람들이 주장했듯이, 그는 처음에 독일인들을 에스파냐나 프랑스인들이라고 잘못 판단했을 수도 있다. 혹은 후에 수세기 동안 끊임없이 문제를 일으키게 되는 탐색권right of search과 공포권the right of salute 사이의 유명한 다툼의 선구자로서, 좁은 바다에서의 잉글랜드 제독의

---

76   잉글랜드 주화.◎

77   14세기 중반에 독일 북부 항구도시인 뤼베크Lübeck를 중심으로 북해와 발트해에 면한 상업도시들이 뭉쳐서 만들어진 무역 도시 공동체. 전성기에는 100개 도시에 달할 정도로 규모가 컸다.◎

권리에 관한 어떤 질문 때문에 그들과 사이가 틀어졌을지도 모른다.

하지만 워릭이 한자동맹 선박을 나포한 상황만큼은 의심의 여지가 없었다. 한 달 후에 이 문제를 조사하기 위해 리버스 경Lord River과 토머스 키리엘 경Sir Thomas Kyrriel, 그리고 일곱 명의 다른 멤버들로 구성된 위원회가 임명되었다.

암살 시도

11월 8일, 워릭은 왕과 의회 앞에서 변호를 하기 위해 칼레에서 왔다. 헨리는 그를 정중히 맞아들였고 피카르디의 진군에 대한 많은 사려 깊은 이야기가 있었다.

'그러나 백작은 자신에 대한 증오심을 품고 대회의실에 앉아있는 많은 얼굴들을 보고 확실히 판단할 수 있었다. 그래서 그는 그의 아버지가 최근에 왕비의 친구들에 대해 그에게 쓴 경고를 생각해냈다.'

다음날 워릭이 다시 왕실에 들어왔을 때, 왕당파는 의회에서 큰 소동을 일으켰다.

'그 소란은 궁전 전체에서 들렸고, 모든 사람들이 워릭을 요구했다.'

서머셋과 윌트셔의 봉신들이 백작의 수행원들에게 덤벼들었고, 그들을 끝장내고 있었다. 워릭은 무엇이 문제인지 확인하려고 달려갔지만 의회에 몸을 드러낸 순간, 무장한 병사들에게 기습을 당했다, 참으로 우연하게 그는 물계단water-stairs으로 떨어져 그 상황을 중단시킬 수 있었다. 그리고 그의 동행인 둘과 보트로 뛰어들었다. 그는 목숨을 걸고 서리Surrey 쪽으로 도망쳤지만, 그의 부하들은 그리 운이 좋지 않았다. 세 명이 죽었고 많은 사람들이 부상을 당했다.

워릭은 그 상황 전체가 자신을 살해하려는 의도적인 음모였다고 선언했고, 아마도 그의 말이 옳았을 것이다. 하지만 왕비 파벌의 영주들은 그 소란이 두 봉신 부대들 사이의 우발적 행동이며 먼저 가격한 것은 워릭 쪽 사람 중 한 명이었다고 주장했다. 하지만 진실이 무엇이든 간에, 워릭이 무장한 사람들 없이는 다시는 법정에 오지 않겠다고 맹세했어도 그를 비난할 수는 없었다. 싸움의 속편은 진짜 의도됐던 것이 무엇인지 보여준다. 다음날 왕비와 그녀의 친구들은 왕에게서 그 분쟁이 워릭 편에서 소란을 일으킨 것이기 때문에 그를 탑에 세우라는 명령을 확보했다. 의회의 한 비밀스러운 친구가 이를 경고했고 백작은 급히 워릭 성으로 그를 보내 자신의 아버지와 요크 공작을 만나게끔 했다. 세 사람은 회의를 열었는데, 적들의 다음 적대적인 움직임에 맞서 4년 전 매우 성공적이었던 일련의 행동을 반복하기로 결정했다. 그들은 봉신들을 소집했고, 왕당파에게서 무력으로 왕을 구제하기로 했다.

한편 워릭은 칼레로 돌아가 수비대의 장교들과 시장, 그리고 시의원들aldermen을 불러서 자신의 목숨을 노리는 시도와 적들의 음모에 대항하여 자신을 지키고 진실하게 대해줄 것을 간청했다.

1459년, 전쟁의 결정적 발발

요크파에 대한 왕비의 다음 공격이 이뤄지기까지는 오랜 시간이 걸렸다. 웨스트민스터에서의 소동과 내전의 결정적 발발 사이에는 아홉 달이 필요했다.

(연대기 저자가 말하길) 그러는 동안 잉글랜드 왕국은 과거 많은 나날들이 그랬듯 좋은 통치에서 이탈했다. 왕은 단순했고, 탐욕스러운 조언에 끌려다녔으며, 자신의 가치보다 더 많은 빚을 지고 있었기 때문이다. 그의 빚은 매일 쌓였으나, 지불은 없었다. 왕이 준 왕권을 전횡하는 모든 귀족과 영주 들 때문에, 그는 거의 살아있을 이유가 없었다. 그리고 백성에게 부과된 세금, 고액권, '15분의 1fifteenths'[78]과 같은 시행은, 왕이 가계를 꾸리면서 전쟁을 치르지 않았기 때문에 모두 헛수고로 돌아갔다. 이런 잘못된 통치는 그가 통치하던 땅의 백성들의 마음을 돌렸고 그들의 축복은 저주로 바뀌었다. 왕비와 그녀의 인척들은 왕국을 원하는 대로 지배하며 무수한 부를 축적했다. 왕국의 관리들과 특히 재무상 윌트셔 백작은 부를 축적하려고 가난한 사람들을 약탈하고 정당한 상속인들의 상속권을 박탈했으며 숱한 잘못을 저질렀다. 왕비는 매우 모욕을 받았는데, 많은 사람들이 왕자로 불리는 아이가 왕의 아들이 아니라 간통으로 얻은 것이라고 수군거렸기 때문이다.

'세상에서 가장 사랑받는 기사이자 절대 그 미모를 잃어버리면 안 될' 윌트셔의 이름은 많은 사람들의 입에서 마거릿의 이름과 하나로 묶였다. 그리고 왕비의 행동은 확실히 이상했다. 남편과 머무르는 대신 온갖 종류의 정치적 음모들로 바빠서 그의 옆에 부재했다. 오로지 어떤 허가나 서명을 쥐어짜낼 때만 헨리 왕을 만났다. 1459년 여름 내내 그녀는 랭커셔Lancashire와 체셔에 있었는데, 그녀는 '덕세德稅를 줄 수 있는 기사와 종자들을 찾고, 그

---

78   수입의 15분의 1 징수.◎

들 가운데서도 왕실 가문을 열게 하였다. 그녀의 아들은 백조가 새겨진 제복을 나라의 모든 장정들에게 주었고, 그를 왕으로 만들 그들의 힘을 믿고 있었다. 그녀는 왕이 그의 아들에게 왕위를 물려주고 물러나도록 선동하기 위해 몇몇 잉글랜드 영주들에게는 은밀한 수단을 쓰고 있었다. 그러나 그녀는 목적을 이룰 수 없었다.'

전쟁의 발발에 대한 정확한 세부사항은 연대순으로 배열하기가 어렵다. 5월 초에는 왕비가 왕명으로 모든 이에게 '그들이 할 수 있는 한 많은 사람들을 방어할 수 있게끔 정렬'하여 소집하라고 지시하는 글들이 발송되고 있었다. 그러나 그러한 소집은 일어나지 않은 듯하며 타격을 받은 9월까지 이뤄지지 않았다. 그 달 중순에 왕이 땅을 차지한 미들랜드에 군대가 세워졌다. 그 후 자신의 북쪽 땅인 셰리프 호튼에 있던 솔즈버리에게 소환장이 보내졌는데, 런던으로 오라는 명령이었다. 아들이 마지막으로 왕을 방문했을 때 겪은 일을 기억하는 솔즈버리는 가지 않았다. 그러나 소환장을 받자 전쟁 경보로서 왕의 군대를 소집하여 자신의 군대에 합쳤다. 그는 요크셔 소작인 3천여 명을 모아 러들로Ludlow에 있는 처남 요크를 찾아 나섰다. 동시에 칼레에 있는 자기 아들에게 전령들을 보내어 바로 건너와서 합류하라고 명령했다.

위기가 닥친 것을 보고 워릭은 프랑스 전쟁의 베테랑 앤드류 트롤로프 경Sir Andrew Trollope의 지휘 아래 칼레 기지의 2백 명의 중장병과 4백 명의 궁수를 데리고 샌드위치를 가로질렀다. 그는 부인과 두 딸을 삼촌인 '작지만 위대한 기사' 폴큰브릿지 경 윌리엄 네빌William Neville Lord Fauconbridge에게 맡기고 칼레를 떠났다. 워릭은 런던을 조용히 통과했고, 적을 만나지 않고 워릭셔에 있는 콜스힐Coleshill까지 미들랜드를 횡단했다. 그곳에서 그는 웨식스 땅에서 강력한 군세를 가진 서머셋과의 전투를 피했는데, 같은 날 그가 남서부에서 북동쪽으로 도시를 통과하여 진군하는 동안 워릭은 남동부에서 북서부를 가로질렀다. 그러나 그 일이 벌어지는 동안 그들 누구도 서로에 대한 어떤 파악을 하거나 소리 소문을 듣지 못했다.

블로어 히스

워릭이 미들랜드를 통과하고 있을 때, 결정적인 사건들이 일어나고 있었다. 스태포드셔의 에클스홀Eccleshall에 있는 왕비는 솔즈버리가 요크의 러들로 성으로 가는 길이라는 소식을 듣고 새로 사귄 모든 북서 미들랜드 지역의 친구들을 불러 백작을 막으라고 명령했다. 오들리 경Lord Audley은 그녀에게 솔즈버리를 체포하여 런던 탑으로 보낼 권한을 부여받았다. 이내 체셔와 슈롭셔Shropshire의 모든 기사단이 1만 명 가량 되는 인원의 우두머리였던 오들리와 합류하였다. 이 군세로 그는 9월 23일 드레이튼Drayton 시장 근처 블로어 히스Blore Heath에 있는 솔즈버리의 행로를 가로막으며 진격했다. 늙은 백작은 항복하라는 오들리의 명령을 듣기를 거부했으며 숲 언저리에 군대를 고정시킨 채 공격을 기다렸다. 처음에 오들리는 요크 전선에 맞서 두 기병대의 돌격을 이끌었고, 이들이 북부 궁수의 화살에 맞자 적을 향해 대규모의 미늘창병과 말에서 내린 중장기병 종대를 진격시켰다. 그들은 힘든 싸움 끝에 격퇴되었으며 오들리는 스스로 목숨을 끊었다. 랭커스터는 '백조 배지를 찬 체셔의 저명한 기사와 지주 들 대부분을 땅 위의 시체로 남긴 채' 물러섰다.

밤에 솔즈버리는 부하들을 뽑아 그 앞에 여전히 배치되어 있던 패배한 적을 향해 진군하여 둘러쌌다. 그리고 그의 퇴각에 대한 묘한 이야기가 연대기 저자인 그레고리Gregory에 의해 전해진다.

'다음 날, 만약 솔즈버리 백작이 계속 머물러 있었다면 전장으로부터 6마일 밖에 안 떨어진 에클스홀에 있는 왕비가 보낸 대군에게 크게 패했을 것이다.'

그러나 적은 솔즈버리의 출발에 대해 아무것도 알지 못했다.

'왜냐하면 한 아우구스티누스회 수도사가 전장 배후의 공원에서 밤새도록 포를 쏘는 바람에 그들은 백작이 출발한 걸 몰랐다. 다음날 그들은 수도사를 잡은 공원에서 남자는커녕 아이도 발견하지 못했다. 그리고 그는 겁에 질린 채 자신은 공원에 거주하며, 심장을 진정시키기 위해 포를 쐈다고 말했다.'[79]

솔즈버리는 이제 더 이상 방해받지 않고 러들로에 있는 요크와 합류할 수 있었고 워릭도 며칠 후에 적을 만나지 않은 채 들어왔다. 공작과 젊은 백작은 웨일스 마치의 봉신들을 불렀고, 곧 그들의 연합군은 2만 명에 이르렀다. 그러나 그들은 블로어 히스에서 패배한 랭커스터 군대에 새로운 증원군이 합류하여 맞은 편에서 강력한 힘을 축적하고 있음에도 불구하고 적대적인 움직임을 보이지 않았다. 대신 공작과 두 백작은 우스터로 가서, 성당에서 왕의 재산이나 왕국의 공익에 어긋나는 일은 하지 않을 것임을 엄숙하게 맹세했다. 그들은 '기독교인의 피를 흘리는 데 할 수 있는 모든 것들을 금하고 피할 것'이라는 선언을 국왕 앞에 바치며, 스스로를 방어하는 일 외에는 공격을 가하지 않고 무기는 오로지 그들 자신의 목숨을 구할 때만 사용할 것임을 우스터 수도원장과 윌리엄 린우드 박사Dr. William Lynwood와 약속했다.

---

79   이 에피소드는 솔즈버리 백작이 지역 수도사를 매수하여 밤 동안 전투가 계속 일어나는 중인 것처럼 꾸몄음을 암시하고 있다.◎

러드포드에서의 참패

요크파 영주들이 공세를 하지 않은 일은, 비록 그들의 공정함을 칭찬할 수는 있겠지만 목적에 있어선 치명적이었다. 그 후 3주 동안 잉글랜드 북부 및 중부의 추가 소집군이 왕비의 군대에 쏟아져 들어왔고, 한 번 정신을 차린 왕은 직접 지휘를 맡기도 했다. 의회 결의Act of Parliament 서문에서의 기이한 기록은 그가 어떻게 갑옷을 두르고, '길의 방해나 험난함이나 난폭한 날씨를 두려워하지 않은 덕분에 왕실 사람을 위험에 빠뜨렸고, 삼십 일 동안 자신의 역할을 계속했으며, 때로는 그해 추운 계절에 일요일을 제외하고 같은 장소에서 하룻밤 이상 쉬지 않으면서 전군과 함께 횡뎅그레한 벌판에서 두 밤을 보냈'는 지를 알려준다. 10월 12일경, 이제 총 5만 명에 달하는 군인들을 거느린 왕은 천천히 러들로 앞으로 압박해서, 공작과 백작 들을 배반자로 낙인찍는 선언을 했다. 그리고 블로어 히스에서 싸운 솔즈버리와 다른 이들에 대한 무조건 사면을 약속했다.

물론 요크와 워릭은 친족들을 버릴 의도가 없었다. 그들은 왕실의 선언에 주의를 기울이지 않았지만, 곧 부하들은 그 내용을 그리 가볍게 여기지 않는다는 현실을 깨달았다. 요크파는 적들에 비해 수가 너무 열악했고 군세는 실제로 절반도 안 되는 수준이어서, 병사들의 마음은 의기소침해 있었다. 왕의 군대는 그들을 잉글랜드로부터 끊어 웨일스 국경에 서게 했다. 그리고 그들 배후에 선 웨일스군은 불만족스러웠다. 요크 귀족들은 클린튼 경과 파위스의 그레이 경Lord Grey of Powis을 제외하면 합류하지 못한 상태였다.

지도자들의 대책없음으로 인해 그들은 자신들의 입장을 생각할 시간을 갖게 되었고, 왕의 선언이 전해지면서 사면 발표는 효과를 일으켰다. 요크는 왕명의 사용이 치명적임을 인식하고 자신의 부대에 헨리 왕이 실제로는 죽었다는 소문을 퍼뜨린 듯하다. 그는 심지어 군종 사제들에게 부대 가운데에서 죽은 사람들을 위한 미사를 올리라고 명령하기도 했다. 그러나 그의 꾀를 파하는 책략에 의해 다음날 진실이 밝혀졌다. 왕은 랭커스터 군대 선봉을 이끄는 사람에게 옆에서 자신의 깃발을 걸게 함으로써 모습을 드러냈다. 10월 13일 해질 무렵, 군대들은 팀 강River Teme에 의해서만 분단되었고, 각 방면에서의 물줄기에 의해 전장은 쇄도되고 뒤덮여 있었다. 공작은 왕의 전선을 향해 대포를 몇 대 두고 발포했지만 어둠, 혹은 먼 거리 때문에 어떤 피해도 입히지 못했다. 이 모든 전투는 그렇게 될 운명이었다.

그날 밤, 사기 저하가 요크군 사이에 스며들었다. 베테랑 트롤로프가 6백 명의 칼레군을 데리고 비밀리에 적과 합류하면서 일이 시작됐다. 파위스 경 Lord Powis이 그를 따랐다. 새벽이 되자 모든 군대는 녹아내리고 있었다. 요크는 다리들의 파괴를 명령하며 철수를 시작했지만 아무것도 부하들을 단결시킬 수 없었다. 그들은 너무 빨리 흩어져서 더 이상 전투에 대한 희망을 가질 수 없었다. 따라서 그는 여전히 자신을 구하려고 따라다니는 사람들에게 작별을 고하고 두 아들 에드워드와 에드먼드, 워릭과 솔즈버리, 그리고 몇몇 헌신적인 봉신들과 함께 도피처를 찾으러 떠나야 했다.

그럼으로써 러드포드에서의 대패는 블로어 히스와 세인트 올번스에서의 모든 성과를 완전히 실패로 돌려버렸다.

VIII
망명

요크군이 해산한 후 워릭의 모험은 운 좋게도 몇 가지가 세부적으로 보존되어 왔다. 그와 아버지는 공작과 그의 두 아들 에드워드, 에드먼드와 함께 남쪽으로 몇 마리 말을 몰고 떠났고 앤드류 트롤로프 경과 부하들이 그들을 맹렬히 추격했다. 추적은 형제와 아버지 뒤에서 뒤쳐지던 존과 토머스 네빌[80]을 포로로 잡음으로써 끝났다. 그때 요크파는 위험이 임박해서 분열할 수밖에 없었다. 요크 공작과 그의 둘째 아들 에드먼드는 아일랜드로 가는 배를 탈 계획으로 웨일스를 떠났다. 솔즈버리 백작, 워릭 백작과 요크의 장남이자 솔즈버리의 대자이며 조카인 어린 마치[81] 백작 에드워드 플랜태저넷Edward Plantagenet은 존 딘햄 경Sir John Dynham과 동행하여 두 명 이상씩의 무리로 교차로를 타고 헤리포드셔Herefordshire를 가로질러 도망쳤으며 도시들을 회피했다. 그리고 글로스터셔와 서머셋Somersetshire을 통과하여 대략 반스터플Barnstaple 가까이 어딘가의 데븐 만에 닿는 위험한 여정을 치렀다. 그곳에서 도망자들은 어부들로 변신했으며 존 딘햄 경은 모든 사람의 돈을 털어서 222노블[82]과 돛 하나가 있는 소형 어선을 사들였다. 그는 브리스톨로 가는 것을 포기하고, 작은 배를 항해하기 위해 선장과 네 명의 일손을 고용했다.

그들이 육지에서 무사히 벗어났을 때 워릭은 선장에게 콘월 바다와 영국 해협을 알고 있는지 물었다. 그는 그런 것들을 전혀 알지 못하며, 랜즈엔드 곶Land's End을 돌아본 적이 없다고 대답했다.

'그러자 모든 사람들은 크게 낙담했다. 그러나 백작은 아버지와 사람들이

---

80   둘 다 블로어 히스에서 부상을 입었다.

81   웨일스 마치를 이른다. 향후 나오는 마치의 에드워드란 그를 가리키는 말이다.◎

82   개당 6실링 8펜스에 해당하는 금화.◎

슬퍼하는 것을 보고, 신과 성 조지St. George의 도움으로 안전한 항구로 안내하겠다고 말하였다. 그리고 그는 두 다리를 벌리고, 스스로 키를 잡고, 돛을 올리고, 배를 서쪽으로 돌렸다.'

브리스톨 타운으로 가는 항해를 위해 고용되어 그런 여정을 계산하지 못한 선장과 네 명의 선원은 의심의 여지없이 넌더리를 냈다.

워릭이 2년 동안 영국해협을 평정한 결과에는 합당한 이유가 있었다. 그는 이제 작은 배로 브리스톨 해협을 떠나 랜즈엔드곶을 돌아 건지Guernsey를 가로질러 항해함으로써 유능한 선원임을 증명했다. 그들은 8일 동안 바람에 묶여 있었지만, 9일째에는 나아가서 안전하게 영국해협을 올라가 러드포드가 패한 지 20일 만인 11월 3일에 칼레에 상륙했다. 그들은 11명의 뱃사람들이었다.

칼레로 돌아온 워릭

워릭은 두 달 전 잉글랜드로 떠난 후로도 칼레가 아내와 딸들을 맡긴 삼촌 폴큰브릿지의 손에서 여전히 안전함을 발견했다. 워릭이 왔다는 소식에 너무 기뻐서 폴큰브릿지는 부두에 있는 그를 만나러 왔고 목을 껴안았다.

'모든 영주들은 함께 노틀담 드 생 피에르Notre Dame de St. Pierre로 가서 그들이 무사함에 감사를 드렸다. 그리고 그들이 칼레에 들어왔을 때, 시장과 시의원과 주요 상인 들이 나와서 환대했다. 그날 밤 그들은 이미 적의 손에 떨어진 칼레를 발견했을지도 모른다고 생각하며 무척 즐거워했다.'

사실 그들의 운이 정말 좋았던 게, 이미 서머셋 공작은 수백 명의 중장병들을 거느리고 샌드위치에 와 있었다. 왕은 그를 칼레의 수장으로 임명하였으며 그는 폴큰브릿지를 없애고 도시를 자기 소유로 만들기 위해 가는 중이었다. 하지만 건지에서 워릭을 올려준 남서풍이 서머셋의 상륙을 막았다.

바로 그날 저녁 바람이 바뀌었고, 밤 늦게 서머셋의 사자가 수문 앞에 나타나 수비대에게 자신의 주군이 다음날 도시의 지휘권을 장악하기 위해 도착할 것이라고 경고했다.

'그러자 경비원은 그 소식을 자신들의 유일한 주군인 워릭 백작에게 전할 것이며, 몇 분 안에 워릭의 대답을 듣게 되리라고 사자에게 대답하였다. 사자는 몹시 화가 난 채 그 자리를 떠나서 같은 날 밤에 주인에게로 돌아갔다.'

잉글랜드의 어느 누구도 워릭이나 솔즈버리가 어떻게 되었는지 몰랐고, 서머셋의 놀라움은 그들이 칼레에서 맞설 준비를 하고 있다는 걸 발견했을 때의 분노만큼이나 컸다. 다음날 아침 그는 군대와 함께 항해를 준비했고, 대부분은 육지에서 칼레를 공격할 목적으로 앤드류 트롤로프 경의 긴느 Guisnes 출신 병사들로 구성되었다. 그러나 그가 바다에 있는 동안 거센 폭풍우가 일어났다. 그와 병사들 대부분은 긴느에 상륙하긴 했지만, 말과 식량과 갑옷 들을 실은 선박들은 그대로 칼레 항구로 몰렸고 워릭의 강압에 항복했다. 백작은 '서머셋 공작이 아닌 하느님의 섭리에 감사한다'고 말했으며, 그의 부하들은 무기가 매우 부족했기 때문에 그 기회를 매우 기뻐했다. 그는 포로들을 앞에 세우고 그들의 계급을 내렸다. 그리고 그중에서 자기 부하로 쓸 사람들을 뽑아서 칼레의 수장인 자신에게 서약하게 했고 감옥에서 내보냈다. 자신이 왕을 최선을 다해 섬겼다고 말하는 나머지는 안전하게 보냈다. 오직 블로어 히스에서 솔즈버리가 살해한 귀족의 아들인, 서머셋의 부사령관 오들리 경은 떠나도록 허락되지 않았고 성으로 보내졌다. 그러나 워릭과의 서약을 어긴 사람들은 그 다음날 시장에 나와 시민들의 대규모 집회에 앞서 참수되었다.

서머셋과 앤드류 트롤로프경은 긴느로 들어가 본부로 삼았다. 그러나 한동안 칼레에 대해서 아무것도 할 수 없었다. 무기와 말이 부족했기 때문이다. 그들은 불로뉴의 프랑스인들 도움으로 보완하기 전까지는 워릭을 공격할 수 없었다. 한편으로는 사실상 잉글랜드로부터 고립되었다. 워릭의 배가 해협을 장악하고 있었기 때문에 어떤 소식이나 사람도 그들에게 도착할 수 없었다. 이내 서머셋은 주로 플랑드르로부터 끌어오는 워릭의 식량 공급을 차단하기 위한 작업을 시작했으므로, 백작은 시장이 서는 날이면 주둔군 부대들로 플랑드르인들과 그들의 화물을 호위하기 위해 달려나가야 했다. 만약 이 공급원이 차단되었더라면 칼레에게는 힘든 일이었을 것이다. 하지만 필립 공작은 잉글랜드와 맺은 조약에도 불구하고 플랑드르 업자들에 의한 도시로의 식량 반입을 눈감아주기로 워릭과 비밀 협정을 맺었다. 서머셋이나 워릭 어느 쪽도 됭케르크Dunkirk와 그하블린느Gravelines에서 화물 운송을 차단하려는 랭커스터의 시도에 의해 계속되는 소규모 접전들에서 많은 이득을 얻지 못했다.

샌드위치에서의 첫 포획

그렇게 1459년 11월과 12월이 지나갔는데, 그동안 주목할 만한 사건들은 없는 대신 무수한 언쟁들이 있었다. 그러나 성탄절Christmastide은 무척 흥분될 일을 가져왔다. 왕비는 마침내 서머셋에게 증원 조치를 취했다. 그래서 리버스 경이 아들 안토니 우드빌 경Sir Antony Woodville과 함께 긴느까지 가로지를 가장 안전한 기회를 잡으려고 수백 명과 함께 샌드위치로 내려왔다. 그러나 혼란스러운 시절이었고 군대는 반항적이었다. 그들은 보수가 적거나 없다고 하니 자유지에 사는 주변 이웃들에게로 흩어졌다. 그래서 샌드위치에 있는 리버스는 거의 혼자인 수준이었다.

'백작은 성탄절에 중장병들을 불러서, 리버스 경의 손에 붙들려 샌드위치에 정박한 몇 대 이상의 배를 포함해서 자신이 해군 제독이었을 때 사용했던 큰 배를 되찾을 수 있을지를 물었다. 존 딘햄 경은 "가능하다"라고 대답했고, 만약 백작이 그에게 함께 항해할 4백 명을 준다면 신의 도움으로 되찾아 오리라고 맹세했다. 그래서 백작은 병사들에게 무기를 착용할 것을 명령하고, 배를 준비하고, 임무의 권한을 존 딘햄 경과 많은 무공을 세운 현명한 기사 존 웬록 경에게 주었다.'

그들은 밤에 출발해서 새벽이 되기 전에 샌드위치에 도착했다. 그리고 조수가 뜨기를 기다렸다가 아침 5시에 항구로 들어갔다. 아무도 그들에게 관심을 기울이지 않았는데 모든 중장병들이 출입구 아래에서 대기하고 있었기에 샌드위치 사람들은 그들이 탄 배가 발트해에서 온 목조선이라고만 여겼기 때문이다.

도시에서는 별 동요가 없었다. 딘햄이 거리를 훑으며 무슨 일이 일어나는 것인지 알아보려는 리버스 경의 중장병들을 붙잡는 동안 웬록은 서둘러 배들을 포획할 수 있었다. 한 시간 후, 안토니 우드빌 경은 왕비에게 자금을 요청하기 위해 런던으로 갔다가 도시로 돌아오면서 붙잡혔다. 리버스 경은 블랙 프라이어스Black Friars의 침대에서 아직 자고 있었고, 무슨 일이 일어나고 있는지 깨닫기 전에 포획된 자신의 배에 실려 있었다.

다른 켄트주 사람들처럼 샌드위치 사람들은 요크파 사람들에게 해를 끼칠 생각이 없었다. 그래서 싸움은 없었다. 딘햄과 웬록은 바다로 가기에는 충분한 준비가 되어 있지 않은 그레이스 디우를 홀로 남겨둔 채 항구의 모든 전투용 배와 포로들과 함께 한 번의 공격도 받지 않고 편안히 집으로 돌아갔다.

리버스 경에 대한 평가

그날 저녁 그들은 다시 칼레에 와 있었고, 승리를 일궜다는 소식을 워릭에게 전했다. 죄수들이 끌려나오자 기묘하고 품위 없는 장면이 이어졌다.

'그 날 저녁, 리버스 경과 그의 아들은 백육십 개의 횃불과 함께 세 백작 앞으로 끌려갔다. 처음 솔즈버리 백작은 그를 악당 자식이라며 비난했다. 그리고 그 명칭대로 무례하게 대했다. 다른 영주들은 그가 진정한 반역자임을 밝혀 자신들이 왕의 진실된 영주들임을 밝히려 했다. 그리고 나의 주군 워릭 경은 그를 평가하며 그의 아버지는 기사의 종자였고 결혼으로 자신을 만들었지만, 그런 식으로 만들어진 군주가 왕의 혈통으로서의 군주의 언어를 쓸 권리는 없다고 말했다. 그리고 나서 나의 마치 영주는 그를 현명하게 평가했다. 마지막으로 안토니 경에게도 같은 방식으로 세 영주의 언어로 평가가 내려졌다.'

리버스에게 유머 감각이 있었다면, 잉글랜드의 그 어떤 혈족보다 부유한 연합의 연속에 의해 부상한 네빌가로부터 '결혼으로 자신을 만들었다'고 평가받은 것에 대해 불합리함을 느꼈을 것이다. 그러나 아마도 분노와 두려움 때문에 그러한 반문을 하지 못했을 것이다. 막상 그가 승리하는 동안에 워릭은 덜 품위없기를 바라는 수밖에 없다. 단, 워릭의 말은 거칠었어도 행동은 그렇지 않았다. 리버스 경과 그의 아들은 성에 있는 오들리 경에게 보내졌

작자 미상
「에드워드 4세」
1540년경
영국국립초상화미술관 소장

다. 그들은 감금된 와중에도 대우를 잘 받았고 위해를 당하지 않았다. 오래 지나지 않아 그들은 납치범의 대의에 가담했다.

이 장면에서 앞으로 10년이라는 시간이 서로의 관계에 가할 변화를 예견하기란 어려웠을 것이다. 1470년에 리버스는 현재 네빌가의 모방인 자신이 아닌 젊은 마치 백작의 장인이 되어, 언변을 시험하며 요크파에 봉사하다가 목숨을 잃는 자신을 발견할 운명이었다. 반면에 워릭은 그가 현재 숨겨주고 군사 훈련을 시키고 있던 어린 왕자의 치명적인 적이 되어 리버스가 버린 랭커스터의 대의를 채택하게 된다.

아일랜드로의 여정

1월과 2월은 서머셋과 긴느 주둔군과의 끊임없는 교전을 하며 보내느라 아무런 가시적인 성과가 없었다. 그러나 10월 이후로 뚜렷한 소식이 없었던 요크 공작이 더블린의 점령과 '아일랜드의 백작과 가신 들에 의해 크게 강력해진' 힘을 갖고 칼레에 도착하리라는 사순절 소식으로 일이 시작됐다. 워릭은 즉시 삼촌과 함께 조치를 취하기 위해 아일랜드로 항해하여, 잉글랜드 침공이 가능한지를 알아보기로 했다. 어떤 격렬하고 공격적인 행동이 봄에 취해지지 않는다면 랭커스터파는 칼레 포위전을 치를 충분한 인원을 보내서 도시가 끝까지 버티지 못하게 만들어 마침내 승리를 거둘 것이 명백했다.

따라서 3월의 폭풍우가 최고조에 달했음에도 불구하고 워릭은 가장 큰 열척의 배를 준비하여 천오백 명의 해군과 중장병들을 태우고, '칼레 최고의 물건'을 갖고 아일랜드를 향해 영국해협을 항해했다. 그 항해는 적군에게 방해받지 않았지만, 몹시 격정적인 폭풍에 시달리며 오래 걸렸다. 그러나 마침내 백작은 워터포드Waterford에 도달했다. 그곳에서 요크와 그의 아들 러틀랜드Rutland뿐만 아니라, 1459년 12월에 레스터에서 열린 랭커스터 의회에 의해 사권私權을 박탈당할 사람들의 목록에 자신의 이름이 끼워져 있음을 듣고 아일랜드로 도망 온 어머니 솔즈버리 백작부인도 발견했다.

워릭은 공작을 원기 왕성한 태도로 만났고, 만약 자신이 켄트로의 상륙을 약속한다면 공작은 아일랜드에서 모은 모든 병력들과 함께 6월에 웨일스에서 교전을 벌일 준비를 갖출 수 있기를 희망했다. 이 계획은 합의되었고 백작은 거의 1년 동안 보지 못했던 남편과 다시 만나고 싶어하는 어머니와 함께 5월 1일경에 칼레로 돌아가려고 준비했다.

한편, 워릭이 아일랜드로 떠난다는 소식은 랭커스터 정부에 이르렀고, 워릭의 해군 제독 후임인 엑시터 공작은 그가 칼레로 돌아오는 것을 막겠다고 맹세했다. 이에 따라 엑시터는 '그레이스 디우라고 불리는 대형 선박과 세 척의 무장상선, 그리고 잘 무장되고 준비된 열 척의 다른 배들'로 영국

해협을 에워쌌다. 워릭이 출발지점에서 벗어났을 때였다. 소함대에서 먼저 출발했던 선박이 연락을 주고받는 몇몇 어선들에게서 적 함대가 다트머스 Dartmouth에 깔려 있으며 엑시터 공작이 지휘를 맡고 있다는 소식을 받고 급하게 돌아왔다.

적군이 상당히 우세했음에도 불구하고 워릭은 싸우기로 결심했다. 그는 선장들을 작은 범선에 세우고 '그날 하느님께서 승리를 안겨 주시기를 바라기 때문에, 충성을 다하여 달라고 기도하였다.' 그들은 사기충천해 있으며 기꺼이 싸울 마음이 있다고 대답하였다. 그에 따라 백작의 열 척의 배가 전선을 형성하였으며, 공작의 열네 척에 돌진했다. 그런데 전투가 임박하자 갑자기 랭커스터 함대 전체가 난장판이 되어 바로 뒤에 위치한 다트머스 항구로 후퇴했다. 이 예상치 못한 행동은 선내 반란 때문이었다. 공작에게서 전투 준비를 하라는 명령을 받았을 때, 장교들은 경악하여 그에게로 가서 병사들이 그들의 옛 사령관과 싸우려고 무장을 하지 않을 것이며, 만약 백작에게 조금이라도 더 가까이 가면 선원들은 의심의 여지없이 들고 일어나서 적에게 넘어갈 것임을 알렸다. 이에 따라 엑시터는 항구로 퇴각하라는 명령을 내렸다.

그러나 워릭은 적이 후퇴한 원인을 알 수 없었고, 그의 뒤에서는 좋은 서풍이 불고 있었으며 10주 이상 비워둔 칼레로 돌아가고 싶은 열망이 컸기에 다트머스에 어떤 도발도 하지 않고 여정을 지속했다. 그는 6월 1일에 안전하게 칼레에 도착했고 '항해 중에 바다로부터 심한 고통을 받은' 어머니를 다시 아버지의 팔에 안기게 했음을 자랑스러워했다. 솔즈버리와 폴큰브릿지는 그의 부재 기간 동안 크게 불안해했다. 수비대의 심약한 이들은 백작이 자신들을 버렸다고 불평하기 시작했고 목숨을 구하려고 외국으로 달아났기 때문이었다.

잉글랜드 침공 계획

하지만 이제 칼레는 동요하면서 부산스러워졌으며, 솔즈버리와 폴큰브릿지는 더블린에서 합심한 침공 계획을 완전히 승인했다. 잉글랜드에서 온 소식은 정말 더할 나위 없이 좋았다. 레스터 의회가 요크파의 사권을 무모하게 박탈한 것은 심각한 반감에 부딪혔다. 랭커스터 영주들의 부하들은 온갖 잘못을 저지르고 있었는데, 그 중 가장 큰 사건은 월트셔 백작 오먼드의 추종자들이 저지른 뉴버리Newbury에서의 합당한 이유 없는 약탈이었다. 런던은 백작들과 합류하기 위해 칼레로 가는 길 도중에 템스 강the Thames에서 붙잡힌 네빌가 장정 일곱 명이 처형된 일로 몹시 성이 났다. 정부가 요크파에 대항하는 설교를 하기 위해 폴스 크로스Paul's Cross에 세운 무식한 설교자들은 군중의 야유를 받고 물러나야 했다. 켄트 지방 하원은 하얀 장미 깃발이 잉글랜드에서 펼쳐지는 순간 백작들과 합류하겠다는 의향을 의심의 여지 없이 표출하고 있었다. 6월에 익명의 누군가에 의해 캔터버리 성문에 걸린 발라드 단편은 그들의 감정을 표현하기 위해 인용할 가치가 있다.

고국으로 보내주십시오, 가장 자비롭고 어지신 예수님

진실된 피를 그의 참된 길, 고국으로 보내주십시오

당신의 종 요크 공작 리처드

사탄이 멸시를 멈추지 않는 이

그러나 당신이 보호하는 한 죽지 않으리

과거처럼 그가 '제후의 자리에 오를 수 있도록'[83] 준비하고

그럼으로써 우리의 새 노래가 주님 귀에 들리게끔

글로리아, 구세주 그리스도에게 영광과 찬양과 영예를![84]

마치 백작 에드워드, 그 명성 온 세상에 펼쳐지리라

신중함이라 불리는 솔즈버리의 리처드 백작

그 고귀한 기사도와 사나이다움의 꽃이 함께하는

워릭의 리처드 백작, 우리를 수호하는 방패

또한 커다란 존경을 받는 기사 작은 폴큰브릿지

주여! 그들에게 전에 누렸던 영광을 되찾아주길!

무력의 새로운 호소에 동참할 준비가 된 것은 하원만이 아니었다. 러드포드에서의 참패 때 헌신하지 않고 도망쳤다가 체포되어 권리를 박탈당한 대가문들에 속한 요크 지지자들은 행동할 준비가 되었음을 칼레에 알렸다. 그들 중 대장격으로는 워릭이 바다를 건너는 순간 자신들의 봉신들이 행동하게끔 약속한 노펴 공작과 그의 두 형제인 부치어 경과 캔터버리의 부치어 대주교가 있었다.

워릭이 칼레에서 모을 수 있는 모든 병력과 함께 6월 마지막 주에 켄트를 횡단하기로 결심한 것은 무모하지 않았다. 진군과 관련된 예비 조치로

---

83   ut sedeat in principibus

84   Gloria, laus et honor tibi sit Christe redemptor. 810년에 주교인 오를레앙의 테오둘프Theodulph of Orléans에 의해 작곡된 라틴어 성가 제목Gloria, laus et honor이기도 하다.◎

서 그는 자신을 감시하고 있던 유일한 랭커스터 군대, 즉 리버스 경의 군대와 교체되어 긴느의 서머셋과 교신하려고 노력하는 중인 샌드위치로 보내진 500명의 중장병들을 청소하기로 했다. 이 군대는 앤드류 트롤로프 경과 함께 워릭을 버린 칼레 수비대의 장교들 중 한 명인 오스버트 먼데포드Osbert Mundeford가 지휘하고 있었다.

이에 따라 6월 25일, 리버스의 포획자인 존 딘햄 경은 두 번째로 샌드위치로 건너갔고, 먼데포드의 군대에게 덤벼들었다. 랭커스터군이 잠을 못 자면서 치른 격렬한 소규모 접전이 있었다. 그러나 다시 요크군이 승리했다. 딘햄은 포격에 의해 부상을 입었지만 그의 부하들은 도시를 습격하여 적군을 격퇴하고 먼데포드를 포로로 잡았다. 그는 칼레로 보내졌는데, 거기서 그는 11월 3일의 포로들이 그랬듯이 탈영하려고 애썼기에 다음날 성벽 밖에서 참수되었다.

런던을 사로잡다

27일에 워릭, 그의 아버지, 마치 백작, 폴큰브릿지 경, 웬록, 그리고 칼레의 나머지 지도자들은 서머셋을 막기에 신뢰할 수 있을 정도의 최소한의 수비대를 도시에 남기고 2천 명의 군인들과 함께 안전하게 샌드위치로 건너갈 수 있었다. 그들은 상륙 전에 한 성명서를 발표했는데, 이 선언문은 요크파의 전형적인 불만을 다시 한 번 기술하고 있다. 즉 허약한 정부, 엉망인 과세, 왕의 친척들의 의회 배제, 국가 수입의 분배, 랭커스터 수장들의 개인적 실수들, 충신들의 탄압, 그리고 다른 모든 관습적인 불만들이 담겨 있었다.

세 명의 백작들은 동의한 대로 캔터버리 대주교가 무장한 많은 소작인들을 데리고 그들과 합류하기 위해 오는 동안의 불과 몇 시간만 샌드위치에 머물렀다. 켄트 사람들이 그들과 만나려고 수천 명이 몰렸기에 그들은 계속해서 숫자가 늘어나면서 앞으로 나아갔다. 그리고 아무도 그들을 막아서지 않았다.

랭커스터들은 전혀 준비되지 않은 채 붙들리게 됐다. 그들은 남쪽이 아닌 동부 해안에 있는 워릭으로부터 급습을 예상하고 있었던 듯하다. 그래서인지 템스 강 남쪽에는 먼데포드의 궤멸된 군대를 제외하면 아무도 없었다. 왕과 왕비는 코번트리에 있었고, 대부분의 랭커스터 영주들은 각자의 땅에 흩어져 있었다. 런던에서는 스케일스 경Lord Scales과 헝거포드 경Lord Hungerford이 지휘했으며, 몇 명의 다른 명사들인 베시 경Lord Vesey, 러블 경Lord Lovell, 명의뿐인 켄들Kendal 백작 존 드 푸아John de Foix가 있었다. 이 지도자들은 런던 브릿지에 포를 설치하고 부하들을 탑에 배치하는 등 도시를 요새화하기 위해 노력했다. 그러나 시민들의 반응은 험악했고, 워릭은 빠르게 다가오고 있었다. 상륙은 27일에 이루어졌는데, 7월 1일이 되자 세 명의 백작과 캔터버리 대주교는 이미 런던 성벽 앞에 있었다. 그들은 캔터버리, 로체스터, 다트포드의 길을 따라 4일 동안 70마일 이상을 진군했기에 예상보다 훨씬 빨리 이동했다.

대주교의 사자가 도시에 항복을 권고하자 랭커스터 영주들은 저항하려고 했다. 그러나 시의원의 사절단이 앞으로 나아가 요크군이 자유로이 들어올 수 있게끔 했다. 그리고 군중들은 들고 일어나서 랭커스터 영주들을 탑으로 몰았다.

7월 2일에 세 백작들은 잉글랜드의 계파들을 화해시켜 십자군에 합류시키기 위해 교황 피우스 2세에 의해 보내진 테라모의 어떤 주교인 교황 특사

프랜시스 본드, 16세기 이전 세인트 폴 대성당의 모습, 『초기 기독교 교회 건축』(1913)

와 대주교에 의해 인도되어 런던으로 들어갔다. 특사는 워릭과 논의했고 요크의 대의를 진전시키기 위해 모든 노력을 다했다.

　백작들은 세인트 폴로 달려갔고, 성직자와 평신도 들로 이뤄진 거대한 군중 앞에 섰다. 워릭은 말했다.

　자신들이 다시 돌아온 이유, 왕 앞에서 얼마나 폭력적으로 쫓겨났는지, 그래서 자신들에게 씌워진 혐의에 대해 용서받으려고 왕에게 가지는 않을 것임에 대해서 열거했다. 그러나 자신들은 하느님의 자비로, 백성과 함께, 왕의 앞에 나타나려고, 무죄를 선언하려고, 혹은 전장에서 죽으려고 다시 돌아왔다고 했다. 그때 그는 캔터버리 십자가에 맹세하였다. 자신들이 진정한 믿음과 왕의 신하로서의 충성심을 품고 그리스도와 그의 성스러운 어머니와 모든 천국의 성자들을 증인으로 삼아 왕을 구할 것임을.

워릭의 입에서 나온 이 마지막 약속은 전혀 의미 없는 판에 박힌 문구가
아니었다. 우리는 그의 서약이 동시대 사람들-특히 에드워드 4세-이 흔히
했던 고의적인 위증과는 다름을 알게 될 것이다.

IX
승리와 재앙,
노스햄튼과
세인트 올번스

런던에 세 명의 백작이 도착하자 런던에 속한 모든 요크파 동료들이 부하들과 함께 몰려들었다. 워릭의 삼촌 애버거브니 경Lord Abergavenny 에드워드 네빌과 그의 동생인 엑시터의 주교 조지 네빌, 그리고 그의 사촌 스크롭 경, 세인트 올번스의 승리자들 중 한 명인 클린튼, 그리고 부치어 경, 코범 Cobham 경, 세이 경, 엘리·솔즈버리·로체스터의 주교들. 작년 11월부터 칼레에서 워릭의 포로였던 오들리도 요크파 군대에 가담한 것은 이상한 일이다. 그는 자신의 납치범과 합의하면서 블로어 히스에서의 아버지의 죽음은 잊고 요크의 대의를 위해 봉사하기로 동의했다. 며칠 만에 3만 명 이상의 병력이 모였다.

요크군의 첫 번째 임무는 격렬한 분노에 찬 헝거포드와 스케일스가 '거대한 대포로 연소물wild-fire을 매시간 도시로 쏘는' 런던 탑의 봉쇄였다. 솔즈버리는 도시를 책임지면서 포위전에 착수했다. 그와 함께 코범 경, 존 웬록 경, 그리고 시장과 포목상 해로우Harrow가의 어떤 이에게 명령을 받는 런던에서 징집된 군의 많은 부분이 남겨졌다. 그들은 세인트 캐더린St. Katherine 부두 쪽으로부터 탑에 집중할 포대들을 가져왔다. '그래서 그들은 매일 교전했고, 많은 피해를 입혔다.'

한편 워릭과 젊은 마치 백작은 7월 5일 토요일에 다른 요크 군주들, '그리고 큰 대포들로 무장한 켄트, 서식스, 에식스의 많은 병력들'과 함께 떠났다. 그들은 왕이 군대를 모은다는 소식이 들리는 노스햄튼으로 가기 위해 과거 세인트 올번스와 타우체스터Towcester에 만든 북쪽 대로를 타고 진군했다.

노스햄튼 전투

잉글랜드 침공은 너무 갑작스러웠고 성공은 너무 빨랐기 때문에 랭커스터는 멀리 북부와 서부에 큰 규모로 위치한 자신들의 모든 힘을 다 끌어낼 시간이 없었다. 그러나 미들랜드는 매우 들끓었다. 요크 쪽 연대기를 믿는다면, 왕비는 다음과 같이 말했다.

"만약 왕이 백작들에게서 승리를 거두고 체셔와 랭커셔에서 포고령을 내리면 모든 사람들은 원하는 바를 취하게 될 것이며 켄트, 에식스, 미들섹스, 서리, 서식스는 모조리 박살나게 되리라."

버킹엄 공작은 비록 왕당파도 아니고 왕비의 열렬한 연인도 아니었지만, 왕의 공식 서한을 받았을 때-예전에 세인트 올번스에서처럼-부하들 모두와 함께 순수한 충성심의 발현으로 최고 지휘권을 맡았다. 그와 함께 에그리먼트와 보먼트가 있었는데, 둘 다 네빌의 치명적인 적들이었다. 그리고 슈어즈버리 백작, 그레이 드 루딘 경 등 왕비가 특별히 총애하는 이들이 있었다. 그들의 병력은 상당했지만 아직 요크군에는 다소 못 미쳤다.

왕의 진지는 노스햄튼 도시 외곽에 있는 샌디포드Sandiford와 하딩스톤Hardingstone 사이의 수녀원Nunnery 근처 넨Nen 강의 남쪽 목초지에 지어졌다. 그 자리는 단단하게 자리잡혀 있었고 방어용으로 쌓은 토루에는 수많은 포들이 줄지어 있었는데, 강 양 측면의 넓고도 굽이진 지점마다 포들로 전선이 형성되어 있었다.

워릭은 지난 목요일 세인트 폴 대성당에서의 선언에 따라 왕 측 사람들에게 접근하기 위해 세 번 시도했지만 버킹엄은 그의 사절인 로체스터와 솔즈버리 주교 들의 말을 듣는 것을 단호히 거부했다. 그는 그들이 '평화를 위해 주교로 온 것이 아니라 무장한 사람men-at-arms으로 여기에 왔다'며 요크군 주교들의 깃발 밑에 줄지어 있는 부대원들을 가리키며 말했다. 협상은 결실을 맺지 못했다. 그리고 오후 2시, 워릭은 강가 목초지를 간과하고 옛 데인족 진지가 있는 둔덕인 훈스버러Hunsborough에 군대를 배치시키고 공격을 시작했다. 폴큰브릿지는 좌익 선봉을 이끌었고, 백작은 중앙, 마치의 에드워드는 자신의 첫 번째 전쟁터를 맞이하여 우익을 펼쳤다. 그 공격 전에 모든 병사는 시민은 살려두어야 하며 패배로 흘릴 모든 피의 책임을 지고 있는 기사와 영주 들만 죽여야 한다고 선언되었다.

랭커스터 전선에 대한 첫 공격은 완전히 실패했다. 장애물은 워릭이 상상했던 것보다 훨씬 컸다. 그것은 수로 바닥에서 방벽 꼭대기까지 6피트였고, 아침에 비가 퍼부어져 해자는 물로 가득했다. 배신자가 돕지 않았다면, 요크군이 승리를 논하기란 불가능했다. 그러나 첫 번째 총이 불을 뿜은 후 불과 몇 분 만에 랭커스터군의 그레이 드 루딘 경이 래기드 스타프의 휘장을 왼쪽에 달았다.[85] 그리고 그의 군대는 요크군이 접근하여 손짓하는 걸 봤으며 그들의 손을 잡아 끌어 올리기 위해 방벽에 몸을 기댔다. 마치 백작의 종대는 이 상황에 힘입어 참호 안으로 들어가 자신들의 앞을 휩쓸어서 워릭이 침입할 수 있는 공간을 확보했다. 30분 만에 모든 것이 끝났고 피는 거의 흐르지 않았다. 3백 명의 사람들만이 쓰러졌지만 그들 중 거의 모든 이는 랭커스터 지도자들이었다. 보병이었으며 무거운 갑옷으로 무장한 주군과 기사들은 도망칠 수 없었다. 늙은 버킹엄은 자신의 막사 문에서 쓰러졌다. 그리고 보먼트, 에그몬트, 슈어즈버리는 왕의 퇴각을 보호하려고 분투하느라 왕의 막사 가까이에 있었다. 그럼에도 불구하고 언제나 무력했던 왕은 달아나기에는

---

85   그레이 드 루딘 경은 팬호프 경Lord Fanhope과의 재산 분쟁에서 요크파가 자신의 편을 들어주는 것을 조건으로 배신을 결정했다고 알려져 있다.◎

너무 늦었기에 헨리 몽포드Henry Montford라는 궁수에게 붙잡혔다. 그러나 왕의 체포는 그의 아내와 아이가 행방이 묘연한 이상 그리 중요하지 않았다. 남편이 재주가 없는 것만큼이나 노련했던 마거릿은 이미 어린 왕자와 함께 북北 웨일스로 달아나는 중이었다.

요크파의 승리

워릭과 마치는 헨리 왕을 그가 묵었던 웨스트민스터 궁이 있는 런던으로 예의를 다해 돌려보냈다. 그들은 일을 너무 빨리 처리해서 아일랜드로부터 도착했음을 서부에서 바로 알린 요크 공작86의 도움을 필요로 하지 않았다. 심지어 그가 나타나기도 전에 노스햄튼의 승자들은 왕의 부처들을 재편성하기 시작했다. 헨리는 북부 여섯 개 주에 솔즈버리 부지사를 임명한다는 특허장에 서명해야 했으며, 그의 아들인 엑시터의 조지 주교는 대법관직에 임명되었다. 또다른 아들 존 네빌은 왕의 시종장Chamberlain이 됐고 부치어 경은 재무상 자리를 받았다. 워릭은 사실상의de facto 칼레의 우두머리로서 오랜 시간 동안 그가 유지해 온 자리에 합법적으로de jure 다시 정착했다.

런던 탑의 수비대는 노스햄튼 전투 후 9일째에 항복했다. 대부분의 수비군들은 안전하게 떠났지만, 런던 대중에게 미움을 받은 스케일스 경은 그다지 운이 좋지 않았다. 그는 웨스트민스터 성역으로 배를 타고 갔는데, 그를 추격하여 '윈체스터 하우스 강벽 바로 아래' 강 위에서 살해한 어부들에 의해 노를 저어야 했던 것으로 밝혀졌다. 그의 시신은 벗겨져서 세인트 메리 오버리St. Mary Overy의 묘지에 던져졌다. 그날 밤 그 자리는 마치와 워릭

---

86   약속보다 두 달이 늦어진 시점이었다.

백작에 의해 치워지고 그는 명예롭게 묻혔다. '프랑스와 노르망디의 전쟁들에서 훌륭하게 인정받은 고결한 기사가 그렇게 고약하게 죽은 것은 매우 유감스러운 일이다'라고 연대기 저자는 덧붙였다.

의회는 요크파에 의해 10월 9일에 소집됐다. 한편 워릭은 할 일을 했다. 8월이 되자 그는 긘느에 있는 오랜 적수를 보기 위해 칼레로 갔다. 의기소침해 있던 서머셋은 뉴넘 브릿지Newnham Bridge[87]에서 백작을 기꺼이 만나 화해하고 평화를 이루었다. 그러나 워릭을 포용하고 모든 조건에 동의한 후, 그는 몰래 자신의 추종자 트롤로프와 함께 떠나 피카르디를 거쳐 디에프Dieppe로 도망쳤고, 해협을 건너 자신의 남서부 주로 피신했다. 한편 백작은 어머니와 아내를 대동하고 런던으로 돌아가, 그들을 옛 거처인 '항만the Harbour'에 다시 자리잡게끔 했다. 그는 9월을 백작부인과 함께하는 노퍽의 월싱엄Walsingham에 있는 버진 성당으로의 순례여행에 썼다. 그런데 이 여정에서 화해하지 못한 랭커스터파 일원인 월로우비 경Lord Willoughby 때문에 큰 위험을 무릅써야 했다. 그가 돌아오던 길에 있는 리치필드Lichfield 가까이에서 대기하면서 그를 사로잡을 뻔했기 때문이었다.

마침내 워릭은 자신의 미들랜드 영지에도 이르렀다. 그의 땅에 속한 모든 기사와 레이디들이 그를 보러 왔다.

'그들은 지난 시절 속이고 훔치고 도시와 장원 들을 약탈하고 백작의 성을 빼앗은 서머셋 공작에게 겪었던 재앙에 대해 불평했다. 그러나 그 모든 문제들에도 불구하고 그들은 자신들에게 기쁨을 주는 영주의 귀환을 위해 천국에 기도했다.'

---

87   잉글랜드의 뉴넘 브릿지가 아닌 프랑스 칼레에 있는 Pont de Neullay라고 불렸던 다리.◎

지오반니 안토니오 카날
「웨스트민스터 사원에서의 배스 기사단 행렬」 중 부분
1749년

요크에게 저항한 워릭

요크는 9월 초에 체스터에 도착했고 웨일스 마치에 있는 영지를 거쳐 런던으로 천천히 진군했다. 그가 애빙든Abingdon에 이르렀을 때였다. '그는 런던에서 트럼펫과 클라리넷 연주자 들을 보내게끔 하여 그들에게 잉글랜드 왕실 군대의 깃발과 큰 차이 없는 깃발을 주고, 자신 앞에 똑바로 서라고 검으로 명령하며 웨스트민스터 궁의 문에 도착할 때까지 연주하게끔 했다.' 이러한 도를 넘은 왕의 흉내는 악폐의 시작이었다.

한편 의원들은 공작이 도착하기 전에 의회에 이미 앉아 있었다. 헨리 왕은 엄숙하게 개회하였고 레스터의 랭커스터 의회에서의 모든 결정들을 폐지하며 요크 영주들의 사권 박탈을 취소함으로써 일을 시작했다. 의회가 사흘째 되는 날, 요크의 리처드는 저녁에 왕실 저택을 거칠게 점거하며 궁궐로 들어왔다.

'그는 문을 부숴서 열었으며, 헨리 왕은 그날 밤 큰 소리를 듣고 자리를 빠져나와 또 다른 방을 잡아야 했다.'

군주에 대한 이 냉혹한 퇴거 강요는 공작의 폭력적인 행동의 시작에 불과했다. 다음날 아침, 그는 상원으로 갔다. 그리고 왕좌에 다가가서 마치 그 자리를 공식적으로 차지하려고 하는 것처럼 방석 위에 손을 얹었다. 부치어 대주교는 그에게 무엇을 하려느냐고 물었고, 공작은 길게 답변했다.

"리처드 2세의 남성 후계자로서 잉글랜드의 왕관과 왕국에 도전할 권리를 주장하며, 만성절에는 지체 없이 왕이 될 것이니 이에 따르기를 제안한다."

영주들은 명백한 반대와 함께 실망한 채 그 말을 들었기에, 요크는 감히 왕좌에 앉으려 하지 않았다. 그 회의는 더 이상의 거래 없이 끝났다.

'그날 참석하지 않았던 워릭 백작은 이 말을 듣자 매우 격노하여, 대주교를 보내어 공작을 위해 기도하는 동시에 그가 악행을 저질렀음을 상기시키고 헨리를 왕으로 만들기로 한 많은 약속들을 떠올리게 했다.'

요컨대 워릭은 7월 4일의 그의 맹세를 상기하고, 헨리가 왕위를 빼앗겨서는 안 될 뿐만 아니라 요크파 각료들의 손에 맡겨져야 한다고 결론을 내렸다. 그런데 대주교는 공작과의 대면을 거부했다.

그러자 백작은 동생 토머스 네빌을 보내며 그의 바지선으로 들어갔다. 그리고 궁전으로 노를 저어 갔다. 그곳은 공작의 중장병으로 가득 차 있었지만, 백작은 가만히 있지 않았다. 그는 곧바로 공작의 방으로 가서, 사이드보드side-board에 기대어 서 있는 그를 발견했다. 그들 사이에는 거친 말들이 오갔다. 백작은 영주들도 백성들도 왕에게서 왕관을 벗겨내려고 하지 않을 것이라고 말하였다. 그들이 언쟁하고 있을 때, 러틀랜드Rutland 백작이 와서 사촌에게 말하였다.

"성내지 마시고 공정해지십시오. 우리가 왕위에 대한 진짜 권리를 가지고 있음을, 바로 제 주군이자 아버지께서 갖고 있음을 이해하셔야죠."

그러나 마치 백작은 형제에게 와서 말하였다.

"형님, 성가시게 하는 사람은 아무도 없어요, 모든 게 잘 될 것입니다."

워릭 백작은 삼촌의 의도를 이해하자 더 이상 머물지 않았다. 그리고 마치 백작을 제외한 누구의 배웅도 받지 않은 채 서둘러 바지선으로 떠났다.

다음날 백작은 분노가 가라앉자 엘리와 로체스터의 주교들, 오들리 경, 그리고 그레이라는 이름의 런던 시민을 삼촌에게 보내어 계획을 포기하라고 간청했다. 공작은 다음 주 월요일, 10월 13일 세인트 에드워드 참회왕 축일에 왕위에 오를 것이라는 대답과 함께 그들을 돌려보냈다. 대관식을 위한 준비는 실제로 이루어졌다. 그러자 자신의 형제와 잉글랜드의 모든 영주들과 일반인들의 이름으로 토머스 네빌 경이 마지막으로 제기한 항소에 의해 군중이 웨스트민스터 사원에 모여들었고 공작은 주저했다. 중요한 지지자들과의 관계가 복구할 수 없을 정도가 될까 봐 두려웠던 그는 대관식을 연기하고 협상을 시작했다.

왕좌의 후계자 요크

사실 리처드 네빌은 불온한 삼촌에 대항하는 스스로의 의지로 싸웠고 승리했다. 공작은 영원히 왕관을 쓰지 못했다. 파벌들이 도달한 합의는 헨리가 평생 왕이어야 하며, 요크는 보호자, 웨일스공, 콘월 공작, 체스터 백작으로 명명되어야 하고, 왕위를 계승하는 것으로 인정받아야 한다는 것이었다. 한편 공작은 살아있는 한 왕에게 충실하리라고 맹세했다. 그 협정은 만성절에 세인트 폴 대성당에서 엄숙하게 승인되었는데 영주들은 행렬을 이루었고 워릭은 왕을 앞에 두고 검을 품었으며 마치의 에드워드는 왕의 망토를 들고 있었다.

'그리고 군중은 "헨리와 워릭 백작, 만수무강하시오"라고 외쳤다. 백작은 좋은 목소리를 가졌는데, 왜냐하면 그는 그들에게 친숙한 말을 할 줄 알았고 그가 친숙하고 편안하게 비칠지를 알았기 때문이다. 그는 목적을 달성하기 위해 매우 교묘했다. 그리고 그의 삶 내내 항상 자신이 아니라 왕국의 확장과 좋은 통치에 대해 말했다. 그래서 그는 잉글랜드의 선의를 지닌, 모든 땅에서 가장 존경과 믿음과 신망을 받는 영주가 되었다.'

요크와 헨리 왕의 합의를 기록한 의회법은 마거릿 왕비나 그녀의 아들에 대해 언급하지 않는다. 그러나 그녀가 북부와 서부의 진압되지 않은 랭커스터 영주들과 함께 붙잡히지 않는 한 의회법의 통과는 별로 소용이 없었다. 마거릿의 첫 번째 조치는 스코틀랜드 사람들을 선동하는 일이었다. 그녀의 요청으로 제임스 2세는 국경을 넘어 잉글랜드 마을이었던 록스버그 Roxburgh를 포위했다. 워릭의 삼촌인 폴큰브릿지는 그곳을 지키기 위해 북쪽으로 보내졌지만, 나중에 일어난 사건들로 인해 잉글랜드로부터 도움을 받을 수 없게 되었다. 그리고 스코틀랜드 왕이 자신의 공성전용 포들 중 하나가 폭발하는 바람에 죽은 이후에는 아니긴 했지만, 항복했다.

하지만 스코틀랜드의 침략은 마거릿의 음모들 중 하나일 뿐이었다. 그녀의 주된 희망은 노스햄튼에서 피해를 받지 않은 랭커스터가의 봉기였다. 그리고 그녀는 그들을 모으기 위해 북 웨일스에 있는 할레크Harlech로 물러났다. 소집 장소인 북부에서 노섬벌랜드 백작과 웨스트모어랜드 랄프 백작의 형제인 네빌 경, 그리고 세인트 올번스에서 사망한 클리포드의 아들 클리포드는 군대의 핵심인 봉신들을 규합했다. 그들에게 칼레에서 한 워릭과의 맹세를 신경 쓰지 않는 도망친 서머셋이 왔고 엑시터 전 해군 제독, 데븐의 코트니 백작, 그리고 윌로우비와 루스와 헝거포드 및 기타 여러 곳에서도 왔다.

웨이크필드에서의 죽음

위험이 너무 임박했기에 요크 공작은 3주도 안 되는 시간 동안 호민관의 권위honours of the protectorate를 행사한 후, 북쪽으로 진군하여 왕비의 동지들 모임을 해산시키기로 했다. 그는 열일곱 살 소년인 둘째 아들 러틀랜드의 에드먼드를 데리고 갔다. 솔즈버리 백작 또한 첫째를 두고 넷째 아들 토머스 네빌과 함께 나갔다. 공작과 백작은 약 6천 명의 병력을 이끌고 요크파 성채들 중의 하나인 웨이크필드 도시 가까운 옆에 있는 샌들Sandal 성까지, 워크숍Worksop에서 꺾은 소규모 랭커스터군의 방해를 제외하고는 문제 없이 닿을 수 있었다. 크리스마스 이브에 도착한 그들은 왕비의 군대가 생각했던 것보다 훨씬 더 강하다는 것을 알게 되었고, 증원을 위한 인력들을 남쪽으로 보냈다. 하지만 12월 30일, 자신들의 군부대의 세 배에 달하는 서머셋과 클리포드 휘하 병력의 공격을 받았다. 공작은 많은 부하들이 시골 지역에서의 징발을 위해 흩어진 상태였음에도 불구하고 성급하게 개전했

토머스 헌
「미클게이트 관문, 세인트 토머스 병원」중 부분
1782년

다. 그의 개전 결정은 랭커스터의 몇몇 지도자들과 맺은 의심스러운 약속에 의지했다고 전해진다. 그러나 그는 실망할 수밖에 없었을 것이다. 어느 누구도 자신의 이익을 위해 그레이 드 루딘이 노스햄튼에서 했던 역할을 연기하지 않았기 때문이었다.

요크군의 패배는 결정적이었다. 5천 명 중 2천2백 명이 죽었다. 전쟁의 숙명은 지도자들에게 큰 타격을 주었고, 거의 누구도 벗어나지 못했다. 공작은 전장에서 토머스 네빌, 윌리엄 해링턴 경William Lord Harington과 함께 쓰러졌다. '잉글랜드에서 가장 사랑받는 젊은 신사' 러틀랜드 백작은 웨이크필드 브릿지를 가로질러 도망치다가 살해되었다. 솔즈버리의 운명은 역시나 더 불행했다. 그는 포로로 잡혀서 다음날 폰테프랙트Pontefract에서 엑시터의 서자[88]에 의해 참수되었다. '비록 그가 목숨을 구하려고 많은 돈을 제시하

---

88   엑시터 공작 헨리 홀랜드Henry Holland를 가리킨다. 장미전쟁 동안 잔악한 인물로 유

긴 했지만' 솔즈버리와 그의 아들, 해링턴, 그리고 다섯 기사들의 머리들이 요크 관문에 걸렸다. 그 가운데 리처드 공작의 머리는 그가 결코 즐기지 않았을 미래의 왕위를 조롱하는 종이 왕관을 쓴 채였다.

북부와 중부 지방의 모든 랭커스터들이 왕비와 합류하기 위해 동시에 일어났다. 그들은 전쟁을 단순히 침략의 핑계로 보고 트렌트Trent 강 너머에 있는 모든 것은 적국이라고 큰소리를 치는 스코틀랜드 국경의 무법자들 lawless moss-troopers로 구성되었고 그녀는 곧 4만 군사의 우두머리가 됐다. 그들은 남쪽으로 이동하기 전에 북부 요크파들의 지역을 철저하게 괴롭혔다. 미들햄과 셰리프 호튼의 솔즈버리 세습령은 네빌의 손위 방계의 봉신들에 의해 약탈의 전리품으로서 도려내졌다. 두목격인 웨스트모어랜드 백작 랄프는 북부 지역에서 가장 광적인 랭커스터파인 형제 토머스에게 맡긴 휘하의 병력들로 압박했다.

1월 중순경 왕비의 군대는 남쪽으로 내려가기 시작해서 모든 곳에서 난폭하게 약탈했고, 어민 스트리트Ermine Street를 통과하면서 그랜섬 Grantham, 스탬포드, 피터버러Peterborough, 헌팅든Huntingdon, 로이스튼 Royston, 멜번Melbourn과 던스터블Dunstable의 도시들을 지붕에서 지하실까지 털었다.

웨이크필드 전투 소식은 1월 5일경에 런던에 도달하면서 남부 전체를 경악시켰다. 크리스마스 동안 자신의 땅을 지킨 워릭은 수도까지 전속력으로 올라갔다. 이제는 책임을 분담할 사람이 아무도 없었기 때문에 그가 사태의 방향을 잡아야 했다. 그토록 오랫동안 함께 싸운 삼촌과 신중한 조언으로 파벌을 이끌었던 아버지는 둘 다 세상을 떠났다. 졸지에 가문의 수장인 사촌

명했다.◎

마치는 열아홉 살을 채 넘기지 못했으며 그 순간에도 세번 강 너머에 멀리 떨어져서 웨일스 마치를 돌보고 있었다. 상황은 워릭에게 왕국의 정부와 요크파의 안전에 대한 책임을 맡게끔 만들었다.

두 번째 세인트 올번스 전투

비록 항상 그렇듯이 이 불행한 전쟁에서도 승리하는 쪽으로 편을 바꿀 만반의 준비가 된 반역자들이 있었지만, 남동쪽 주들은 가장 암울한 시간 동안에도 확고한 요크파였다. 워릭은 노퍽 공작, 캔터버리 대주교, 아룬델 백작, 본빌 경Lords Bonville, 코범 경, 피츠월터 경, 런던과 켄트의 하원의원들에서 준비된 조력자들을 발견했다. 한 열렬한 요크 지지자는 다음과 같이 썼다.

'이 나라의 모든 사람들은 기꺼이 여기 있는 나의 군주와 함께 가고 싶어한다. 나는 하느님이 그들을 도와서, 북부 사람들이 훔치고 강탈하고 약탈한 남부 사람들의 재산과 생계를 돌려놓길 바란다. 그럼으로써 그 사건은 별 것 아닌 일이 될 것이다.'

런던으로의 왕비의 진군에 대항하기 위해 워릭은 세인트 올번스로 전진했다. 그리고 3만 명의 인원을 배치하여 런던 로드를 봉쇄했다. 그의 군대는 이 시기에 흔히 볼 수 있었던 대집단으로 늘어선 게 아니라, 3마일 앞에 거리를 두고 흩어져 있었다. 오른쪽은 노맨즈랜드No Man's Land라는 황야, 왼쪽은 세인트 올번스 도시었다. 시골 쪽은 워릭이 플랑드르에서 고용한 부르고뉴 핸드건병 부대로 지원되는 궁수들이 배치된 숲과 울타리로 가득 차 있었다. 헨리 왕은 군대와 함께 끌려와 본빌 경이 관할하는 후방에 주둔했다. 입지는 좋았지만 여러 부분들 간의 의사소통이 좋지 않았고 워릭의 부대 전체적으로는 집중력이 부족했던 듯하다. 기마 순찰을 지휘하는 장교의 어설픈 관리 때문에 그들이 예상하기 전에 랭커스터군의 공격이 시작됐다.

'만사가 순조롭게 흘러가지 않는 동안 왕비의 병사들은 세인트 올번스에서 백작의 병사들 가까이 있었음에도 경기병들은 왕비가 가까이에 있다는 소식을 전하러 오지 않았다. 어떤 메시지 하나는 왕비가 아직 9마일이나 떨어져 있다고 전했다.'

첫 번째 랭커스터군의 공격은 세인트 올번스 도시 왼쪽에 가해졌고 반격이 이뤄졌다. 하지만 다른 지역에서는 치명적인 재난이 발생했다. 우익에서 군을 이끌었던 러브레이스Lovelace라는 이름의 켄트 출신 종자가 적에게 넘어가 랭커스터군으로 하여금 요크군 전선을 통과시키게 했다. '군대가 고전하는 걸 보고 미소 지으며 오크 나무 아래에 앉아 있었던' 헨리 왕은 아내의 부하들에게 확보됐다. 반역자의 공작이 이뤄지고 왕을 데려갔다는 소식이 전방을 따라 전해지자 요크군 대다수는 분산되어 달아났다. 삼천 명 이하가 죽거나 포로가 되었고, 모든 부대는 돌이킬 수 없이 흩어졌다. 그리고 지도자들 대부분은 전쟁이 끝난 것처럼 자신의 영지로 도망쳤다.

마거릿 왕비는 잔인성을 과시함으로써 남편의 인격을 되찾는 일을 즐겼다. 헨리를 책임지고 붙잡았던 본빌 경과 토머스 키리엘 경이 그녀 앞에 끌려왔다.

그녀는 그들이 죽어야 한다고 말하였고 아들 웨일스공에게 그들이 어떤 죽음을 당해야 할지를 정하게끔 하였다. 소년-그는 8살이었다-이 막사 안으로 들어왔을 때, 그녀는 말했다.

"아들아, 네가 보고 있는 이 기사들을 어떤 방식으로 죽여야 할까?"

그러자 어린 아이는 "그들의 머리를 날려야 합니다"라고 대답했다. 그러자 토머스 경이 말했다.

"이렇게 말하게 가르쳐 준 사람들을 하느님께서 무너뜨리시기를."

그들은 즉시 그 둘을 끄집어내어 목을 잘랐다.

(1461년 2월 17일)

X

타우튼 전투

요크군의 해산은 철저해서 워릭은 세인트 올번스에 있었던 3만 명 중 4천~5천 명 이상은 모을 수 없었다. 그는 이 미약한 병력으로는 런던을 지킬 수 없다고 판단했다. 따라서 남쪽이 아닌 서쪽으로 퇴각하여 미들랜드에 의지하면서 새로운 군대를 양성하고, 서쪽의 마치 백작과 합류할 작정이었다. 그는 어린 사촌인 요크의 조지와 리처드를-아직 각각 열한 살과 아홉 살인 소년들-플랑드르로 피신시키기 위해 해외로 보내야 한다고 런던에 명령했다.

워릭은 험악한 국토횡단로를 따라, 비와 침수로 오래 기억되었던 2월의 최악의 날에 버킹엄셔와 옥스포드셔를 가로질러 치핑 노튼까지 나아갔다. 여기에서 그는 지난 달에 있었던 일들에 대한 통지를 필요로 하는 마치 백작과 만났다.

마치 백작 에드워드는 웨이크필드에서의 소식을 받았을 때 글로스터에 있었는데 런던을 방어하는 워릭을 돕기 위해 즉시 군대가 증강되어야 함을 깨달았다. 이에 따라 웨일스 마치에서 1만 명 혹은 1만1천 명을 급히 불러 모았다. 마거릿 왕비를 도우려는 중부 웨일스가 일어서지 않았다면 그는 그들을 이끌고 동쪽으로 행군했을 것이다. 그리고 펨부르크의 재스퍼 백작, 재스퍼의 아버지이자 대비 남편인 오웬 튜더Owen Tudor, 윌트셔 백작 제임스가 이끄는 세력들에게 포위되었을 것이다. 워릭을 구하러 이동하기 전에 그는 뒤에 버티고 있는 적들로부터 벗어나야 했다.

그가 서부에서 행한 군사 작전은 짧고 날카로웠다. 그는 2월 2일, 위그모어 근처 북 헤리포드셔에 있는 모티머스 크로스Mortimer's Cross에서 웨일스군과 부딪쳐 참패시켰다. 오웬 튜더는 포로로 잡혀서 참수되었으며, 그의 머리는 헤리포드의 시장 십자가market-cross[89] 가장 높은 곳에 걸렸다.

89 중세에 소식 등을 전하기 위해 시장 한가운데에 세워놓은 십자가나 집.◎

'한 미친 여자가 그의 머리를 빗고 얼굴에서 피를 닦아내고, 백 개 이상의 양초를 가져다가 꽂아서 그 머리를 태웠지만 아무도 방해하지 않았다.'

펨부르크와 윌트셔 백작은 탈출했고, 패잔병들과 함께 마거릿 왕비에게 합류했다.

에드워드는 웨일스의 랭커스터군을 부숴서 마치에서의 일을 해결한 후 워릭을 돕기 위해 제 시간에 도착하기를 바라며 런던으로 향했다. 불가능했기에 달성하지 못했지만, 그는 세번 강을 지나 황량한 코츠월드 언덕 Cotswolds을 거쳐 2월 22일에 치핑 노튼에 도착했다. 웨일스에 군대를 남겨두고 온 그는 언젠가 글로스터의 리처드의 희생양이 될 운명인 헤이스팅스 휘하 존 웬록 경과 미래의 펨부르크 백작 윌리엄 허버트William Herbert,마치 출신 군인 8천 명 내지 9천 명 이하의 병력들과 함께 있었다.

치핑 노튼

그런데 치핑 노튼에 있던 워릭과 마치 백작에게 도착한 소식은 너무 놀라워서 그들은 모든 계획을 바꿔야 했다. 그리고 서 미들랜드에서의 새로운 군사 작전을 이끌기 위해 힘을 축적하는 대신 런던으로 바로 진격했다.

세인트 올번스 전투 뒤의 사건들은 왕비의 불같은 성미와 그녀를 따라온 북부 군대들의 무모한 베짱으로부터 예상할 수 있는 것과는 정반대였다. 전투는 2월 17일에 치러졌고, 워릭 군대는 18일에 서쪽으로 물러났다. 승리한 군대는 런던에서 13마일 이내에 있었고, 도시로 들어가는 왕비를 막을 수 있는 것은 아무것도 없었다. 그럼에도 불구하고 랭커스터들이 8일 동안 잠잠하게 있었고 수도에서 왕을 복위시킬 노력을 전혀 하지 않은 것은 영국 역사에서 가장 이상한 문제들 중 하나다. 우리는 장미전쟁 동안 시민들이 잉글 랜드 전역에서 보여준 특별한 냉담함을 알고 있기에, 런던 사람들이 요크파 를 선호한다고 해도 관문에서 입성하려 하는 북부 군대를 배제하는 모험을 하지는 않았으리라고 확신할 수 있다.

그러나 이 경우 마거릿 왕비는 평소처럼 판단력이 부족했을 뿐만 아니라 그녀의 성격에 비춰 보면 낯선 강인함도 보여주었다. 이번에는 정치에 약간 의 영향력을 주장하는 헨리 왕이 자신의 해악임을 고집하며 런던과 런던 인 근의 여러 주에 북부 무리에 의한 약탈의 공포를 덜어주기로 결심했다. 이에 따라 주력 부대가 제지되는 동안 무장한 군대가 아닌 몇 명의 특사가 런던으 로 파견되었고, 선봉은 바넷Barnet까지 밀렸다. 동시에 왕은 어떠한 종류의 습격도 반대하는 강경한 성명을 발표했다. 왕이 거주하던 세인트 올번스의 수도원장이 관찰한 바에 따르면 이 조례는 북부인들 사이에서 심한 불만을 불러 일으켰다. 그러나 그들의 약탈 성향은 전혀 억제하지 못했다.

런던을 구하다

런던 시민들은 굴복하기로 마음을 굳혔다. 그들의 유일한 생각은 자신들 의 사면을 가능한 한 싸게 왕의 손에서 사는 것이었다. 그들은 20일에 베드 포드와 버킹엄의 공작부인들[90]과 몇몇 시의원들과 함께 축복과 평화를 위한 탄원서를 왕비에게 보냈다. 왕과 왕비는 세인트 올번스에서 이동하여 바넷 에 있었다. 비록 바로 그날 아침 마거릿은 불행한 본빌과 키리엘을 처형할 예정이었지만, 불길한 답변을 주지는 않았다. 그리고 자신들의 선한 의도를

---

90 · 프랑스 대섭정 베드포드의 존과 노스햄튼에서 살해된 랭커스터 공작 험프리의 미망인들.

증명하기 위해 시내에서 군대를 철수시키는 작업에 착수했다. 이에 극심하게 실망한 북부인들은 25일 목요일에 다시 던스터블로 돌아갔다.

왕비가 런던에 처음으로 한 요구는 군대를 위한 식량 공급이었다. 26일 금요일에 시장과 시의원들은 긴 수레 행렬을 마련했다. '모든 종류의 양식과 많은 사순절 재료들'이 적재되어 북쪽으로 보내기 위해 준비됐다. 하지만 도시는 큰 혼란 상태에 있었다. 랭커스터군의 약탈로 대중의 감정이 흥분해 있었고 요크파 조직은 무너지지 않은 상태였으며 요크군이 런던을 구하려고 진격하고 있다는 소식이 전해졌다. 뉴게이트Newgate에 있는 마차들을 정지시키고 식량을 약탈하며 마차주들을 쫓아낸 웬록 경의 요리사가 이끄는 폭도들은 좀 더 신중한 입장이었던 시민들을 두렵게 만들었다.

그와 같은 행동에는 처벌을 가할 수밖에 없었다. 같은 날 오후 볼드윈 풀포드 경Sir Baldwin Fulford 휘하 랭커스터 중장병들의 거대한 부대는 도시를 위협하기 위해 웨스트민스터를 압박했다. 금요일 저녁이 되자 런던 사람들은 싸울지 항복할지를 결정해야 했고, 많은 사람들은 소심한 시의원처럼 자기반성에 빠지게 됐다. 하지만 토요일 아침에 그들의 슬픔은 기쁨으로 바뀌었다. 워릭과 마치 백작이 가까이 도착했다는 소식이 전해졌기 때문이다. 풀포드의 병사들은 웨스트민스터를 떠나 북쪽으로 물러났다. 그리고 그날은 여행으로 더러워진 요크 영주들의 군대가 도시를 지저분하게 만들었다. 해질녘에 만 명의 병력이 관문 안으로 들어오면서 항복할 생각은 싹 사라졌다.

그래서 헨리 왕의 선한 의도와 마거릿 왕비의 예기치 못한 결심은 랭커스터파에게서 런던을 잃게 했다. 그러나 그들의 군대는 던스터블에 머무르면서 여전히 위협적인 태도를 취했고, 마치 백작은 일주일 더 나이 들기 전에 전투를 벌이거나 공성전을 치르는 일이 불가피해 보였다.

그러나 잉글랜드의 운명이 전투를 통해 다시금 결정되기 전에 해야 할 일이 한 가지 있었다. 요크와 솔즈버리의 잔인한 죽음은 요크파와 랭커스터파 사이의 분쟁을 수용 가능한 영역 너머로 멀리 몰고 갔다. 헨리 왕에 대한 개인적인 존경에도 불구하고, 리처드 공작의 후계자는 왕위 계승자로서의 자세를 취하는 수준에만 만족하는 게 더 이상 불가능했다. 헨리가 다시 아내와 보퍼트들의 손에 들어갔기 때문에, 왕실의 이름은 요크파에게 반하는 일에 최대한 사용될 게 뻔했다. 그래서 요크파에게는 헨리 왕의 이름으로 이루어질 국가적 충성 호소에 저항하기 위한 어떤 외침이 있어야 했다.

왕을 선언한 에드워드

의심할 여지없이 워릭과 에드워드는 치핑 노튼에서 런던으로 가는 여정에서 문제를 해결했다. 그들의 행동은 오랫동안 계획되어 있던 징후를 모두 보여주었다. 일요일 아침, 도시에 도착한 지 24시간이 채 안 됐을 때 그들의 군대는 '클러큰웰Clerkenwell 외곽의 큰 들판에' 사열했다. 그리고 네빌 일족의 연설가인 엑시터의 조지 주교에 의해 수많은 런던 사람들이 대기하는 동안, 왕좌에 관한 에드워드의 권리를 다룬 엄숙한 성명서가 만들어졌다. 군인과 시민들은 "신이여, 에드워드 왕을 보호하소서!"라고 외쳤다. 그들의 열의가 자발적이었음은 의심의 여지가 없었다. 사람들의 중심은 요크였다. 그리고 어떤 선출 형태로든 그들의 선택을 합법화할 필요가 있었다.

당시 세 명의 네빌가 사람인 워릭, 폴큰브릿지, 그리고 조지 주교 외에는 에드워드와 견줄 만한 사람이 없었던 듯싶다. 워릭은 그 상황의 실체가 어떻든, 사촌이 표면상으로 네빌가에게서만 왕관을 받는 게 좋게 보이지만은 않으리라고 느꼈다. 따라서 닿는 곳에 있는 몇 안 되는 요크파 동료들이 서둘러 소환되었다. 캔터버리 대주교는 "더 나은 시대를 기다리고 있다"고 말하면서 머무르고 있던 켄트에서 왔다. 노퍽 공작, 피츠월터 경, 차틀리의 페러스 경Lord Ferrers of Chartley, 솔즈버리 주교가 이틀 전에 나타났다. 그리고 십여 명의 기사들과 런던 시민의 대표단과 함께 영적이면서도 현세적인 이 여덟 명의 동지들은 베이나드 성Baynard's에서 엄숙하게 만나 에드워드 왕을 선언했다. 헨리 1세를 선택한 위턴Witan들의 회의[91] 이후 그렇게 빈약한 지지자들에 의한 군주 선출의 예는 없었다. 네빌의 가문과 그들의 사촌 노퍽 가문이 사실상 그 일의 유일한 운영자들이었다.

다음 날 3월 4일 목요일, 에드워드는 유명인사들로 이뤄졌지만 숫자는 적은 추종자들과 함께 공식적으로 웨스트민스터로 갔다. 높은 제단 앞에서 그는 자신의 이름을 선포하고, 에드워드 참회왕(1003~1066)[92]의 홀笏을 손에 쥐고 왕좌에 앉아 천개天蓋 아래에서 신하들의 존경과 충성 서약을 받았다. 그리고 그는 바지선에 탑승하여 강을 타고 베이나드 성의 요크 저택을 떠나 자신의 거주지로 고친 탑으로 돌아왔다. 한편, 전령들은 모든 거리의 골목에서 프랑스와 잉글랜드의 왕이며 아일랜드 군주인 에드워드 4세를 선언했다.

모든 사람들은 마거릿 왕비의 군대가 관문에서 내는 우레와 같은 소리와 함께 대관식이 중단되리라 예상했지만, 적의 접근에 대한 어떠한 징후도 나타나지 않았다. 같은 날, 왕비가 던스터블에서의 침묵을 깨고 북쪽으로 행군

---

91   위턴은 윗너거머우트witenagemot라고 불린 앵글로색슨 시대 왕의 자문협의회의 위원을 가리키는 말이다. 헨리 1세는 맏형 로버트가 십자군 원정에서 돌아오기 전에 왕위를 차지하기 위해 윈체스터의 금고를 확보한 후 급하게 대관식을 치러야 했다.◎

92   정복왕 윌리엄 이전 마지막 앵글로색슨 왕으로 교황 알렉산더 3세(1100/1005~1181)에 의해 성인으로 지정되었다.◎

하고 있음이 알려졌다. 그녀의 군대는 해체가 막 시작된 상태였다. 그들은 왕의 약탈 금지 선언에 복종하기를 거부했고 일부는 런던 인근의 여러 주들을 공격하기 위해, 일부는 이미 얻은 노획물을 가져가기 위해 수천 명이 사라졌다. 여전히 규율을 준수하는 병사들은 너무 적은데다 불만에 가득 차 있어서 랭커스터 영주들은 왕비에게 퇴각해 달라고 요청했다. 그들은 에드워드 왕의 능력에 대한 과장된 소문을 들었기에 감히 그와 싸우려 하지 않았다. 이에 따라 헨리와 그의 아내와 아들, 그리고 귀족들은 워틀링 가도[93]를 따라 달려 북부의 전 병력을 증강시키고, 요크셔 전선에서의 패배한 군대와 접촉하여 명령을 내리기 위해 사신들을 보냈다.

랭커스터 추적

대관식 축제는 눈앞에 닥친 위험에 대처하는 요크 영주들의 급박함을 막지 못했다. 의식은 목요일 오후에 거행되는데, 금요일 이른 새벽에 모브레이는 부하들을 노퍽과 서퍽에 배치하기 위해 동쪽으로 떠났다. 토요일에 워릭은 세인트 올번스에서 자신의 휘하에서 싸우고 치핑 노튼에서의 후퇴를 함께 치른 군대와 북쪽 대로를 따라 행군했다. 그는 조심스럽게 움직이며 요크파의 모든 세력들과 합류하기까지 미들랜드의 요크파 기사들과 워릭셔와 우스터셔의 측근들을 모았다. 워릭이 출발한 후 4, 5일 동안 남부 주들에서의 징집 군인들이 런던으로 계속 흘러 들어왔다. 열째 날에는 보병들의 주축이 백작과 연합하여 진군하였다. 그들은 웨일스 국경에서 온 마치 사람들과 켄트를 위해 항상 요크파에 충성하는, 전 병력을 궁수로 바꾼 로버트 혼Robert

---

93   도버에서 런던을 지나 슈어즈버리 부근에 이르는 로마인이 만든 길.◎

Horne이라는 이름으로 유명한 대장 휘하의 켄트 사람들로 이루어진 약 1만 5천 명의 강군이었다. 마침내 에드워드 왕이-런던 시민들을 격려하고, 의심 많은 지지자들에게 호소하고, 함께 돈을 모으고, 즉위에 뒤따르는 수많은 서류들에 사인하느라 마지막 순간까지 뒤에 남아 있던-사병들과 함께 시민들의 격려를 받으며 헨리 왕과 그 아내에 대한 복수의 외침 속에서 출발했다.

워릭은 피츠월터Fitzwalter 제후임을 주장하는 존 래트클리프John Ratcliff 밑에 있는 몇몇 경기병을 앞에 세우고 조심스럽게 앞으로 나아갔다. 반면에 에드워드 왕은 전속력으로 달려서 레스터에서 군대의 선봉을 앞지를 수 있었다. 동부 자치주의 군대와 함께였던 모브레이는 준비가 덜 되어 있었다. 그는 왕보다 며칠 늦었고, 전투가 있기 전날까지도 나타나지 않았다.

북부 영주들이 노팅엄에서 며칠 동안 지체했기 때문에 랭커스터들이 트렌트 강 전선에서 싸우리라는 예상이 있었다. 그러나 워릭은 활동을 계속하는 동안 항상 적이 자신보다 먼저 후퇴하고 있음을 발견했다. 그들이 후퇴하는 길은 길 양쪽에 있는 불타는 마을들에 의해 추적될 수 있었다. 북쪽 사람들은 런던에서의 약탈물을 잃은 것에 매우 분노하며 자국으로 돌아갔다. 그들은 온 땅을 다 먹어 치우고, 말들을 털어내고, 숨어 있는 물건을 찾아 집들을 조각조각 찢고, 만나는 모든 남자와 여자 아이의 지갑과 옷을 빼앗고, 심지어는 그들에게 자선을 구하러 나온 거지들에게까지도 그렇게 했다. 그들에게 저항하는 사람은 모두 죽였다. 그들은 트렌트 강 너머라면 적국에 있는 것과 마찬가지라고 말했다. 남부 사람들 눈에 그들의 죄악은 차고 넘쳤다.

워릭과 에드워드 왕은 왕비와 북부 영주들이 약탈 부대를 트렌트 강 북쪽에 배치했음을 알게 되자 진군 방향을 정하는 일에 많은 어려움을 겪지 않았다. 랭커스터군은 요크로의 접근을 포괄하는 북쪽 도로의 어느 한 군데에서 발견될 것이 거의 확실했다. 로마인들이 북부와 남부를 연결하는 거대한 연락망을 구축한 이후의 모든 시대에서처럼, 북 잉글랜드의 운명이 결정되는 곳은 요크와 링컨 사이 전선에 있을 터였다. 유일한 의구심은 랭커스터군이 각각 공세를 취할 수 있는 돈Don 강이나 에어Aire 강, 혹은 워프Wharfe 강[94]을 방어하고 있을 것인지의 여부였다.

페리브릿지에서의 접전

3월 26일 금요일, 요크군은 피해를 입지 않은 채 돈 강을 건넜다. 하지만 다음 장애물 뒤에 적이 배치되어 있다는 소식을 듣기까지는 그리 오래 걸리지 않았다. 에어 강은 봄비로 급류가 불어나 다 건너기 전에 큰 문제에 부딪힐 가능성이 높았다. 헨리 왕은 아내와 아들과 함께 요크에 있었으나 그의 모든 영주들은 부하들과 함께 워프 강과 에어 강 사이를 중심으로 하는 타드커스터Tadcaster와 카우드Cawood의 마을들에 배치되어 있었다. 중앙군 야영지는 전투의 이름을 만들게 될 운명인 타우튼 교회에 어렵게 세워졌다.

이제 에어 강의 통로를 확보하는 일이 요크군에게 부여된 과업이 되었다. 이에 따라 피츠월터 경 휘하 선봉 부대는 로마 도로가 개울을 가로지르는 페리브릿지로 급히 보내졌다. 그곳은 예상과는 달리 비어 있었기에 모든 중요 다리를 확보했다. 에어 강 전선에서 승리한 셈이었지만, 이날 금요일은 유혈 없이 지나갈 수 있는 하루가 아니었다. 북부 영주들은 방어권을 잃게 만든 스스로의 부주의를 저주하면서 적의 전방부대를 치기로 결심했고, 요크군 본대가 나타나기 전에 페리브릿지에서 제압하기로 했다. 가장 가까운 곳

---

94   링컨에서 요크로 올라가는 길 사이에 순차적으로 놓여 있는 강들.◎

에 위치한 파견대를 지휘하던 클리포드 경이 타우튼에서 즉시 출발해 새로 도착한 요크군이 식사하는 동안 페리브릿지로 돌입했다. 피츠월터는 적들처럼 조심성 없는 식견을 갖고 있었다. 그는 준비되지 않은 상태로 상황에 임했고, 부하들은 그를 따랐으며, 부하들을 모으려고 할 때 살해되었다. 밤이 되자 클리포드는 도시를 장악한 후 아무런 방해 없이 잠을 잤다.

그러나 다음날 아침, 상황은 바뀌었다. 서머셋, 혹은 랭커스터 영주들의 협의회는 클리포드를 지원하기 위한 조치를 취하지 않았다. 본대가 후방 8마일 거리에 떨어진 타우튼 언덕에 천천히 모이는 동안 그는 원래 병력인 수천 명과 함께 페리브릿지에 홀로 남겨졌다. 한편 요크군 본대는 남쪽에서 페리브릿지로 접근하고 있었고 워릭의 수많은 삼촌들 중 가장 용감한 폴큰브릿지 경 휘하의 분견대는 막는 이들이 없는 3마일 떨어진 캐슬포드 Castleford에서의 위험한 돌파를 시도하고 있었다. 클리포드는 폴큰브릿지가 접근중이며 본대와 자신을 차단하려 한다는 소식을 듣고, 페리브릿지를 탈출해 본대로 돌아가기로 했다. 그는 순식간에 8마일 거리의 여정 중 6마일을 달려왔는데, 디팅데일Dintingdale 가까이에서 폴큰브릿지가 갑자기 매우 강력한 군세로 부대의 옆구리를 들이받았다. 클리포드는 동지들에게 너무 가까이 다가갔기 때문에 완전히 방심한 채 진군하고 있었다. 그래서 요크군은 그들이 싸우려고 준비하기도 전에 흩뜨려뜨렸고, 클리포드는 심지어 투구를 착용할 시간조차 없이 죽었다. 그의 부대에서 살아남은 사람들은 폴큰브릿지의 접근에 대해 듣지도 못한데다, 클리포드의 군대를 안전하게 보내기 위한 어떤 조치도 취하지 않은 정찰병들에 의해 형편없게 지탱되는 랭커스터 본대를 쫓아 달아났다. 무기력한 랭커스터 지휘관 네이Nay는 교전이 끝난 후에도 여전히 동지들과 몇 마일이나 떨어져 있는 상태였던 폴큰브릿

지를 습격하고 페리브릿지의 다리나 캐슬포드의 여울을 엉망으로 헝클어 놓기 위한 공격을 하지 않았다.[95]

랭커스터 군대

토요일 내내 요크군은 선봉을 보강하려고 올라왔지만, 도로와 날씨가 너무 안 좋아서 밤이 되었어도 후미는 아직 에어 강 너머에 있었다. 그러나 본대는 안전하게 색스튼 마을의 남쪽 능선에 집중되어 있었고, 에드워드의 4만8천 명 중 약 3만5천 명이 지독한 허기를 느끼면서도 전선을 이뤘다. 이튿날 군대의 우익을 형성할 예정인 뒤늦은 후미 호위대는 모브레이 휘하의 동부 군대로 구성되었다. 워릭이 가장 신뢰하는 두 친구들인 존 웬록 경과 존 딘햄 경과 함께였다. 그들은 일요일 아침 동이 트고 몇 시간 후가 될 때까지도 나타나리라고는 예상되지 않았다. 요크군 본대는 왕, 워릭, 그의 형제 존, 그의 삼촌 폴큰브릿지, 스크롭 경, 버너스 경Lord Berners, 스탠리 경, 윌리엄 헤이스팅스 경, 존 스태포드 경, 월터 블런트 경, 켄트 병력들의 지도자 로버트 혼, 그리고 많은 남부 주의 기사와 종자 들로 이루어졌다.

95　페리브릿지 전투 부분에서 저자 찰스 오만은 워릭 백작의 존재를 따로 언급하지 않는다. 하지만 현대 역사가들은 페리브릿지 전투에 워릭이 있었다는 입장이다. A. J. 폴라드A. J. Pollard는 『킹메이커 워릭Warwick the Kingmaker』(2007)에서 워릭 백작이 페리브릿지 전투에서 다리 부상을 입었으며 이 때문에 타우튼 전투에서 큰 역할을 하지 못했다고 주장한다. 이는 타우튼 전투에서의 워릭 백작의 활약을 다룬 다른 사료들과 대치되는 내용이다. 아마도 찰스 오만은 타우튼 전투에서의 워릭 백작의 활약에 대한 사료를 채택하면서 그와 상충될 수 있는 페리브릿지 전투에서의 워릭의 내용이 담긴 사료는 불분명하다고 여겨 고려하지 않은 게 아닌가 추측된다.◎

색스튼에 있는 요크군 진지에서 북쪽으로 2마일 떨어진 곳에 자리한 랭커스터군은 타우튼 언덕 중턱에 주둔하고 있었다. 그들은 장미전쟁 기간을 통틀어서 전장에 투입된 가장 큰 군대였다. 서머셋, 엑시터, 윌트셔에서 워릭의 권력 라이벌이 되려고 분투하는 제임스 버틀러 아일랜드 백작, 데번 백작 코트니가 있었다. 몰린스Moleyns·헝거포드·윌로우비는 남부에서의 랭커스터 지지자로서 참여했는데 그들은 세인트 올번스와 노스햄튼 전장에서 다치지 않은 채 뻔뻔스럽게 떠난 이들이었다. 앤드류 트롤로프 경은 작년에 러드포드에서 요크를 버리고 칼레에서 훈련을 받은 병사들의 나머지와 함께 그곳에 있었다. 그러나 붉은 장미 아래에서 복무하는 6만 명의 군인들 중 대부분은 북부 영주들의 부하들이었다. 노섬벌랜드의 헨리 퍼시는 자신의 모든 추종자들과 함께 직접 나타났다. 네빌가 손위 방계의 더럼 봉신들은 웨스트모어랜드 백작 랄프의 동생 존 네빌 경 휘하에 배치되었다. 비록 백작 자신은 (항상 그랬듯이) 직접 나서지 않았지만. 네빌과 퍼시 곁의 봉신들은 데이커, 웰스Welles, 루스, 보먼트, 몰리, 죽은 클리포드 경의 부대들이었다. 사실상 네빌가의 손아래 방계를 제외한 북부 주의 모든 제후와 기사 들이었다.

랭커스터의 입지는 매우 강고했다. 페리브릿지 북방 8마일 지점에 이르는 그레이트 노스 로드Great North Road의 측면은 나라를 둘러싸는 150피트가량 되는 긴 고원지대에 의해 이루어져 있었으며 요크의 평야를 가로막는 서쪽의 첫 고지대였다. 타드커스터로 가는 큰 길은 동쪽 방향을 따라 기어오르고 있었고, 바람은 북단을 돌았다. 그 서쪽은 홍수가 나는 바람에 큰 길에 위치한 다리의 몇몇 부분만 지나갈 수 있게 된 콕Cock이라고 불리는 하천에 의해 둘러져 있었다. 랭커스커군은 고원을 가로질러 늘어서 있었다. 그들의 좌익은 큰 길에, 우익은 콕의 가파른 제방에 닿고 있었다. 한 측면에는 침수된 하천이 있었고 다른 측면인 도로 쪽 높은 지대에 배치된 이들은 이동하다가 측면 공격을 받으면 자신을 노출시키며 평야로 내려와 적에 의해 회전할 수밖에 없는 상황이었다. 육만 명의 군대에게 땅은 매우 좁았다. 폭은 1.5마일도 채 되지 않았다. 랭커스터군은 보통의 잉글랜드군 관습과는 달리 그렇게 좁은 공간에 병사들을 밀어 넣기 위해 여러 개의 행렬로, 하나는 다른 하나의 뒤에 서는 식으로 정렬해야 했다.

색스튼Saxton에 있는 요크군은 랭커스터 전선에서 2마일 이내에 있는 고원의 남쪽 내리막길에 배치되어 있었다. 전반적인 배치는 고지대를 따라 배치된 무수한 횃불로 감지되었을 것이다. 워릭과 에드워드 왕은 비록 적에게 수적으로 열세임을 알았지만, 공격하기로 결정했다. 그들 각자는 복수할 아버지가 있었으므로 굳이 머릿수를 세고 싶지 않았다. 날이 밝기도 전에, 그 다사다난한 일요일 아침 4시에 요크 군대는 움직이기 시작했다. 왕은 말을 타고 열을 따라잡으며 병사들에게 정당한 이유가 있음을 기억하게 하고, 타우튼 고원을 완만하게 등반하기 시작했다. 본대에 조금 앞서 있던 좌익은 폴큰브릿지가 이끌었고, 중앙의 큰 무리는 워릭이 직접 맡았다. 왕은 예비군을 지휘했다. 우리가 더 이상 알 수 없는 군 상태의 세부 사항들이 있지만, 요크군의 전선은 3만 5천 명만이 정예였는데도 6만 명의 랭커스터인들이 점유하고 있는 너비와 동등하게 전방에 세워졌기 때문에 종심은 훨씬 얇았음이 틀림없다. 후에 노퍽이 이끄는 존재하지 않았던 우익 병력들이 나타나서 평야에서 적의 허를 찔렀다. 따라서 워릭의 계획은 분명 노퍽이 아무 방해 없이 랭커스터군의 측면을 칠 수 있도록 그들과 매우 가까이서 교전하여 주의를 끌기 위한 것이었으리라.

타우튼의 폴큰브릿지

　3월 아침의 어둑함 속에서 강렬한 북풍을 얼굴에 맞으면서 요크군 미늘창병과 궁수 무리가 산등성이를 오르기 시작했다. 그들의 접근을 방해하는 것은 없었다. 하지만 고원의 정상에서 천 야드 가량 전진했을 때, 그들은 타우튼데일Towtondale이라고 불리는 땅의 약간 들어간 저편에 전투 대형으로 늘어선 랭커스터군을 어렴풋이 보았다. 바람이 휘몰아치고, 랭커스터 군인들의 얼굴에 폭설이 내리기 시작했다. 눈발이 워낙 자욱해서 두 군대는 상대를 쳤을 때 튀어나오는 도발로서의 외침으로만 서로의 위치를 파악할 수 있었다. 적과 가장 가깝게 위치한 폴큰브릿지는 어떤 의미로는 눈이야말로 마음의 안정을 주는 매우 큰 역할을 함을 인정하기로 했다. 그는 궁수들을 고원의 움푹 들어간 끝으로 보냈다. 거기서 랭커스터군 종대들에 몇 번의 화살을 발사하고, 다시 전선으로 퇴각하여 돌아오라는 명령을 내렸다. 그들은 그렇게 하였다. 바람은 눈에 눈발을 맞느라 적을 볼 수 없었던 혼잡한 군중들에게 화살을 날려 보내어 괴롭혔다. 중요한 실행이 완수됐다. 이에 따라 모든 랭커스터군 궁수들이 공격에 회답하기 시작했다. 그러나 그들이 강풍에 맞서 쏘고 있을 때, 폴큰브릿지의 병사들은 일제 사격을 하고 철수한 뒤였다. 그 결과 북부인들은 무겁게 날아가는 화살을 요크군 위치에서 40~60야드 앞 빈 땅에 계속 쏟아부었다. 그들의 열정은 정신없을 정도로 너무 빨리 타올라서 화살은 신속하게 소진되었다. 이것이 알려지자 폴큰브릿지는 부하들을 다시 타우튼데일의 가장자리로 이끌었고 적의 우익에 치명적인 일제사격을 가했다. 랭커스터군은 거의, 또는 전혀 대응을 하지 못했다. 투척기 저장고를 거의 다 써버렸기 때문이었다. 공격을 받는 범위는 견딜 수 없을 정도로 커져갔다. 동시에 모든 병력은 움푹 들어간 곳을 가로지르며 백병전으로 적을 쓰러뜨리기 위해 타우튼데일로 뛰어드는 폴큰브릿지의 군대와 마주하며 충격을 받았다. 그 움직임은 서쪽에서부터 동쪽까지 전선을 따라 펼쳐졌고, 몇 분 만에 두 군대는 전면전으로 부딪쳤다. 따라서 랭커스터군은 자신들이 선택한 땅에서 싸우면서도 공격자가 되어야만 했고, 타우튼데일의 남쪽 경사면을 허위넘느라 비탈을 가진 불리함을 감수해야 했다.

타우튼의 워릭

장미전쟁의 모든 전투들 중에서, 아마도 잉글랜드 역사의 모든 전투들 중에서도 타우튼 전투는 가장 절망적이고 피비린내 나는 전투였다. 순전히 힘든 싸움에 있어서 그 사건에 견줄 만한 것은 없다. 아침 5시부터 정오까지 전투는 잠시도 누그러지지 않았다. 그 누구도 남부 사람들이 북부보다 덜 터프하다고 다시는 불평하지 않았다. 랭커스터 병사들은 몇 번이고 타우튼데일의 남쪽 비탈을 타고 올라와 요크군에게 몸을 던졌다. 때때로 단숨에 끌어내리거나 때로는 적을 뒤에서부터 압박했으나 결코 왕의 전선을 무너뜨리지는 못했다.[96] 공격 종대가 격퇴될 때마다 새로 배치된 군대가 자리를 차지했고 파이크의 진격은 결코 멈추지 않았다. 소란이 한창일 때 우리는 워릭을 언뜻 보게 된다. 장 드 와브랭Jean de Wavrin[97]은 '워릭 백작이 서있던 부분이 전투에서의 가장 큰 압박이 있었다'고 말했고, 휘섬스테드는 그를 '두 번

---

96   랭커스터군은 전장의 서쪽에 있는 캐슬 힐Castle Hill 숲에 병력을 숨겨두고 있었고, 이들은 요크군의 좌익을 공격했으며 에드워드 왕의 예비대가 이에 맞선 것으로 알려져 있다.◎

97   부르고뉴의 연대기 저자.◎

째 헥토르Hector[98]처럼 압박하며 어린 병사들을 격려한다'고 묘사했다.[99] 안개와 땅날림눈 속에서 길을 잃어 자신의 가까운 주위에서 일어난 일만 말할 수 있는 각 전투원에게 들을 게 많을 리가 없다. 그들은 우리에게 공포의 막연한 인상들을 남겼을 뿐인데, '죽은 사람들이 너무 두텁게 누워 있어서 산 자들이 가까이 오지 못하게 했다', '눈 위의 하얀색보다 더 붉었다'는 내용이 연대기에서 중요한 부분들이다. 10마일 떨어진 요크 민스터York Minster에서 성지주일聖枝主日[100] 미사에 참여하고 있던 헨리 왕은[101] 그정도로 잉글랜드인을 학살한 적이 없었기 때문에 기도를 두 배로 늘렸을 게 틀림없다.

랭커스터의 패배

워릭의 고집스러운 미늘창병들이 역경과 맞서 버티며 한참 동안 추구한 목적이 마침내 달성됐다. 요크군의 우익을 형성하기로 한 노퍽 공작 휘하 종대가 페리브릿지로부터 올라온 것이다. 그들이 올라오는 방향은 높은 도로가 고원에 접해 있는 랭커스터의 맨 왼쪽 편으로 나 있었다. 서머셋과 동료들은 요크의 모든 군대가 아직 자신들 앞에 다 있는 게 아니라고 의심하지 못할 정도로 전방에 너무 깊숙이 개입한 탓에, 좌익 너머에 나타난 새로운

---

98   헥토르는 그리스 신화의 명장으로 그에 빗대어 워릭 백작의 활약을 묘사한 것이다.◎

99   앙게랑의 몽스트렐레Monstrelet가 언급하고 워릭셔의 옛 이야기로 널리 알려진, 백작이 그의 부하들에게 그가 도망가지 않을 것임을 보여주기 위해 타우튼에서 군마를 죽였다는 이야기는 사실무근이다.

100   기독교에서의 부활주일 바로 전 주일이며 수난주간으로도 여겨진다.◎

101   '그는 싸우는 것보다 기도를 더 잘 했기 때문에 전장을 출입하는 게 금지됐다'고 요크 측 연대기 저자는 말했다.

군대에 대해 어떠한 대비도 할 수 없었다. 그래서 노퍽의 진격하는 종대들은 적군의 노출된 측면을 돌아 왼쪽 후면에 종사縱射[102]를 열 수 있었다. 그리고 그들의 더 중요한 역할은 침수된 콕에 있는 모든 퇴각로를 막아버리는 일이었다.

노퍽이 진격해온 효과는 즉각적이고 명백했다. 랭커스터군이 후퇴하면서 예상치 못한 적에 맞서는 새로운 전위를 만들려고 노력함에 따라 전투는 북쪽과 서쪽에서 동시에 펼쳐지기 시작했다. 그러나 그들이 요크군의 전선에서 모두 퇴각하기 시작한 순간, 요크군은 그들을 쫓았다. 노퍽의 도착은 워릭의 부하들에게는 워털루의 웰링턴 장군에게 블뤼허Blücher[103]가 도착한 것과 같았다. 하루 종일 방어적인 싸움을 한 후에 그들은 마침내 기회를 얻었고, 열심히 활용했다. 랭커스터 병사들은 막상 퇴각하기 시작했을 때, 자신들이 너무 맹렬하게 밀어붙여서 결코 새로운 전열을 형성할 수 없음을 깨달았다. 이들의 비대한 수는 좌측에 가해지는 압력이 점점 더 뚜렷해짐에 따라 점점 더 밀접되면서 으스러졌고, 만약 예비군이 아직 남아있었다고 해도 앞으로 데려올 방법이 없었다. 그러나 모든 연대기 작가들이 알고 있듯이, 북부인들은 당황하지 않고 계속해서 방향을 돌려서, 타우튼데일과 고원의 끝자락 사이의 모든 지점들에서 싸우려고 애썼다. 요크군은 둔덕에서 그들을 굴려 내리느라 세 시간이 더 걸렸다. 하지만 일단 내려가자 그들의 위치는 나빠졌다. 콕은 물에 잠기면 많은 곳이 걸어서 건널 수 없게 된다. 때때로 침수는 양쪽으로 50야드의 들판을 침대보처럼 덮으며 펼쳐지기도 했다. 유일

---

102 · 앞뒤로 늘어서 있는 목표를 직각 방향에서 공격함.◎

103 · 프로이센의 육군 원수로 워털루 전투에서 웰링턴 장군의 지원군으로 도착하여 나폴레옹의 패배를 이끌었다.◎

하게 안전한 퇴로는 타드커스터Tadcaster 길의 다리 하나였다. 랭커스터군이 벌인 이 필사적인 싸움의 유일한 결과는 이 치명적인 장애물이 그들의 바로 뒤에 놓이게 됐다는 것이었다. 모든 무리는 최선을 다해 강을 건널 수 밖에 없었다. 어떤 이들은 다리로 도망쳤고, 많은 이들은 물이 얕게 흐르는 콕을 건넜으며, 많은 이들은 포로로서 항복했다. 그러나 어떤 이들은 항복이 가능했지만 열 시간에 걸친 도살의 분노로 거칠어진 요크군을 만난 다른 이들은 아니었다. 수천 명은 더 나쁜 운을 가지고 있었다. 그들은 깊은 강으로부터 벗어나려고 애쓰거나, 달아나는 전우들에게 깔려 짓밟혔다. 그들은 요크의 검과 닿지도 않은 채 죽었다. 물에 발을 딛지 못하는 기사나 중장병 들은 모두 파멸을 맞이했다. 15세기 후반의 크고 무거운 갑옷은 그들을 다시 일어설 수 없게 만들었다. 심지어 투구와 가죽 상의를 입은 미늘창병과 궁수조차도 다시 일어서는 일이 어려움을 발견했을 정도니까 말이다. 그러므로 우리로서는 그날 콕이 수천 명을 죽였으며 물을 건넌 마지막 랭커스터 병사들은 동료들의 시체로 만들어진 다리로 건넜다는 연대기 저자들의 말을 믿는 게 당연하다.

심지어 이 끔찍한 장면도 살육의 끝이 아니었다. 요크 병사들은 전장에서부터 요크 관문 가까이 몇 마일 떨어진 곳까지 적을 추격하면서 그들이 그랬던 것처럼 계속 죽이고자 했다. 아내와 아들과 함께 있던 불운한 헨리 왕은 적군이 아직 뒤쳐져 있다고 경고할 기력이 남은 추종자들에 의해 마을에서 쫓기듯 나와서 기꺼이 더럼과 보더Border의 길을 택했다. 오직 시종장인 리처드 턴스털Richard Tunstal과 5명의 기수만이 이동 중에 그들을 보호했다.

요크파의 손실

워릭과 에드워드 왕은 추격중인 병사들을 거둬들이고 군사軍使들이 죽은 이들을 셀 때, 아버지들의 복수를 제대로 했음을 실감했을 것이다. 약 3만 구의 시신이 고원의 짓밟힌 눈 위에 누워 있거나, 콕의 진흙길을 가로막거나, 타드커스터와 요크로 가는 길에 흩뿌려져 있었다. 이 중 8천 구만이 요크군이었다. 칼은 랭커스터 지도자들에게 묵직하게 내려꽂혔다. 노섬벌랜드 백작은 치명상을 입은 채 부하들에 의해 이송되었지만 다음날 사망했다. 귀족들 중에서는 데이커, 네빌, 몰리, 그리고 웰스가 전장에 쓰러져 있었다. 데븐의 백작 토머스 코트니Thomas Courtney는 살아남았다. 동료들보다 더 나쁜 운명이게도 사형집행인의 도끼가 그를 기다리고 있었기 때문이다. 귀족 작위 아래 지도자들 중에 살해당한 사람으로는 칼레의 전 고위 사령관 앤드류 트롤로프 경, 데이커 경 랄프Ralph, Lord Dacre, 헨리 버킹엄 경, 그리고 그 밖의 이름을 세기가 지겨울 정도의 많은 사람들이 있었다. 그 학살은 한 세대 후 플로든Flodden 전투(1513)가 스코틀랜드 귀족 가문들에게 그랬던 것처럼 북부 기사 작위에 치명적이었다. 주인이나 상속인의 죽음을 애도할 필요가 없는 가문이 거의 없을 정도였기 때문이었다.

요크 병사들이 하루의 이른 시간 동안 치러야 했던 힘겨운 싸움은 그들의 계급에도 그 흔적을 남겼다. 8천 명이 쓰러졌는데, 이는 전장에 참여한 요크군의 여섯 명 당 한 명 꼴이었다. 그런데 그중에서도 지도자들은 운이 좋게도 멀쩡했다. 오직 존 스태포드 경과 켄트의 수장인 로버트 혼 경만이 사망했다. 싸움이 동등한 수준으로 이뤄지는 한 갑옷 속 기사들은 비교적 안전하다는 증거가 거기에 있었다. 갑옷은 패배한 군대의 지도자들에게나 치명적일 수 있음이 입증된 조사이기도 했다.

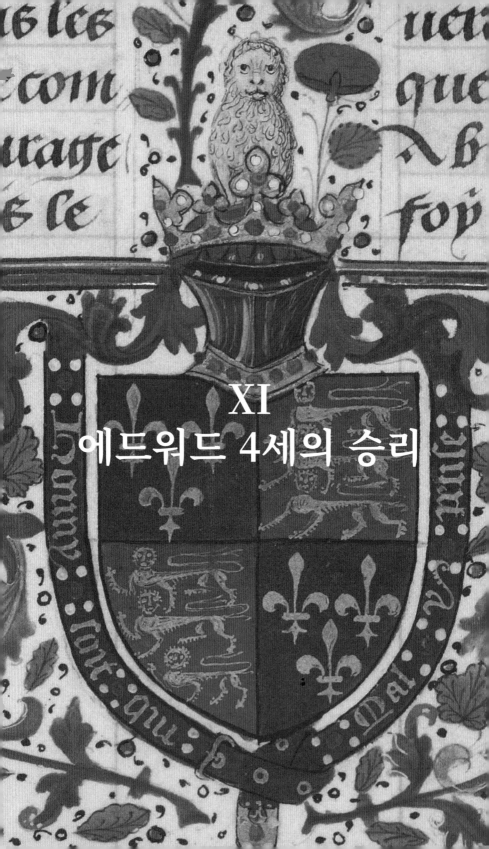

XI
에드워드 4세의 승리

그 피의 성지주일 저녁에 에드워드 왕과 워릭, 그리고 다른 요크 사령관들은 전장 인근의 마을에서 잠을 잤다. 그러나 다음날 아침 바로 그들은 승리의 열매를 맛보기 위해 피로한 군대를 진군시켰다. 오후에는 요크 관문 앞에 나타났는데, 요크와 솔즈버리의 머리들은 석 달 동안 내린 겨울비에 창백하게 되었음에도 여전히 남쪽 방향을 바라보는 중이었다. 시민들은 당시에는 일반적이었던 것처럼 아주 사소한 저항의 의도도 보이지 않았다. 하지만 살육에 취한 왕비의 군대가 남부를 약탈한 일에 대해 복수하기로 마음먹은 에드워드의 부하들이 장벽 앞에 서자 현기증을 느꼈을 것이다.

요크의 에드워드 왕

그러나 에드워드는 자신이 통치하는 동안 한 번도 굽히지 않았던 정책-다수에게는 엄격하게, 소수에게는 관대하게-을 이미 확고히 한 상태였다 시장과 시민들은 장미 귀족들로부터 받은 선물에 보답하기 위해 의심할 여지없이 '워릭 백작의 형제인 버너스 경과 존 네빌 경을 통해 은혜를 갚을 방법을 찾기로' 했다. 이 두 명의 영주는 시장과 시의회를 왕 앞에 세워 은혜를 내리게끔 했고, 그 후에 '장엄한 의식과 행렬로' 도시가 준비한 환영식을 보여줬다. 그곳에서 에드워드는 부활절 주간을 보내며 북부 정복을 위한 모든 준비를 마쳤다. 그가 한 첫 번째 행동은 아버지와 삼촌의 머리를 성문 위에서 내리고 경건한 장례를 치르는 것이었다. 그의 다음 행보는 요크와 솔즈버리가 받은 수모를 랭커스터 포로들에게 그대로 갚아주는 것이었다. 그들의 우두머리인 데븐의 코트니 백작과 엑시터의 서자는 시장에서 참수됐으며 잘린 머리는 남부로 보내져 런던교 위에 매달렸다. 남부에서 솔즈버리의 오랜 라이별이었던 월트셔 백작 제임스는 며칠 후 붙잡혔고, 똑같은 운명을 겪었다.

여러 요크셔 도시들의 항복은 오랜 시간이 걸리지 않았으며, 티즈 강의 남부 지역에는 더 이상 저항 세력이 없다는 게 곧 분명해졌다. 뿔뿔이 흩어진 랭커스터파들은 곧 요크셔에서 사라졌다. 미들햄과 셰리프 호튼에서 온 워릭의 소작농들은 자신들의 영주에게 랭커스터가 지배하던 시간 동안 그의 웨스트모어랜드 사촌들로부터 겪은 일들을 설명할 수 있었다. 북부의 다른 소수의 요크파들과 마찬가지로, 그들은 험한 대우를 받았다. 그들은 철저히 약탈당했는데, 웨스트모어랜드 가문은 네빌의 요크셔 영토가 큰집의 통제를 벗어났던 지난 20년 동안 쌓인 연체료 명목으로 쥐어짤 수 있는 모든 것을 빼앗았을 것이다.

부활절이 끝난 며칠 후, 워릭과 에드워드는 요크를 떠나 더럼으로 전진했다. 도중에 그들은 미들햄에서 랭커스터군이 저지른 약탈에도 불구하고 받을 수 있는 최대한의 환대를 받았다. 가는 곳마다 그들은 아무런 저항세력도 만나지 않았고 이대로 전쟁을 끝내는 게 너무 쉬워 보였기 때문에 왕은 워릭에게 북부를 안정시키는 임무를 맡기고 5월 1일경 귀성길에 올랐다. 존 네빌은 형제와 함께 남았으며, 네빌 가족 외에 북부에서 유일하게 중요한 두 명의 요크파 일원인 로버트 오글 경과 존 코니어스 경Sir John Coniers도 마찬가지였다. 왕은 곧 다가오는 런던에서의 축제와 의회에 필요한 나머지 영주들과 군대를 데리고 떠났다.

칼라일 공방

워릭이 받은 과업은 예상했던 것보다 훨씬 방대한 문제였다. 헨리 왕, 마

작자 미상
「프랑스 왕 루이 11세의 초상」
1470년경

거릿 왕비, 서머셋과 엑시터 공작, 헝거포드와 루스 경, 그리고 다른 살아
남은 랭커스터 지도자들은 스코틀랜드로 도망쳐서 작고한 왕의 정책을 유
지하고 요크파와의 전쟁에 헌신할 수 있도록 스코틀랜드 섭정들[104]을 유도
하는 데 성공했다. 유도를 위해 제안한 것은 베릭Berwick과 칼라일Carlisle
의 할양이었다. 도시는 즉시 넘어갔으며 '스코틀랜드인으로 빼곡히 채워졌
다.' 랭커스터파가 의지한 것은 스코틀랜드의 원조만이 아니었다. 그들은
프랑스 왕에게도 지원을 요청하기로 결정했기에 서머셋과 헝거포드는 가
능한 한 빨리 대륙으로 항해해 갔다. 그들은 즉위한 지 세 달밖에 되지 않
아 어느 쪽에서든 잉글랜드 내전에 참견하고 싶지 않았던 책략가 루이 11세
(1423~1483)의 지시에 의해 디에프에 머물렀으나, 반드시 결과를 얻는 게
그들의 사명이었다. 프랑스와 스코틀랜드의 원조를 받으리라는 희망을 제

---

104   제임스 케네디James Kennedy 주교, 로버트 보이드Robert Boyd 경과 그 동료들.

쳐두고라도, 랭커스터파는 여전히 쓸만한 자원을 갖고 있었다. 퍼시가 봉신들의 흩어진 몇몇 부대들은 아직 노섬벌랜드의 평야를 지켰으며 퍼시 가문의 초승달[105]은 여전히 애닉Alnwick, 뱀버러Bamborough 및 던스탠버러Dunstanburgh의 강고한 성채들에 떠 있었다.

워릭이 당면한 문제는 노섬벌랜드에 정착한 랭커스터파를 완전히 뿌리뽑음과 동시에 그들과 연대한 스코틀랜드인과 잉글랜드인 피난민들의 침입을 잘 감시하는 것이었다. 수비와 공격의 병행이 필요했던 이유는 한편으로는 퍼시가의 성들을 포위하기 위해서였고[106] 다른 한편으로는 스코틀랜드 국경의 군주들의 공습이 언제 어디서든 일어날 수 있는 긴박한 상황이었기 때문이다. 워릭은 타인Tyne 강 전선을 지키고 노섬벌랜드의 성을 감시하기 위해 군대를 분할했고, 타우튼에서의 공로로 몬태규 경이 된 그의 형제 존은 서西스코틀랜드 마치에 대한 스코틀랜드의 공격을 방어하는 병력을 통솔했다.

6월에 스코틀랜드와 잉글랜드 망명자들이 강제로 국경을 넘어왔다. 랭커스터파 지도자들, 엑시터 공작과 그레이 드 루즈몬트 경Lord Grey de Rougemont은 이미 베릭을 바친 것처럼 약속한 칼라일을 함락하기 위해 밀어붙였다. 그러나 도시는 성문을 굳게 닫았다. 침입자들은 할 수 없이 교외를 불태우고 규칙적인 포위 공격을 가하는 것에 만족할 수밖에 없었다. 그러나 갑자기 등장한 몬태규에게 급습당해 수천 명을 잃고 국경까지 후퇴해야 했다. 전사자 중에는 타우튼에서 죽은 귀족의 형제인 존 클리포드도 있었다.

거의 동시에 또다른 습격이 있었다. 루스 경과 전 대법원장 존 포테스큐 경Sir John Fortescu, 그리고 웨스트모어랜드 네빌가의 두 사람인 토머스와

---

105   초승달은 퍼시 가문의 상징이었다.◎

106   15세기의 포위 공격이란 더디고 피곤한 일이었다.

험프리가 이끄는 기동대는 중부 스코틀랜드 마치Middle Marches에서 나와서 더럼 주에서의 봉기를 시도했다. 그러나 그들은 브란스페스Brancepeth의 선조로부터 내려온 네빌 영토에 가까이 갔을 때 워릭이 보낸 군대에 의해 무너졌고, 6월 26일에 양동작전으로서 나왔던 본대로 다시 비참하게 돌아갔다.

이 두 번의 패배는 랭커스터 가문의 스코틀랜드 동맹국들의 의욕을 사그라들게 만들었다. 설상가상으로 그들의 국경 내부에서 곧 문제가 발생했다. 북부에는 늘 불만에 찬 귀족 세력이 존재했다. 에드워드 왕은 그중 로스 백작Earl of Ross과 조약을 맺음으로써 하이랜드Highland와 웨스턴 아일스Western Isles에서 대규모 반란을 일으켜 스코틀랜드 섭정들에게 보복할 수 있었다. 가을 무렵이 되어 국경에서의 당장의 위험이 사라지자 워릭은 북부 총독 직위를 내려놓고 남부로 와서 영지를 잠시 방문한 뒤 11월에 웨스트민스터에서 열리는 에드워드 왕의 첫 의회에 출석하라는 명령에 따를 수 있었다.

에드워드 4세의 성격

워릭이 북부에서 일하는 동안 왕은 런던에서 자신의 명령을 따르는 왕실을 갖게 되었다. 스무 살의 에드워드 4세는 훗날 발전하게 될 모든 개인적 특징들을 이미 보여주고 있었다. 15세기적 정신은 그에게 각인되어 있었다. 그는 세련되고 잔혹하며, 가장 나이 많은 정치가처럼 능숙하게 사람들을 부추기고, 가장 나이 많은 병사처럼 위험 앞에서도 침착했으며, 가장 고위급 신하조차도 함부로 대할 수 없는 그런 군주였다. 그러나 온갖 종류의 과시와 사치를 지나치게 좋아했고, 갑작스러운 게으름이나 순간의 변덕이나 이기적인 충동으로 인해 정책을 악용하는 경향이 있었기 때문에 때때로 그는 사소한 자기 방종의 부덕조차 없는-아마도 워릭 같은-사람에게는 거의 경멸적으로 보였음에 틀림없다. 죽은 지 아직 여섯 달도 채 되지 않은 아버지와 형제를 애도하면서, 그의 위엄에 완전히 굴복하지 않은 왕국에서, 텅 빈 국고, 그리고 타우튼에서 살해당한 일족들에 대한 피투성이 불화를 간직한 잉글랜드의 귀족과 상류층의 절반을 데리고, 에드워드는 과거와 미래에 대한 모든 생각을 버린 채 갑자기 많은 재산을 물려받게 된 상속인의 대담한 유머감각을 키웠다. 워릭이 북부의 전장에서 싸우는 동안 대관식 연회의 성대함이 그의 마음을 사로잡고 있었던 주요 사건이었던 것으로 보인다. 마상창시합과 연회와 행렬, 도시 고관대작들의 화려한 환대, 아낌없이 수여한 시상과 작위에 대해 읽다 보면 그가 단단히 뿌리내린 왕이 아니라 휘둘리기 쉬우며 무장한 적들과 몰래 음모를 꾸미는 역적들에게 둘러싸인 불안정한 주권자였음을 떠올리게 된다.

　에드워드가 타우튼 전장에서 귀환한 후 수여한 시상 목록에서 워릭은 자신이 빠지지 않았음을 발견했다. 1458~1459년 동안 수행했던 직위는 복원되어서 그는 다시 칼레 성채와 도시의 수장이었고, 마치 오브 피카르디 March of Picardy의 대리인, 잉글랜드의 대시종장Grand Chamberlain, 랭커스터 공작령의 고등 관리인High Steward이었다. 또한 그는 도버해협 총사령관Constable of Dover과 싱크 항 관리인Warden of the Cinque Port, 뮤스와 폴큰의 주인Master of the Mews and Falcons, 페크햄 숲과 장원의 관리자Steward of the Manor and Forest of Feckenham가 되었다. 북부에서의 그의 지위는 스코틀랜드와의 모든 협상을 담당하는 대리인 및 사절, 그리고 동부와 서부 스코틀랜드 마치의 병참감 및 관리인Warden and Commissary General of the East and West Marches으로 임명되며 공고해졌다.

나머지 네빌 일가도 간과되지 않았다. 존 네빌은 이미 언급했듯이 몬태규의 귀족 작위를 받았다. 엑시터 주교 조지 네빌은 다시 대법원장이 되었다. 타우튼에서 너무나 용맹하게 싸웠던 폴큰브릿지는 켄트 백작으로 임명됐다. 게다가 1459년 샌드위치에서 워릭에게 지대한 공헌을 했으며 그의 가장 충실한 지지자였던 존 웬록 경은 제후 작위를 수여받았다. 우리는 앞으로도 그를 튜크스버리 전장에서 죽을 때까지 후원자의 대의에 충성을 다한 사람으로서 발견할 것이다. 비록 함께 이뤄진 다른 몇몇 창조된 작위의 수여가 고갈된 귀족 계급을 부풀리게 하긴 했지만, 네빌가는 합당한 보상을 받지 못했다고 불평할 수 없었다.

워릭의 우위

처음부터 왕이 사촌의 타고난 우월함에 분개했다고 보기는 어려울 것이다. 서로의 의지가 상충했을 때 서른세 살의 숙련된 전사는 조숙한 스무 살의 젊은이를 제압했으리라. 에드워드가 워릭 밑에서 군사학을 배웠던 1459~1460년 동안의 군사 작전들은 모티머스 크로스에서 스스로 승리의 월계관을 쓰고 타우튼의 피투성이 승리로 평등한 명예를 누린 후에도 마음에 오랫동안 감명 깊게 남았을 것이다. 리처드 네빌이 어린 왕과 밀접하고 지속적인 접촉을 유지하고 있는 한, 그의 세력은 계속될 수 있었다. 그 후 몇 년 동안 백작은 임무 수행을 위해 에드워드의 편에서 멀리 떨어졌을 때, 그의 사촌과의 관계가 소원해지고, 자신에게 충고하는 자들에게 반발하며, 네빌 가문의 구성원으로부터 전달되는 모든 계획들을 무효화하려고 노력하는 에드워드를 목격하게 된다.

우리는 1461년 11월과 12월에 있었던 워릭의 의회에서의 개인적인 행동에 대해 특별한 주의를 기울이지 못했다. 그러나 그의 형제인 대법관 조지 네빌의 말은 틀림없이 온 가족이 채택한 태도를 대변했다. 그의 말은 '방식과 행동을 바꿔라'였고, 담론의 취지는 지난 세대 잉글랜드의 고질병이 랭커스터 가문의 왕위 찬탈 행위로 인해 합당한 후계자들을 너무 오랫동안 방치한 국가적인 변절에서 비롯되었다는 지적이었다. 이제 새로운 왕권이 시작되면서, 국가적 윤리의 개혁에는 제대로 된 잉글랜드의 귀환을 위한 그들의 적법한 충성이 동반되어야 했다. 요크 의회가 통과시킨 열네 명의 귀족들과 많은 기사와 종자 들에 대한 포괄적 사권박탈법은 새로운 시대를 여는 그다지 좋은 시작은 아니었을지도 모른다. 하지만 어쨌든 이는 네빌가의 지도 하에 왕의 의회가 기존안으로 침해될 수 있었던 많은 개인들의 권리를 보장함으로써 하원의원들의 열기를 가라앉힌 공로로 기억해야 한다.

더욱이 정부는 마지막 투쟁에 직접적으로 관여하지 않았던 랭커스터파의 많은 미온적 지지자들에게 화해의 기회를 허용했다. 워릭 덕분에 그의 사촌 웨스트모어랜드의 랄프는 웨이크필드와 세인트 올번스 전투에서 형제의 지휘에 따른 일과 부하들의 행실로 인해 불이익을 받지 않고 사면되었다. 랄프는 의회에 소집되었고, 요크의 일관된 지지자 수준으로 대우받았다. 옥스포드 백작도 왕에 대한 반역으로 인해 권리를 박탈당할 때까지 같은 호의를 받았다. 낙관적인 사람들은 벌써부터 에드워드 왕과 그의 보좌관들이 사면의 일반적인 승인으로 내전을 종식시키도록 유도할 수 있기를 희망하면서, 라이벌인 헨리에게 왕위 다음 서열을 주며 잉글랜드로 돌아올 것을 권유할 수도 있겠다고 생각했다. 그러나 그런 자비와 화해는 보통의 요크파 사람들에게는 없었다. 그리고 그때의 일반적인 여론은 아마도 "내가 보기엔 왕이 적과 같았던 자들과 시민들을 압제한 자들을 받아들였음에도 불구하고 정작 왕을 보좌했던 사람들은 보상받지 못했어. 이는 재고되어야 하고 그렇지 않으면 해를 입고 말 거야"라고 불평했던 패스튼의 편이었을 것이다.

XII
북부에 찾아온 평화

1461~1462년의 겨울에 평화주의자들이 바라던 게 무엇이었든, 굽힐 줄 모르는 앙주의 마거릿이 여전히 거리낌없이 잉글랜드의 평온을 망치려는 음모를 꾸미는 이상 평화가 찾아올 가능성은 현실적으로 없었다. 1461년 여름 스코틀랜드 동맹군의 패배는 그녀를 더욱 자극하고 박차를 가하게 만들었을 뿐이다. 겨울에 에드워드 왕의 의회가 웨스트민스터에 앉아있는 동안, 그녀는 잉글랜드의 여러 지역에서 일제히 반란을 일으키는 동시에 카스티야 함대가 지원하는 프랑스와 브르타뉴의 급습이라는 새로운 계획을 부화시키느라 바빴다. 서머셋과 헝거포드가 프랑스 왕으로부터 약간의 원조를 받았고, 마거릿은 그 작은 토대 위에 잉글랜드 침공이라는 원대한 꿈을 품었다. 스코틀랜드의 공습과 웨일스의 반란, 건지와 저지Jersey에서의 브르타뉴군의 습격, 그리고 저 대규모 프랑스군의 샌드위치 상륙이 동시다발적으로 일어날 참이었다.

'날씨와 바람만 협조적이었다면, 봉헌축일Candlemass Day에는 잉글랜드에 12만 명이 진격해야 했다.'

그러나 날씨와 바람은 불리했고, 계획의 유일한 가시적 결과는 동부 지역 저항 세력의 수장으로 임명됐던 옥스포드 백작의 목숨을 희생한 것이었다. 그는 에드워드 왕의 호의를 받고 있었기에, 그가 왕비의 라이벌로부터 관용적 대우를 받던 바로 그 시기에 하필 왕비와의 서신 교류가 적발된 것에 대해 조금 불쌍히 여길 필요가 있다. 그러나 그와 그의 아들이 사형을 당한 시기를 보면 악의적 의도가 있었다고 봐야 하는 것이, 귀족들 앞에서 집행된 정식 재판이 아니라 우스터 백작이 잉글랜드의 보안무관장Constable으로서 집행한 특수하고 위헌적인 법정에 의해 처형됐다는 점이다. 이 악의적인 선례에 대해 워릭은 에드워드만큼이나 책임이 있다.

그러나 앙주의 마거릿은 아직 포기하지 않았다. 겨울의 폭풍우가 잠잠해지고 서머셋이 기대했던 결과물 없이 프랑스에서 돌아오자마자 그녀는 루이 11세를 부추기고 대륙의 여러 친척들로부터 도움을 받기 위해 직접 나섰다. 그녀는 어린 아들과 함께 아일랜드해를 통해 스코틀랜드에서 탈출하여 랜즈엔드곶을 돌아 브르타뉴 해변에 상륙했다. 공작은 그녀에게 12만 크라운을 주고 앙주에 있는 그녀의 아버지 르네Réné에게 데려갔다. 그 궁정에서 그녀는 루앙Rouen에 있는 루이 왕에게로 갔다. 그녀는 예상했던 것보다는 큰-그녀의 희망사항에는 훨씬 못 미칠지라도-성공을 거두었다. 루이 왕은 이미 세느 강 입구에 브르타뉴군과 카스티야의 군함들로 보강된 함대를 집결시켰음을 보여줬다. 마거릿이 약속한 칼레와, 어쩌면 영국해협제도까지 포함하는 할양 협정의 대가로 그는 주저없이 전쟁에 나서기로 했고, 잉글랜드 침공을 위한 군사력을 마거릿에게 맡겼다. 루이 왕이 이 군대의 수장을 택한 방법은 그의 성격을 잘 보여준다. 그는 당시 아버지가 총애한 사람이자 자신의 적이었던, 몰레브리에Maulévrier 백작Count이자 노르망디 관리자 Seneschal 피에르 드 브레제Pierre de Brézé를 유폐 중이었다. 드 브레제는 용맹한 기사이자 숙련된 지도자였다. 그는 몇 년 전 잉글랜드 전쟁에서 활약하고, 샌드위치 침탈에서도 공을 세웠다. 왕은 그에게 감옥에 머물 것인지 아니면 마거릿을 도와 스코틀랜드 원정을 갈 것인지를 선택하게 했다. 알려진 바로 드 브레제는 로슈Loches의 지하감옥을 싫어한 것만큼이나 고민하는 왕비를 도우려는 기사도 정신에서 선뜻 후자를 택했다. 눈엣가시에게 위험한 임무를 맡겨 쫓아내게 되자 흡족했음이 분명한 루이 왕은 그에게 2만 리브르와 마흔 척의 배, 그리고 약 2천 명을 하사하며 왕비가 가는 길을 따르도록 했다.

스코틀랜드와의 담판

루이와 마거릿이 협상을 하는 동안 그들의 잉글랜드 적들은 여느 때와 다름 없는 활기로 움직이고 있었다. 5월이 다가올 무렵 워릭은 북부 국경 지휘권을 다시 맡아 지난 해에 시작한 일을 끝내기 위해 행군했다. 그는 이미 스코틀랜드 영토에 있었고, 전령을 통해 스코틀랜드 섭정자들로부터 평화를 원한다는 메시지를 전해 들었을 때에는 적어도 국경 북쪽의 성 하나를 취한 상태였다. 지난해에 작성된 그의 위임장에 의하면 워릭은 그런 상황에 대한 전권을 쥐고 있었다. 이에 의거해 그는 군대를 돌려보낸 후 덤프리스 Dumphries로 가서 스코틀랜드의 메리 여왕대비Dowager와 섭정자들 대다수를 만났다. 그들은 성 바르톨로뮤 축일St. Bartholomew's Day[107]까지 휴전하기로 약속하고 평화 조건들을 논의하기 시작했다. 일반적인 세평에 의하면 스코틀랜드가 랭커스터가의 뿌리를 포기할 준비가 되어있을 뿐만 아니라 헨리 왕의 사람까지 바칠 준비가 되었다고 한다. 더욱이 잉글랜드 왕과 스코틀랜드 공주와의 혼인으로 동맹을 맺자는 언급도 있었다. 주로 여왕대비의 영향력[108]에 의해 초래된 이 새로운 첫걸음은, 몬태규에게 지휘되며 노섬브리아 요새들을 축소시키고 있었던 워릭의 군대에 맞서 협상기간 동안에도 아무런 지원 없이 외롭게 저항하고 있던 랭커스터 잔당에게 영향을 미쳤다. 헨리 왕은 스코틀랜드 궁정에서 도망쳐 잉글랜드와의 평화를 반대하던 섭정자들의 우두머리 중 하나인 세인트 앤드루스St. Andrews[109]대주교의 성으로

---

107   8월 24일.◎

108   전해지는 이야기에 따르면 메리 여왕대비는 서머셋 공작에게 지나친 호의를 베풀었다. 그는 공개적으로 자신의 성공적 사랑에 대해 떠벌렸고, 이후 여왕은 그의 영원한 적이 되었다.

109   스코틀랜드 동부에 위치한 항구 도시.◎

피신했다. 타우튼 전사자의 형제인 다크레 경은 몬태규에게 항복했고, 런던으로 보내진 그를 에드워드 왕은 은혜를 베풀어 받아들였다. 심지어 랭커스터파 수장인 서머셋조차 낙심하여 워릭에게 비밀 서신을 보내 사면의 여지가 있는지를 확인했다. 그 사이에 나워스Naworth 요새는 몬태규에게 항복했고, 더 중요한 거점인 애닉 성은 포위 공격을 위해 분리되어 활동하던 헤이스팅스 경에게 굴복했다. 윌리엄 턴스털 경Sir William Tunstal이 뱀버러 성을 포기하며 모든 북부 요새들 중 던스탠버러 성만이 랭커스터파의 손에 남아 있었지만, 그마저도 해를 넘기기는 어려울 것처럼 보였다.

북부의 마거릿

전쟁이 실질적으로 끝났다고 생각한 워릭은 남쪽으로 몸을 돌려 런던으로 가서 스코틀랜드의 제안을 왕에게 전달했다. 그러나 그는 국경을 오래 떠나 있을 수 없었는데, 마거릿 왕비의 재등장으로 인해 전반적 상황이 다시 한번 바뀌었기 때문이다.

몬태규와 워릭이 북부에 있었을 때, 에드워드 왕은 프랑스의 침공 소문으로 심히 초조했다. 프랑스와 에스파냐 선박 일흔 척이 영국해협을 맴돌았고, 급히 함대 증강에 착수했던 폴큰브릿지는 성공하지 못한 채 돌아왔다. 프랑스 군대는 피카르디에서 소집되었고, 마거릿 왕비는 오랜 임금 체불로 인해 폭동을 일으킨 칼레 수비대를 부추기느라 불로뉴Boulogne에서 여름을 다 보냈다. 그러나 칼레의 반란은 실패했고 루이는 잉글랜드에 대해 어떤 적극적인 시도도 하지 않았기에, 왕비는 결국 인내심의 한계에 다다랐다. 그래서 의지할 것이라곤 피에르 드 브레제와 그의 2천 명의 병사들뿐임에도 불구하고 직접 잉글랜드로 가기로 했다. 10월 초에 항해를 시작한 그녀는 동부 해안을 넘어 노섬벌랜드에 상륙했으며 북부 지역 전체가 그녀를 돕기 위해 일어날 것을 기대했다.

마거릿이 기대한 전반적인 봉기는 일어나지 않았지만, 그녀의 도착이 아무런 영향도 없었던 것은 아니다. 애닉과 뱀버러 성 모두 그녀의 손에 들어왔는데, 전자는 식량 공급이 전면 차단되어 기근으로 인해 일주일도 버틸 수 없었기 때문이었고, 후자는 주 장관의 형제가 배신했기 때문이었다. 이 뿐만이 아니었다. 왕비의 존재는 스코틀랜드 섭정자들을 움직여 잉글랜드와의 협상을 중단하고 최근에 체결된 휴전을 비난하게 만들었다. 워릭의 정치적 수완과 몬태규의 검이 1462년의 잉글랜드를 위해 한 모든 것이 일주일 사이에 물거품이 된 것이다.

동계 군사 작전

마거릿의 출현이라는 반갑지 않은 소식이 런던에 도착한 순간, 워릭은 참사를 수습하기 위해 달려갔다. 뱀버러 성의 몰락 이후 불과 8일 만에 그는 이미 2만 명이 넘는 군인들의 우두머리가 되어있었고, 서둘러 북부로 행군했다. 왕은 노섬벌랜드에 상륙한 정확한 병력 수를 모르는 채 모을 수 있는 모든 사람을 모아 서둘러 파견했으며, 남부의 모든 병력을 징집하여 몸소 뒤따랐다.

요크군이 사건 현장에 다가갈수록 그들의 임무는 수월해 보였다. 겨울이 다가오면서 스코틀랜드는 군대를 전쟁터로 내보내지 않았고, 랭커스터군과 프랑스 동맹국들도 성에서 나오려 하지 않았다. 그들이 행한 일이라야 세 곳의 거점을 강화하고 식량을 보충하는 것이었다. 애닉 성에는 피에르 드 브레제의 아들과 헝거포드 경, 그리고 프랑스인 몇 명이 배치됐다. 왕비가 프랑스에서 돌아오자마자 워릭과의 비밀 협상을 중단한 서머셋은 뱀버러 성을 손에 넣었으며 루스 경과 펨부르크의 백작 재스퍼가 함께했다. 퍼시 가문의 전사인 랄프 퍼시 경Sir Ralph Percy은-노섬벌랜드의 상속인인 조카가 미성년이었으므로-던스탠버러 성을 강화하였다. 한편 왕비는 워릭이 접근하자 아군을 버리고 드 브레제와 프랑스 용병들의 호위를 받아 아들과 귀중품을 실은 스코틀랜드로 가는 배를 띄웠다. 그러나 때는 바야흐로 11월이었고 바다는 거칠었기에 뱀버러 성을 빠져나오자마자 폭풍우를 만났다. 그녀와 다른 세 명이 타고 있던 배는 바위투성이인 해안으로 휩쓸렸고, 그녀 혼자 어선을 타고 간신히 목숨을 건져 베릭에 닿을 수 있었다. 그녀의 보물들은 바다 속으로 사라졌고, 그녀를 따르던 프랑스인 4백 명은 홀리아일랜드Holy Island 해안에 조난되어 다음날 몬태규가 보낸 병력에 항복해야 했다.

워릭은 뉴캐슬에 도착했고, 뒤를 따라 행군하던 에드워드 왕은 며칠 뒤에 도착했다. 바야흐로 11월이었고, 가뜩이나 황량하고 인구가 적은 북부 지역에서의 동계 군사 작전은 15세기에는 비참한 만큼이나 비정상으로 보였지만, 워릭은 스코틀랜드가 움직일 시간을 갖기 전에 랭커스터의 새로운 침공을 끝내야겠다고 결심했다. 운 좋게도 우리는 세 개의 퍼시 성을 동시에 포위한 워릭의 활약상을 당시 실제로 참전했던 군인의 펜을 통해 모두 전해들을 수 있다.

군대는 다음과 같이 구성되었다. 에드워드 왕은 예비군과 함께 요크와 남부를 견제하며 더럼에 주둔했다. 노퍽 공작은 전방으로의 급양과 군수품 호송, 그리고 뉴캐슬과 전쟁터의 군대를 연결해주는 30마일에 이르는 연락망을 끊으려고 배회하는 스코틀랜드나 퍼시의 봉신 부대들로부터 방어하는 임무를 담당했다. 요새를 약화시키려는 워릭의 조속한 명령에 따라 병력은 네 개로 분할되었다. 성들은 서로 상당한 간격을 두고 있었다. 우선 바다로 돌출된 곳에 위치한 북부의 뱀버러 성은 노르만족이 세운 후기 외루로 둘러쳐져 있었다. 다음 던스탠버러 성은 남쪽으로 9마일 떨어져 있었고 역시 해안에 위치해 있었다. 마지막으로 던스탠버러 성에서 남서쪽으로 5마일 밖에 위치한 애닉 성은 바다에서 3마일 떨어져 있었으며 아른Alne 강이 내려다보이는 언덕 위에 있었다. 던스탠버러 성과 뱀버러 성은 바다로부터 구제하지 않는 이상 비교적 포위와 봉쇄가 용이했다. 세 개의 성 중 가장 크고 강한 애닉 성은 모든 방향을 폐쇄해야 했으며, 가장 힘든 임무였다. 운 좋게도 워릭은 애닉 성의 성벽을 따라 나있고 던스탠버러 성과 뱀버러 성과도 가까웠던, 데블스 코즈웨이Devil's Causeway로도 알려진 로마 도로를 외부 병력 연결에 사용할 수 있었다. 각 성에는 봉쇄 부대가 배치됐다. 세 곳 중 스코틀랜드에 가장 가깝고 지원군의 공격에 가장 많이 노출된 뱀버러 성에는 국경을 샅샅이 꿰고 있는 몬태규와 로버트 오글 경이 배치됐다. 던스탠버러 성은 우스터의 팁토프트 백작과 랄프 그레이 경Sir Ralph Gray에게 포위되었다. 애닉 성은 폴큰브릿지와 스케일스 경이 감시했다. 워릭은 군대와 함께 애닉 성에서 3마일 떨어진 워크워스Warkworth에서 그의 지원을 필요로 하는 곳으로 이동할 준비를 갖췄다.

애닉 성을 포위하다

고용된 병력은 뉴캐슬과 더럼의 연락 부대를 제외하더라도 최소 3만 명이었다. 한겨울에 인적이 드물고 척박한 땅에서, 게다가 단 하나의 길에 의존해야 하는 상황에 이만한 병력을 먹여살리기란 쉽지 않았다. 그럼에도 불구하고 워릭의 지휘는 완벽하게 매끄럽고 정확하게 수행되었으며 이는 조직 운영에 대한 그의 재능이 전장에서의 군대 통솔력만큼이나 뛰어남을 증명한다. 전해지기로는 매일 아침 백작이 말을 타고 세 개의 포위 부대를 방문하여 '상황을 감독하고, 식량이나 다른 필요한 것이 있으면 그의 전권을 발휘해 조달하게끔' 했다고 한다. 하루에 그가 달린 거리는 도합 30마일 이상이었다. 군대는 활기가 넘쳤고 성공에 대한 확신에 차 있었다. 노퍽의 수송대를 앞뒤로 호송하는 임무를 맡고 있었던 존 패스튼John Paston은 '우리는 병사들을 소중히 여긴다'며 '우리 앞에 위험이 없으므로, 집에 있는 것만큼 즐겁게 있다'라고 썼다.

성탄절의 포위 공격은 랭커스터파가 봉기했을 때 그들이 가장 예상하지 못했던 것이었다. 그들은 겨울 내내 자신들의 입지를 강화시킬 수 있을 것으로 기대했다. 그러나 스코틀랜드에서 즉각적인 원조를 받을 희망은 없었으며, 3주간의 봉쇄로 뱀버러 성과 던스탠버러 성 수비군은 지칠대로 지쳐서 사기가 너무 꺾인 나머지 항복에 대한 고려를 시작했다. 서머셋은 앞서 언급했듯이 에드워드 왕으로부터 은혜를 얻으려는 목적으로 반 년 전에 워릭과 조약을 맺고자 했다. 그는 이제 워릭에게 제안을 갱신하여 자유 사면을 대가로 뱀버러 성을 넘겨주겠다고 약속했다. 던스탠버러 성 사령관인 랄프 퍼시 또한 비슷한 조건을 제시할 준비가 되었다고 고백했다.

서머셋과 퍼시의 청원을 워릭이 지지하고 에드워드 왕이 승인한 것은 다소 놀라운 일이다. 그러나 웨이크필드의 비극이 발생한 지 2년이 지난 지금, 왕과 그의 사촌은 모두 진정으로 평화를 모색하고자 했으며, 보퍼트와의 혈투를 잊기로 했다. 그리하여 1462년 크리스마스 이브에, 에드워드 왕에게 충성을 맹세하고 사면받기로 한 수비대와 무장해제 후 흰 말뚝들white staves을 들고 스코틀랜드로 은퇴하기로 한 펨부르크의 재스퍼와 루스 경이 이끄는 나머지는 뱀버러 성과 던스탠버러 성의 성문을 활짝 열었다. 서머셋과 퍼시는 더럼으로 가서 왕에게 충성을 맹세했다. 에드워드 왕은 특별히 서머셋에게 개인 경비로 일주일에 20마크와 연간 1천 마크의 연금을 약속하면서 '자신이 입던 의복과 큰 포상을 내렸다.' 충성심의 증표로 서머셋은 스코틀랜드 영토를 워릭이 차지할 것을 제안했고, 그에 따라 애닉 성의 포위 공격을 돕기 위해 파견되었다. 퍼시에게도 같은 호의가 베풀어졌다. 왕은 신임의 증표로 그를 서머셋이 금방 넘긴 뱀버러 성의 사령관으로 임명했다.

에드워드 왕은 주요 적들이 항복한 후, 북부에서 자신이 더 이상 필요 없다고 판단했다. 따라서 그는 군대 대부분을 이끌고 귀성길에 올랐고, 애닉 성의 포위 공격을 마무리 지으라며 워릭에게 노퍽과 우스터 백작이 이끄는 1만 명의 군대를 남겼다. 서머셋은 그들과 함께 남는데, 과거의 적들에게 지나치게 신뢰받거나 지나치게 경멸받지도 않았다. 그러나 워릭의 마지막 포위전은 뱀버러 성이나 던스탠버러 성처럼 평범하게 끝날 운명이 아니었다. 헝거포드 경과 드 브레제의 아들은 항복할 기미를 보이지 않았고, 그들의 방어는 1463년 1월 6일까지 이어졌다.

애닉 성에서의 구출

그날, 겨울 아침 5시 어스름 무렵 갑자기 워릭의 참호 앞에 정찰대가 나타났다. 한겨울임에도 불구하고 마거릿 왕비는 스코틀랜드에서 가장 막강한 귀족이자 그 무렵 더글라스가Douglases의 실질적인 수장인 앵거스 백작Earl of Angus을 자극하여 잉글랜드 침공을 이끌어내는 데 성공했다. 앵거스 백작은 헨리 왕이 복권되면 잉글랜드 공작령을 받기로 한 약속으로 의욕이 불타올라 2만 군사를 이끌고 중부 스코틀랜드 마치를 미끄러지듯 빠져나와 워틀링 가도를 타고 진격해 그의 등장을 전혀 예기치 못했을 잉글랜드군 주둔지 앞에 모습을 드러냈다. 그와 함께 있던 피에르 드 브레제는 포위당한 그의 아들과 왕비를 호위하던 프랑스 용병들을 구하려고 혈안이 되어 있었다.

인생에서 처음이자 마지막으로 워릭은 크게 놀랐다. 스코틀랜드 군대가 그로 하여금 전선 전체를 유지할 수 없겠다고 판단할 정도의 병력으로 나타났기 때문에 그는 병력을 성이 위치한 언덕과 강 사이 북서쪽을 향한 전방에 집중시켰다. 여기서 그는 공격을 기다렸지만, 사소한 충돌조차 일어나지 않았다. 앵거스는 싸우러 온 것이 아니라 오직 수비대를 구하려고 왔기 때문이다. 잉글랜드의 포위 세력이 철수했을 때 스코틀랜드 기수 한 무리는 성의 후문으로 달려가 포위 세력에게 문을 열어주며 탈출을 시도했다. 이를 틈타 헝거포드 경과 어린 드 브레제, 리처드 턴스털 경, 그리고 대부분의 수비대는 서둘러 빠져나와 구조대에 합류했다. 앵거스는 그의 병사들을 빼낸 뒤 국경 너머로 서둘러 후퇴하여 잉글랜드를 놀라게 했다.

워릭은 그동안 장군으로서 최고의 활약을 했다. 그러나 그의 잘못이 있다면, 국경에 정찰 병력을 충분히 배치하지 않은 것이다. 그가 앵거스의 접근을 알았더라면 포위 공격을 막기 위한 적절한 조치를 취할 수 있었다. 그러나 이때 잉글랜드군의 주된 감정은 수비대의 탈출로 인한 속쓰림보다 오히려 스코틀랜드군이 떠났다는 안도감이었다. '그날 스코틀랜드군이 교활한 만큼이나 대담했더라면 숫자가 두 배였던 만큼 잉글랜드 영주들을 궤멸시켰을 것이다'라고 연대기 저자는 썼다. 대부분의 주목을 끈 일은 변절자 서머셋이 배신의 기미를 보이지 않고 '에드워드 왕에게 진정한 충신임을 남자답게 증명하기 위해' 용감하게 전투에 임한 것이다. 이후 그는 동료들로부터 신뢰를 받았다.

애닉 수비대 중 일부는 앵거스와 함께 도망치기를 원하지 않았거나 도망칠 수 없었다. 이들은 3주 더 투쟁했지만 결국 1월 30일에 항복하겠다고 제안했고 스코틀랜드로 무사히 떠날 수 있었다. 성은 왕의 요새가 되었다. 그러나 그 과정에서 존 애슐리 경Sir John Ashley에게 맡겨지는 바람에 원래 이를 차지하기로 했던 랄프 그레이 경이 지대한 불쾌함을 나타냈다. 오래지 않아 이 불쾌함으로 인해 어떤 재난이 초래되는지 보게 될 것이다.

이제 전쟁의 끝이 멀지 않은 것처럼 보였다. 랭커스터를 위해 버티는 곳은 1461년부터 희미한 반란의 조짐이 보였던 북 웨일스의 할레크 성을 제외하고는 한 군데도 없었다. 따라서 워릭이 3월에 저 지칠 줄 모르는 몬태규를 지휘관으로 임명하고 런던으로 와서 에드워드 왕이 소집한 4월 의회에 참석하기로 한 일로 그의 동력 부족을 비판해서는 안 된다. 그럼에도 불구하고 그의 부재는 국경에서 매우 불행한 결과를 낳았다.

1463년의 반란

1463년 봄의 워릭의 행적에 관한 확실한 정보는 없다. 하지만 4월에 동생인 재무상과 친구 웬록 경, 에식스의 부치어 백작과 함께 바다를 건너 플랑드르로 떠났고, 부르고뉴의 필립 공작과 맺는 상업 교류와 정치 동맹에 관한 조약에 있어 그의 조언과 동의가 있었음에는 의심의 여지가 없다. 필립은 이 잉글랜드 대사들을 당시 에스댕Hesdin에 있던 루이 왕의 프랑스 궁정으로 인도했으며, 여기서 그들은 10월 1일부터 새해까지 휴전하기로 협상했다. 이는 워릭이 늘 생각하던 프랑스와의 공고한 평화를 위한 디딤돌이었다. 그는 랭커스터의 마지막 희망은 루이 왕의 원조에 있고 에드워드 왕과 프랑스 왕의 평화가 마침내 마거릿 왕비의 계획을 망칠 수 있으리라고 확신했다.

그러나 조지 네빌과 부르고뉴 사람들이 협상을 벌이는 동안, 이 말썽 많은 시기의 새롭고도 기묘한 전개가 다시금 시작되었다. 랭커스터파는 다시 전쟁을 일으켰고, 노섬벌랜드에서의 재앙도 다시 시작되었다. 앞서 언급했듯이 랄프 그레이 경은 애닉 성의 통치를 약속 받았지만 성이 함락됐을 때 이를 받지 못했다. 이 일은 마음 속에서 두고두고 그를 괴롭혔으며 결국 운을 걸고 성을 무력으로 탈환하여 다시 왕비에게 바치기로 했다. 5월 말에 그는 배반 행위로 성의 주인이 되었으며, 국경 너머 랭커스터파에게 이 소식을 전했다. 이에 따라 헝거포드 경이 돌아왔고, 다섯 달 전 철수했던 성의 통치권을 다시 받았다. 그레이의 이 공적에 관한 소식은 변절한 뱀버러 성의 군주 랄프 퍼시 경의 충성심에 크나큰 공포로 다가왔다. 그래서 드 브레제와 헝거포드가 그의 성문 앞에 나타나자 그는 아무 저항 없이 즉시 투항했다.

워릭의 스코틀랜드 침공

북부가 다시 화염에 휩싸였다는 분통 터지는 소식은 5월 31일 웨스트민스터에서 에드워드 왕과 연회를 갖고 있던 워릭에게 도착했다. 백작은 평상심을 유지하며 손해가 더 커지지 않도록 복구에 착수했다. 6월 2일에 그는 북부에서 왕의 부관으로서의 새로운 임무와 함께 그레이트 노스 로드를 다시 한 번 행군했고, 동생 몬태규를 스코틀랜드 마치 관리인으로 지명했다. 워릭의 이번 군사 작전은 성의 즉각적인 함락이 아니라 스코틀랜드가 평화를 확정하게끔 압력을 넣음으로써 랭커스터파의 기반을 차단하는 게 목적이었다. 따라서 그는 거점들을 동생의 권한에 맡기고 바로 국경을 향했다. 그의 첫 번째 공훈은 피에르 드 브레제와 그의 용병들의 원조를 받은 4천 명의 스코틀랜드 국경민들Scotch borderers에게 둘러싸인, 트위드Tweed 강에서 잉글랜드 쪽에 위치한 노럼 성Norham Castle을 구출한 일이다. 마거릿 왕비 자신도 그들 야영지에 있었고, 그녀의 불행한 동행인들을 전쟁터로 끌고온 상태였다. 잉글랜드군이 나타나자 스코틀랜드군과 프랑스군은 포위 공격을 뚫고 트위드 강 뒤로 후퇴해 홀리뱅크Holybank라고 불리는 여울을 수비했다. 그러나 워릭은 넘어가기로 결심했다. 그는 무력으로 길을 쟁취했고 방어 세력을 몰아냈다. 국경 너머 몇 마일 건너에서 그는 드 브레제의 프랑스군이 머무는 수도원을 발견했고, 격렬한 전투로 소탕하여 그레빌 경Lord of Graville과 드 브레제의 대장인 라울 다라인Raoul d' Araines을 비롯하여 수백 명을 포로로 잡았다.

한 연대기 저자는 이 싸움에서 흥미로운 사건을 기록한다.

'피에르 드 브레시 경Sir Piers de Bressy[110]과 그의 일행이 떠날 때 그 중에 워릭 백작을 만나고 싶어한 한 용감한 남자가 있었다. 그는 고수taberette였으며, 작은 북과 파이프를 들고 작은 언덕 위에 서서 환희에 차서 북을 치고 파이프를 불었다. 그는 홀로 서 있었다. 나의 주군인 백작이 그에게 올 때까지 그는 그 자리를 떠나지 않았을 것이다.'

워릭은 그 프랑스인의 연주에 매우 기뻐했으며, 그를 예의를 갖춰 잘 대우

---

110 피에르 드 브레제.◎

하도록 했다.

'그렇게 그는 나의 주군의 사람이 되었고, 충성스러운 종으로 아직도 그와 함께 있다.'

워릭이 트위드 강을 넘어오자, 스코틀랜드 섭정들은 그에게 평화 조건을 제안했다. 그들은 진심임을 증명하기 위해 마거릿 왕비를 내보내는 데 동의했다. 이러한 압력은 그녀를 몰아붙였다.

'백작과 그의 동생 몬태규 경에게 심하게 쫓긴 나머지 그녀와 그녀의 모든 고문들, 피터 경, 그리고 그를 따르는 프랑스인들은 말과 마구를 모두 남긴 채 네 척의 배를 타고 바다를 건너 도망쳤고 플랑드르의 슬루이Sluis에 도착했다.'[111]

말과 마구와 함께 남겨진 불쌍한 헨리 왕은 열렬한 동반자와 결별하면서 무의미한 그림자에 불과해진 채 국경의 양쪽에서 목적을 잃고 2년 동안 방황하게 된다.

마침내 내전은 끝난 것처럼 보였다. 바다 건너의 마거릿, 요크의 가신이 된 서머셋, 도움의 희망이 사라진 노섬브리아 성들, 겸손하게 평화를 청한 스코틀랜드와 함께 워릭은 지난 3년간의 수고가 마침내 끝났다고 믿고 싶었을 것이다. 그러나 분쟁이 앞으로 열두 달을 더 끌게되리라는 것은 최고의 예언자들조차 예측할 수 없었던 일이었다.

---

111 헥섬의 전투 이후 많은 작가들에 의해 다루어진 강도와 마거릿 왕비의 유명한 이야기 (마거릿 왕비와 아들 에드워드 왕자가 도망치던 중 둘을 죽이려는 강도를 만나게 되는데, 한때 랭커스터파였던 강도가 아들을 살리려는 왕비의 단호하고도 자기희생적인 태도에 감동을 받아 동굴에 숨겨주었다는 내용)는 좀처럼 불가능해 보인다. 만약 이 사건이 진짜라면, 아마도 해협 반대편에서 일어났을 것이다.

서머셋의 마지막 봉기

마거릿 왕비를 몰아내고 스코틀랜드의 마음을 평화로 돌린 뒤, 이후 몇 달 동안 워릭의 행적은 알려지지 않는다. 다만 우리가 모르는 이유들로 인해 그가 노섬브리아 성들을 함락시키는 임무를 끝내지 않은 채 가을에 집으로 돌아왔다는 사실을 알 뿐이다. 아마 1462~1463년의 겨울 군사 작전 이후 그는 자신이 소유한 멋진 워릭 성에서 크리스마스를 한 번쯤 보내고 싶어 했을 수도 있다. 1459년에 재발한 내전 이후 그는 웨일스와 웨스트 미들랜드에 있는 그의 영지를 볼 수가 없었는데, 적어도 매 분기마다 주인의 감독이 필요했을 것이다. 아내를 비롯해 15세기에는 결혼적령기로 간주되는 나이로 성장한 딸들도 오랫동안 그를 보지 못했다.

워릭이 처음이자 마지막으로 집에서 시간을 보내고 있을 때, 에드워드 왕은 왕국 전역을 막대한 비용을 들여 개발하고 있었다. 한편 마거릿 왕비는 스스로 도망친 로렌Lorraine에서의 후퇴 이후 다시 한 번 영향력을 발휘해 잉글랜드를 괴롭힐 기회를 노리고 있었다. 새로운 랭커스터가의 음모는 1463~1464년 겨울에 부화되었고, 웨일스에서 요크셔까지 확장되었다. 크리스마스에 발생한 서머셋 공작의 전혀 예기치 못했던 반란으로 인해 전쟁이 터졌다. 그는 에드워드 왕으로부터 어찌나 극진히 대접을 받았는지 그의 행동은 매우 특별해 보였다. 그는 왕의 식탁에서 저녁식사를 했고, 왕의 방에서 잠을 자고, 왕의 경비대장을 맡았으며, 왕의 투구를 쓰고 마상 창 시합을 했다. 그러나 한겨울에 그는 극소수의 군대를 이끌고 북부로 도망쳤으며 애닉 성의 주둔군이 되었다. 아마도 양심의 가책과 괴롭힘이 합쳐져 그를 견딜 수 없게 만들었을 것이다. 요크파는 항상 등 뒤에서 그를 조롱하고 있었고 그가 에드워드 왕과 함께 공개적인 장소에 나타날 때면 고함을 지르는 폭도들이 돌을 던지곤 했기에 왕은 그를 구하기 위해 갖은 난리법석을 치러야 했다. 그러나 랭커스터가를 배신한 일로 생긴 양심의 가책이건 요크파의 모욕적 대우에 대한 복수심이건, 서머셋은 가장 암울한 시기를 겪으며 침몰하는 대의에 합류했다.

서머셋의 추종자들은 더럼에서 완전히 차단된 상태였기 때문에 그가 거의 혼자나 마찬가지로 북부에 도착한 것은 새로운 랭커스터파 반란의 신호가 되었다. 동시에 펨부르크의 재스퍼는 웨일스를 자극하려고 노력했다. 남부 랭커셔와 체셔에서 발발한 봉기에는 한번에 1만 명이 전쟁터로 몰려나왔다고 한다. 뉴캐슬의 요크 주둔군의 압박으로 애닉 성에서 떠나야 했던 부대는 북 라이딩Riding에 있는, 워릭이 선대로부터 물려받은 영지에서 매우 가까운 크레이븐Craven의 스킵튼Skipton 성을 장악했다. 그리고 국경의 노럼은 배신으로 넘어갔다.

3월에 워릭은 두 번이나 정복당한 북부를 회복하기 위해 다시 출발했다. 체셔의 봉기는 그의 무력 간섭 없이도 자연스레 무산됐기에 방해 없이 요크에 도착할 수 있었다. 이후 그는 스코틀랜드에 전년도에 약속한 평화 협정 조건을 이행하기 위한 섭정의 소집을 요청했다. 스코틀랜드는 아무런 이의가 없었으며, 섭정들이 랭커스터파 요새를 안전하게 지나갈 수 있도록 호위대를 제공하면 요크로 보내겠다고 제안했다. 이를 위해 몬태규는 스크롭 경이 이미 북부의 주들로부터 징집한 병력으로 대기시킨 군대를 이끌기 위해 더럼에서 뉴캐슬을 향해 출발했다. 이 여정은 몬태규의 마지막일 뻔했는데, 뉴캐슬 외곽의 수 마일 밖에 있는 숲을 통과할 때 그의 사촌이자 웨스트모어랜드 백작의 조카 험프리 네빌 경Sir Humphrey Neville이 80여 창병으로 그를 습격했기 때문이다. 그러나 몬태규는 우회로를 통해 빠져 나와 뉴캐슬에 안전하게 도착한 뒤 스크롭의 병력을 이끌고 스코틀랜드 국경을 향해 진군했다.

헤질리 무어Hedgeley Moor에서 그는 랭커스터파 망명자들과 함께 길을 막아선 서머셋을 발견했다. 그들은 루스와 헝거포드, 카임의 테일보이즈 경Tailboys Lord of Kyme, 그리고 두 명의 배신자 랄프 그레이와 랄프 퍼시 등 1461년-1462년-1463년 군사 작전의 모든 생존자들을 끌어 모았다. 4월 15일에 5천 명의 병력이 몬태규를 습격했다. 양쪽 군대는 거의 동등한 규모였다. 충격은 강하고도 짧았다. 그리고 선봉에 섰던 랄프 퍼시가 쓰러지자 랭커스터파는 흩어졌다. 일화가 사실이라면 퍼시는 함께 도망치지 않고 '나는 내 가슴의 새를 구했다', 즉 헨리 왕에 대한 충성심을 외치며 죽었다고 한다. 그는 1년 전 더럼에서 에드워드에 대한 충성을 맹세했을 때의 신념을 기억해낸 것이 틀림없다.

몬태규는 이제 방해 없이 스코틀랜드에 도달할 수 있었다. 그는 스코틀랜드 대사들을 요크로 데려왔고, 이로써 15년간의 평화는 확실시되었다. 스코틀랜드는 랭커스터파에게 더 이상 은신처를 제공하지 않을 것을 약속했고, 잉글랜드는 스코틀랜드 섭정에 대항하여 무장한 채였던 로스Ross와 더글라스Douglas 백작과의 관계를 공식적으로 부정했다. 연대기 저자는 말했다.

'스코틀랜드가 진실되다면, 조약은 15년 동안 지속될 것이다. 하지만 스코틀랜드를 신뢰하기는 어렵다. 그들은 항상 기만과 속임수로 가득하니.'

헥섬 전투

서머셋과 그의 추종자들은 이제 희망이 없었다. 에드워드 왕은 겨울에 잉글랜드가 한 번도 본 적 없었던 막대한 군수품을 행렬에 실어 운반해 왔고 그중 일부는 이미 북부로 향하고 있었으며, 스코틀랜드의 피난처는 차단됐고 노섬브리아 요새들은 빠른 속도로 몰락했다. 그럼에도 불구하고 랭커스터가의 필사적인 지지자들은 마음을 단단히 먹고, 산산히 흩어진 군대를 모아 최후의 북부 점령을 위해 필사적인 입장을 취했다. 그들은 몬태규에 대항해 5월 13일에 헥섬Hexham 도시 근처의 린힐즈Linhills에 도열했다. 그러나 막상 요크군이 눈에 들어오자 서머셋을 따르던 이들은 혼비백산했다. 단 5백 명을 제외하고는 너도나도 부대에서 이탈했고, 전투를 위해 끝까지 자리를 지킨 소수는 무너지고, 두들겨 맞고, 포위됐으며, 결국 몬태규의 4천 병사들에게 너무나 손쉽게 포로로 잡히고 말았다.

랭커스터파 영주들은 마지막 전투를 치렀다. 그들이 도열했던 헥섬으로부터 1마일 떨어진 언덕에서 그들 모두가 죽임을 당하거나 포로로 잡혔다. 몬태규는 이 전쟁을 통틀어 가장 선혈 낭자한 처형을 집행함으로써 승리의 절정을 맞이했다. 다음날 헥섬에서 그는 서머셋과 블랙잭Black Jack이라 불리던 늪지의 산적 에드먼드 피츠휴 경Sir Edmond Fitzhugh과 다른 세 명을 단두대에서 처형했다. 그 다음날은 뉴캐슬의 루스 경, 헝거포드 경 외 다른 세 명을 처형했다. 그 다음날에는 남부에 있는 그의 형제의 선대 영지인 미들햄으로 이동해 필립 웬트워스 경Sir Philip Wentworth과 다른 여섯 명의 종자들을 처형했다. 마지막으로 그는 요크로 가서 그가 포로로 잡은 귀족들 중 남아있던 토머스 허시 경Sir Thomas Hussey 및 열세 명을 마저 참수했다.

이러한 잔악무도한 처형에 대해 워릭은 책임을 피할 수 없다. 그러나 몬태규가 가진 정의의 엄격한 측면에서 보면, 서머셋과 서너 명의 다른 희생자는 에드워드의 은혜를 청해 놓고는 배신한 자들이었으며 1462년 뱀버러 성

투항 시 루스 외 몇 명은 이미 살려준 적이 있었다. 그들은 아무리 요크파에의 복종을 공언하더라도 결코 신뢰할 수 없음을 온몸으로 보여주지 않았던가. 이 죽음들에 대한 실질적 정당성은 처형으로 인해 랭커스터파에서 북부를 봉기시키려 했던 모든 시도를 중단시켰다는 사실에 있다. 요크파의 여론은 몬태규에 대한 찬사로 가득했다. 런던의 연대기 저자는 '보라, 이 용맹하고 훌륭한 몬태규 경을. 그는 악의도, 거짓도, 속임수도, 반역도 남기지 않았다. 그는 많은 적들을 베었고, 또 붙잡아서 머리를 모조리 베어버렸다!'라고 적었다.

헤질리 무어의 전투가 시작되기도 전에 에드워드 왕은 워릭과 몬태규를 보강시키기 시작했다. 승전보는 도중에 그에게 도착했지만 그는 노섬브리아 요새 포위전을 치를 예정인 포를 실은 거대한 군대를 끌고 계속 나아갔다. 이 여정은 에드워드 왕에게 여러 가지 면에서 중요했다. 우리는 그가 스토니 스트랫포드Stony Stratford에 있을 때, 5월 1일 하루를 어떻게 보냈는지 알게 될 것이다. 워릭이 그날 아침에 주군의 행동을 미리 알았더라면, 동생의 승리에 대해 기뻐하거나 포로들에게 그렇게 무자비할 수 있었을지 의심을 해볼 만하다.

왕은 5월 말에 요크로 올라갔다. '그리고 궁전에서 자신의 지위를 엄숙하게 유지했으며, 존을 노섬벌랜드 백작 몬태규 경으로 임명했다.' 왕은 지난 몇 개월 동안의 그의 충성을 기억하며 퍼시라는 칭호화 함께 퍼시 영토의 상당 부분을 그에게 하사했다. 이는 애닉과 워크워스, 랭글리Langley, 프루더Prudhoe, 그리고 타인 강과 트위드 강 사이의 많은 봉토를 포함했다.

뱀버러 성 포위전

워릭은 동생이 지난 달에 시작한 일을 완료하기 위해 북쪽으로 전진했으며 그동안 왕은 후방의 요크셔에 남아 크레이븐의 스킵튼 성 함락에 매진했다. 백작은 6월 23일에 애닉 성에 나타나 항복을 권고했다. 랭커스터파는 헥섬에서 지도자를 잃었으며, 더 이상 내부 이견도 없었기에 생존을 보장한다는 약속을 받은 뒤 즉시 항복했다. 던스탠버러 성과 노럼은 애닉 성의 전례를 따랐다. 뱀버러 성만이 계속 저항했는데 이는 랄프 그레이 경이 피난을 온 곳이기 때문이었다. 그는 작년에 애닉에서 한 자신의 배신이 절대 용서받을 수 없다는 사실을 잘 알고 있었기에 항복을 완강히 거부했다. 그와 함께한 이는 두 달 전 몬태규를 거의 끝장낼 뻔한 험프리 네빌 경이었다.

우리는 뜻밖에도 뱀버러의 포위 공격에 대한 흥미로운 자료를 가지고 있다. 군대가 성 앞에 나타났고 워릭의 사자는 형식을 갖추어 이를 낭독했다.

(전령이) 랄프 그레이 경, 험프리 네빌 경, 이 두 명을 제외한 모든 사람에게 완전한 사면, 은혜, 인력 및 살림살이를 제공한다고 하자 랄프 경은 비록 모든 피해와 희생을 자신에게 뒤집어 씌우더라도 그 안에서 살거나 죽으리라고 다짐했다.

'나의 주군께서는 당신보다 7년 앞서 이러한 포위전을 성공적으로 치른 명예를 걸고 승리할 것이오. 그리고 당신이 우리의 전능하신 군주 폐하의 소유인 이 보석을 내주지 않는다면, 그분의 온전하고 완전하게 무장한 군대가 스코틀랜드 적군에게 가깝게 진군하는 것을 보게 될 테고, 만약 당신이 어떤 대단한 총을 겨누기라도 한다면 그 총으로 쏜 한 발당 한 명의 머리를 가져갈 것이며, 그 머리는 우두머리부터 졸병까지 가리

지 않을 것이오.'

그러나 랄프 경은 사자를 떠났고 수비에 전력을 다했다.

따라서 워릭은 잉글랜드의 포위전에서 효과적으로 활용되던 공성 포열 battering train을 다시 사용할 수밖에 없었다.

그리하여 왕의 모든 포가 앞서 말한 성을 향해 일제히 발포하기 시작했다. 왕의 가장 큰 포인 '뉴캐슬', 철로 된 두 번째 포 '런던'은 성벽의 돌들이 바다 쪽으로 날아가게끔 했다. 황동으로 된 왕의 포인 '디종Dijon'은 종종 랄프 그레이 경의 방을 강타했으며, 폭격수 '에드워드'와 '리처드'를 비롯해 기타 병기들이 앞다투어 사격했다. 곧 벽이 갈라지자 나의 주군 워릭은 중장병과 궁수 들과 함께 습격하여 성을 함락시켰으며, 랄프 그레이 경을 무릎 꿇리고 그를 생포하여 돈커스터Doncaster에 있는 왕에게 데려갔다. 그리고 잉글랜드의 보안무관장 우스터 백작이 그를 심판했다.

팁토프트는 엄중한 판사였기에 배신자 그레이는 자비를 기대할 수 없었다. 이 죄인은 참수형을 선고받았으나, 기사 작위는 강등됐을 뿐인데 이는 '왕의 조부인 캠브리지Cambridge의 리처드 백작을 위해 사우스햄튼 Southampton에서 희생한 고귀한 조상이 있기' 때문이었다. 그의 머리는 런던 브릿지 관문을 지켜보는 무시무시한 수집품들에 추가되었다.

뱀버러 성이 함락되면서 에드워드 왕 시대의 첫 번째 장은 막을 내렸다.

XIII
워릭과 에드워드 4세의 분열

헤질리 무어, 헥섬, 그리고 최후까지 버텨온 노섬브리아 성들의 항복은 북부에서의 영토를 사수하려던 랭커스터가의 마지막 시도를 종식시켰다. 서머셋과 헝거포드와 같은 운명을 피해 살아남은 소수의 지도자들은 스코틀랜드를 떠나 바다를 건넜다. 머지않아 헨트Ghent[112]의 거리에서 그들의 우두머리를 만난 필리프 드 코민Philip de Commines는 다음과 같이 적었다.

'극도로 결핍됐으며 어떤 흔한 거지보다도 더한 빈곤의 극한으로 몰락했다. 엑시터 공작이 (신분을 숨기고는 있었지만) 부르고뉴 공작의 행렬을 쫓아 집집마다 빵을 구걸하다가 그의 불쌍함을 동정받아 동전 몇 푼을 받는 장면도 목격되었다.'

그와 함께한 이들로는 얼마 전 참수당한 서머셋 공작의 형제들인 존John과 에드먼드Edmund[113]가 있었다. 펨부르크의 재스퍼는 웨일스로 가서 여러 주를 전전하며 산 속을 헤맸지만 어디에서도 동료를 만나지 못했다. 이런 상황에서 랭커스터가의 대의가 다시 고개를 들리라고 예측한 사람은 아무도 없었을 것이다.

결혼 제안

오랜 전쟁의 시대가 끝나고 워릭은 나머지 잉글랜드인들과 마찬가지로 전투나 포위보다는 다른 일에 몰두하는 것처럼 보였다. 7월에 마침내 자유로

---

112   당시에는 플랑드르, 현재에는 벨기에 서북부에 위치한 항구도시로 많은 인구와 부유함으로 유명했다.◎

113   4대 서머셋 공작 에드먼드 보퍼트. 앞으로 서머셋 공작이라 함은 이 사람을 가리키는 말이다.◎

워진 그는 이제서야 지난 오 년간 잠깐 들르는 것 외에는 거의 돌아보지 못한 미들랜드의 영토를 방문하기 위해 남쪽으로 여행하기로 결심할 여유가 생겼다. 우리는 잠깐의 휴가를 보낸 뒤 9월에 왕의 의회에 참석해 나라의 안정을 위해 내놓은 두 가지 조치를 촉구하는 그를 발견할 수 있다. 첫 번째는 프랑스와의 명확한 평화 협정 체결이었다. 랭커스터가는 루이 왕으로부터의 선박과 자금 조달에 익숙해져 있었으며, 잉글랜드와 프랑스는 아직 전쟁 중이었기에 에드워드 왕의 적들은 영국해협 건너편에서 계속 피난처와 원조를 얻을 것이 분명했다. 이에 따라 백작은 조약 체결을 촉구했고, 마침내 친구이자 추종자인 웬록과 함께 대사 자격으로 루이 왕과의 접견 약속에 성공했다. 두 번째 조치의 핵심은 첫 번째와 관련이 있었다. 잉글랜드의 모든 이들이 한동안 바래왔듯, 바야흐로 왕의 결혼 적령기가 되었다.[114] 에드워드 왕은 이제 스물네 살이었다.

'사람들은 그가 왕비 없이 너무 오랫동안 홀로 지낸 것을 불가사의하게 여겼으며, 지나치게 난잡한 생활을 하는 것은 아닌지 걱정했다.'

왕의 측근들은 이미 왕이 궁정 내 귀족 여인들을 상대로-성공적이었건 실패였건-몇 번의 시도를 했고 그로 인한 추문이 발생했음을 알고 있었다. 한동안 에드워드 왕과 결혼적령기에 이른 외국의 공주들 이름이 함께 항간에 오르내리기도 했었다. 어떤 이들은 그가 스코틀랜드의 여왕대비인 구엘더스의 메리Mary of Gueldres와 결혼하려고 하고 있다고 했고, 다른 이들은 당시 에스파냐 왕의 누이인 카스티야의 이사벨Isabel of Castile을 놓고 협상

---

114   워릭이 왕과 자신의 딸 이사벨이 결혼하기를 바랐다는 이론은 근거가 없는 것으로 보인다. 백작은 프랑스와의 결혼을 적극 추진했고, 더구나 이사벨은 불과 열세 살이어서 한시라도 빨리 후계자를 낳아 키우려던 왕에게는 너무 어렸다.

을 개시할 것으로 추측했다. 그러나 이는 떠도는 소문에 불과했다. 워릭의 계획은 에드워드 왕과 프랑스 공주와의 혼인을 통해 프랑스와의 평화를 공고히 하는 것이었으며 왕의 승인 하에 그가 루이 왕에게 보낸 예비 질문에는 혼인 문제를 분명히 언급했다. 에드워드 왕의 혼인 상대로는 '아버지처럼 훌륭한 혈통을 이어받을 아이를 낳아 기르기에' 적당한 연령의 여인이 필요했다. 그러나 루이 왕의 누이들은 모두 결혼했고 그의 딸들은 아직 어린아이에 불과했으므로 그들의 이름이 거론되지는 않았다. 워릭이 왕에게 제안한 여인은 샤를로트Charlotte 왕비의 여동생이자, 프랑스 왕들과 부르고뉴 공작의 피가 흐르고 있고 형부인 루이 왕의 궁정에서 지내고 있는 사부아의 보나 Bona of Savoy였다.

에드워드의 결혼 발표

에드워드 왕은 워릭의 계획에 공개적으로 반대하지 않았다. 이 사안은 루이 왕에게 제안됐고, 잉글랜드 대사관의 긴밀한 지휘 하에 추진되었다. 워릭과 웬록은 생 오메르에 10월 3일이나 4일쯤 도착하기로 했다. 그러나 워릭이 왕의 최종 지시를 받기 위해 9월 28일 레딩에 출석했을 때 매우 놀라운 소식이 전해졌다. 우리는 이 장면에 대한 사실적 자료를 갖고 있다.

의회는 결혼 협상을 승인하기 위한 목적으로 소집되었다. 아무래도 워릭이었던 듯한 연사는 왕 앞에서 자신의 목표에 대한 희망과 기대를 펼치며 여왕을 그들에게 주겠다고 약속했다.

그러자 왕은 실은 자신 역시 결혼을 바래 왔으며, 그러나 자신의 선택은

작자 미상
「엘리자베스 우드빌」
1471년경
퀸스 칼리지 소장

여기 있는 이들의 호의를 얻지는 못할 것이라고 대답했다. 그러자 의회 구성원들은 그의 의도가 무엇인지를 물었고, 그가 어느 가문과 맺어지고 싶은지를 듣고자 했다. 이에 대해 왕이 즐거운 표정으로 리버스 경의 여식인 귀부인 엘리자베스 그레이Dame Elizabeth Gray를 아내로 맞이하겠다고 대답했다. 그러나 사람들은 그녀가 아무리 훌륭하고 아름다울지라도 그의 짝이 아니며, 그녀가 공작이나 백작의 가문도 아니고 그녀의 모친 베드포드 공작부인Duchess of Bedford은 일개 기사와 결혼했으니 아무리 그녀가 공작부인의 여식이며 세인트 폴 백작Count of St. Pol의 조카라 하더라도 그와 같은 고귀한 왕자의 신부감이 아니라는 것을 잘 알아야 한다고 대답했다. 같은 혈통의 영주들과 회의 구성원들이 자신을 위해 하는 말을 들으며 에드워드 왕은 그녀 외의 다른 아내는 없을 것이며 그것이 자신의 기쁨이라고 대답했다.

그리고 결정적 일격이 가해졌다. 다른 아내를 가질 수 없는 게 당연했다.

그는 이미 엘리자베스와 결혼했기 때문이었다!

사실 다섯 달 전인 5월 1일, 에드워드 왕이 북부로 가야했을 때, 그는 은밀히 스토니 스트랫포드에서 노스햄튼셔Northamptonshire의 그래프튼Grafton으로 달려가 그녀와 혼인을 올린 것이다. 왕은 자신이 두 번째 세인트 올번스 전투에서 승리한 순간 랭커스터파 기사인 남편을 잃고, 시골로 내려가 살고 있던 엘리자베스 그레이와 짧고 가벼운 친분을 맺었을 뿐이기에 누구도 그들의 결혼을 예상할 수가 없었다. 에드워드 왕은 우연히 그녀를 만나 아름다운 외모에 정복당했으며 뜨거운 사랑을 퍼부었다. 엘리자베스는 영리하고 신중했다. 그녀는 정식 청혼 외에는 꿈쩍도 하지 않았다. 어린 왕은 사랑의 열정에 완전히 빠져들어 그녀의 어머니와 다른 두 명의 증인 외에는 아무도 초대하지 않고 그래프튼에서 비밀 결혼식을 올렸다. 이것이 그가 요크에서 열린 의회에 거의 참석하지 못했던 긴급하고 사적인 용무였다.

이 결혼은 굉장히 충격적인 일이었다. 그녀의 아버지 리버스 경은 랭커스터파였다. 그는 1460년에 샌드위치에서 포로로 잡혔던 사람이었고, 워릭과 에드워드 앞에 끌려와 우리가 앞서 기록한 바 있는 그 특이한 꾸짖음scolding을 당했다. 그리고 이제 이 '결혼에 따른 행운으로 귀족이 된' 자가 왕의 장인어른이 된 것이다. 귀부인 엘리자베스는 그녀의 새 신랑보다 일곱 살이 많았고 각각 열두 살과 열세 살인 자녀들의 어머니였다. 대중은 이 결합에 몹시 놀란 나머지 왕비의 늙은 어머니인 베드포드 공작부인이 에드워드 왕에게 사랑의 묘약을 주었음에 틀림없다고, 그게 아닌 이상 도저히 설명할 수 없는 일이라고 으레 말했다.

워릭을 비롯해 의회의 모든 귀족들은 갑작스러운 발표에 놀라움을 금치 못했다. 백작은 프랑스와의 결혼에 관한 내용을 루이 왕에게 전달했고, 며칠 뒤 수락안을 줄 것으로 예상되었다. 왕은 그 계획이 불가능함을 이미 알고 있었기 때문에 그가 최선을 다하게끔 내버려뒀다. 그리고 이제는 루이 왕에게 자신이 가장 터무니없는 방법으로 속았으며 주군의 신임에서 완전히 배제됐었다고 설명해야 하게끔 만든 셈이었다. 이에 백작은 당연하게도 대사관으로 하여금 계획을 취소하도록 했다. 이제 그가 양국 관계의 공고화를 위해 약속했던 혼인동맹은 더 이상 가능하지 않았기에, 그는 감히 평화를 요구하기 위해 프랑스 왕 앞에 나타날 수 없었던 것이다.

자신이 받은 취급에 곤란해지고 분노했음에도 불구하고, 워릭은 주군의 의회로부터 물러나기에는 지나치게 충직한 요크파였다. 그는 필요에 따라 굽혔고 승인할 수 없는 것은 묵인했다. 이에 따라 워릭은 성 미카엘 축일인 다음 날 왕이 대중에게 결혼을 선포하기 위해 연 레딩 수도원에서의 포고식에 왕의 동생 클라렌스의 조지George of Clarence[115]와 함께 참석했다.

우드빌 동맹

몇 달간은 왕의 결혼이 젊은 열정이 낳은 변덕처럼 보였고 왕의 의회에서 네빌가의 권위는 흔들리지 않는 것처럼 보였다. 에드워드는 워릭에 대한 처사에 보상이라도 하듯 그의 동생 조지 네빌 총리를 공석인 요크 대주교에 임명했다. 그리고 신임의 표시로 백작을 자신의 대리인 자격으로 11월 4일 소집된 의회를 정회시키도록 보냈다.

그러나 이러한 존중의 표시는 계속될 운명이 아니었다. 비록 그와 그의 위

---

115 그는 엘리자베스 우드빌을 신랑 옆에 마련된 자리로 인도하고 그녀를 왕비로 추대하며 무릎을 꿇었다.

대한 가신 사이에 아직 이렇다 할 균열은 보이지 않았더라도, 왕의 호의에는 미래의 다른 측면을 위한 목적이 숨어 있었다.

리버스가는 네빌가만큼이나 자녀가 많았다. 왕비에게는 형제 세 명과 자매 다섯 명과 아들 두 명이 있었으며, 왕실의 영향력은 다음 2년 동안 이들에게 매우 기상천외한 방법으로 행사되었다. 에드워드 왕이 외척의 이익을 위해 재산을 낭비하고 권력을 남용한 것은 단지 아내를 향한 과한 애정 때문만은 아니었다. 왕은 외척의 도움으로 15세기에 가장 위세를 떨친 귀족 연합 중 하나를 구축하는 데 성공하며, 이를 통한 네빌가의 통제로부터의 자유가 곧 분명해질 터였다. 왕비가 등극하고 며칠 후 리버스가의 결혼식들이 줄줄이 이어졌으며 이는 2년 동안 멈추지 않았다. 1464년 10월 레딩에서의 포고식 직후 왕비의 누이 마거릿은 아룬델Arundel의 부유한 백작 후계자인 토머스 몰트래버스 경Thomas Lord Maltravers과 결혼했다. 1465년 1월, 그녀의 형제 중 막내인 존 우드빌John Woodville은 노퍽 공작 부인Dowager Duchess of Norfolk과 혼인했다. 이는 불명예스러운 결혼이었는데, 신랑은 결혼적령기였지만 신부는 그의 할머니뻘이었기 때문이다. 그러나 그녀는 막대한 상속녀였고, 왕은 그녀를 설득하여 욕심 많은 청년과 결혼하도록 했다. 열여덟 달 만에 거의 가족 전체가 결혼했다. 앤 우드빌Anne Woodvill은 에식스의 부치어 백작 후계자에게, 메리 우드빌Mary Woodville은 워릭 이후 왕의 가장 친밀한 조언자가 된 허버트 경Lord Herbert의 장남에게, 엘레노어 우드빌Eleanor Woodville은 켄드 백작 후계자 조지 그레이George Grey에게, 가장 운 좋은 캐서린 우드빌Catherine Woodville은 노스햄튼 전투에서 전사한 공작의 손자인 젊은 버킹엄 공작과 각각 혼인했다. 이 매우 운이 좋은 가문의 혼인동맹에 관한 이야기를 끝내기 위해서는 엘리자베스 왕비의 결혼

이전에 그녀의 가장 큰오빠인 안토니Anthony가 1460년 템스 강에서 살해된 스케일스 경의 상속녀와 결혼해 엘리자베스의 뒤를 받쳐준 사실도 빼놓을 수 없다. 진정으로 우드빌가의 결혼은 네빌가의 결혼과 비교될 만하다!

왕이 리버스가에 호의를 베푸는 동안에도 워릭은 여전히 때때로 떨어지는 왕의 명령을 따랐다. 그러나 그는 더 이상 자신이 왕국의 정책을 지도하는 일에서 중요한 역할을 한다고 느낄 수 없었다. 사실 왕은 백작이 채택한 것과 다른 원칙으로 모든 계획을 수행하기 위해 무리하는 것처럼 보이기까지 했다. 1465년 봄, 5월에 있었던 왕비의 공식 대관식-워릭이 기꺼이 달아나고 싶어 했을 의식-때 워릭은 프랑스와 부르고뉴인들과 협상을 하기 위해 바다를 건넜다. 그는 불로뉴에서 부르고뉴 대사를 만났고 칼레에서 프랑스 대사를 만났다. 공익전쟁War of the Public Weal[116]이 막 터진 직후였기에 프랑스와 부르고뉴 모두에게 중요한 시기였고, 각국은 잉글랜드와 우호적 관계, 또는 최소한 중립을 확보하기를 열망했다. 워릭은 처음 만난 부르고뉴인들과는 어떠한 협의도 이끌어내지 못했다. 이는 노령의 부친 선량공 필립(1396~1467)을 대신해 주도권을 쥔 샤롤레Charolais 백작[117]이 랭커스터가를 돕는 것과 관련된 어떠한 약속도 거부했기 때문이다. 그는 추방된 서머셋과 엑시터에게 연금을 지불하고 있었고 그의 어머니인 포르투갈의 이사벨이 곤트의 존의 증손녀였기 때문에 스스로를 거의 랭커스터가의 왕자로 간주했다. 워릭과 샤롤레의 샤를은 좀처럼 화합할 수 없었다. 그들은 각자의

---

116 리에주 전쟁이라고도 하며, 현재의 벨기에 리에주에 해당하는 리에주 주교령에서 부르고뉴의 영향력 확대에 맞서 일으킨 반란으로 1468년까지 세 차례에 걸쳐 일어난다. 이 전쟁에서 프랑스는 리에주 주교령을 지지한다.◎

117 아버지가 사망한 1467년부터 용담공 샤를(1433~1477)로서 부르고뉴를 통치하게 된다.◎

방식에 너무 익숙해져 있었기에, 불로뉴에서 화려한 연회를 즐기고 협의회에서 오랫동안 함께 있었음에도 결국 격노하며 갈라섰다. 그 이후로 그들이 마지막까지 서로를 개인적 원수로 간주했음을 보면, 단순한 의견 차이 이상의 뭔가가 있었던 것으로 보인다. 워릭은 그로부터 한 달 후에 루이 왕의 대사들을 만났는데, 부르고뉴 왕자보다 훨씬 수용적이었다. 루이 왕은 결혼 문제를 잊기로 하고 열 여덟 달 동안의 휴전 협정에 동의했으며, 그 기간 동안 마거릿 왕비에게 아무 원조도 하지 않기로 했다. 대신 잉글랜드는 이제 군주를 향한 반란에 직면한 부르고뉴와 브르타뉴의 공작을 돕지 않을 것을 약속했다.

헨리 왕의 구속

1465년 여름, 워릭은 그의 주인에게 불시에 닥친 행운을 듣기 위해 고국으로 돌아왔다. 헨리 6세가 랭커셔에서 붙잡히자마자였다. 이 전직 왕은 스코틀랜드에서의 퇴각 이후 방랑하며 몇몇 성직자들과 함께 목적 없이 랭커스터가를 집집마다 전전하고 있었다. 헨리의 광대entertainer 중 한 명이 그를 배신했고, 그는 워딩튼 홀Waddington Hall에 앉아 식사를 하던 중 바셜Basshall의 존 톨벗John Talbot에게 붙잡혀 감시를 받으며 런던으로 호송됐다. 워릭은 이즐링튼Islington에서 과거에 모셨던 주군을 만나기 위해 달려갔다. 왕의 명령에 따라 그의 발을 등자에 가죽 띠로 묶은 채 도시를 공개 행진하게끔 했다. 불행한 헨리에게 왜 이런 모욕이 가해졌는지 설명하기 어렵다. 구출에 대한 가능성은 전혀 없었기에, 워릭은 전 주군에게 적어도 포박하는 수치까지 줄 필요는 없었을 텐데 말이다. 헨리는 칩사이드Cheapside와

콘힐Cornhill을 따라 탑으로 옮겨졌다. 거기에서 영예로운 구금 상태에 들어갔으며 그를 보고 싶어 하는 모든 사람의 방문이 허용되었다.

워릭이 아직도 에드워드 왕으로부터 전폭적인 호의를 받지 못한다는 사실은 다음 해인 1466년 2월에 왕비의 첫 아이인 엘리자베스 공주의 대부가 될 것을 요청 받은 사실에서 보여진다. 이 일 직후 왕과 네빌가 사이의 마지막 균열을 일으킨 사건들이 이어졌다. 3월에 에드워드는 갑자기 워릭의 친구이자 재무상인 마운트조이Mountjoy 경의 보직을 해임하고 장인어른인 리버스를 그 자리에 임명했으며, 곧이어 그에게 백작의 작위를 내렸다. 자신의 벗을 제거한 일은 워릭에게 매우 불쾌한 사건이었으나, 뒤에 일어날 일에 비하면 아무것도 아니었다. 워릭의 조카이자 동생인 존의 후계자인 조지 네빌은 추방당한 엑시터 공작의 상속녀인 앤과 약혼했다. 그러자 엘리자베스 왕비는 엑시터의 공작부인에게 파혼을 조건으로 4천 마르크를 주었으며, 젊은 아가씨는 첫 결혼을 왕비의 장남인 토머스 그레이와 해야 했다. 이 타격은 네빌가의 약점을 건드렸다. 자신들에게 행운을 가져다 준 결혼조차도 왕가의 영향력으로 좌절된 미래가 되었기 때문이다.

클라렌스의 조지

워릭이 주군으로부터 다음에 받은 경멸은 그를 더욱 자극했다. 1451년에 태어난 그의 장녀 이사벨은 어느덧 열여섯 살이었기에 혼사에 대한 생각이 백작의 머리를 괴롭히기 시작했다. 그는 딸이 왕국에서 가장 고귀한 집안과 혼인할 가치가 있다고 기대했다. 그녀와 함께 네빌, 몬태큐트, 디스펜서, 그리고 보샴프가 소유한 토지의 절반이라는, 그 어느 고관대작도 소유하지 못했던 어마어마한 재산이 딸려갈 것이기 때문이었다. 워릭이 여식을 위해 점찍어둔 사윗감은 왕의 아우이자 열여덟 살 청년인 클라렌스의 조지 경이었다. 클라렌스는 이 소식을 듣고 신붓감이 아름답고 부유했기에 매우 좋아했다. 그러나 그들은 왕을 잊고 있었다. 1466년 말 클라렌스와 그의 아우 글로스터의 리처드가 워릭을 오랫동안 방문했을 때 에드워드는 이 혼사에 대한 낌새를 눈치챘다.

'왕은 형제들이 캠브리지에 있는 백작을 방문하고 돌아온 사실을 알게 됐고 그들에게 궁정을 떠난 이유와 백작을 방문하도록 권고한 사람이 누구인지를 물었다. 그들은 누구도 아닌 자신들의 의지였다고 대답했다. 왕은 사촌인 백작의 딸과 혼담이 오고갔는지 물었고, 항상 거짓말에 능한 클라렌스 공작은 그런 일은 없었다고 대답했다. 그러나 이미 모든 사실을 보고받았던 왕은 격노하며 그들을 면전에서 물렸다.'

에드워드는 결혼을 엄격하게 금지했기에 더 이상 관련된 이야기를 할 수 없었다. 그러나 클라렌스와 워릭은 서로를 이해하고 항상 의사소통을 했는데, 이는 왕의 불만을 자아냈다. 왕으로선 자신의 후계자와 가장 막대한 권력을 지닌 신하가 지나치게 좋은 관계를 유지하는 게 달갑지 않았다.

왕은 몇 달을 더 기다렸다가 옛 친구와 추종자 들에게 훨씬 더 지독한 모욕을 가했다. 1467년 5월에 그는 워릭을 바다 건너로 보내 프랑스 왕을 만나 1465년에 타결된 열여덟 달 동안의 휴전을 가능한 한 최상의 조건으로 영구적인 평화로 바꾸라는 임무를 주었다. 이 심부름은 유용하고 명예로운 일처럼 보였고 워릭은 열정적으로 일을 추진시켰다. 그러나 사실 이는 왕이 가장 열망하던 계획을 실행하기 위해 때맞춰 그를 왕국에서 내쫓으려고 고안된 일일 뿐이었다.

프랑스에서의 임무

루이는 워릭만큼이나 영구적인 평화를 소망했다. 잉글랜드가 부르고뉴의 편이 되어서는 안 되는 게 가장 중요했기에 그는 백작의 임무를 도울 준비가 되어 있었다. 그가 워릭을 위해 준비한 응접은 왕에 버금갈 정도였다. 그는 세느 강 아래로 5리그league[118]를 내려와 잉글랜드 대사 일행을 환영했으며 강변에서 워릭에게 호화로운 연회를 열어줬다. 루앙에 도착했을 때 '왕은 백작에게 가장 명예로운 환대를 해줬으며 십자가와 깃발과 성수를 들고 그를 맞이하기 위해 마을 모든 교구의 성직자들이 코프copes[119]를 입고 나와 그가 루앙의 노틀담 성당에 헌금을 하도록 했다. 의식을 마친 후 그는 루앙의 도시에 있는 자코뱅가에 편안히 머물렀다. 그 후 왕비와 딸들이 그를 만나기 위해 도시를 방문했다. 그리고 왕은 워릭과 함께 머물며 12일 동안 대화를 나눴다. 그 후 백작은 잉글랜드로 돌아갔다.' 그리고 그와 함께 프랑스 대사 자격으로 나르본Narbonne의 대주교, 해군 제독인 부르봉의 서자the Bastard of Bourbon, 바이외Bayeux 주교, 장 드 푸펭쿠르Jean de Poupencourt 교수, 왕의 큰 신임을 받는 스코틀랜드 대리인 윌리엄 모니페니William Monipenny가 따라왔다.

워릭과 프랑스 대사 일행은 샌드위치에 상륙했고 따뜻한 응대를 받았는데 이는 켄트의 모든 사람들처럼 샌드위치 사람들도 백작의 열렬한 후원자이기 때문이었다. 그들의 도착을 왕에게 알리기 위한 우편물이 보내졌고, 일행은 런던으로 향했다. 그러나 그들이 도시 근처에 다다렀는데도 왕을 대신해서

---

118 유럽에서 전반적으로 쓰였던 거리 단위로서 프랑스에서 1리그는 약 2~2.9마일, 약 3.25~4.68킬로미터에 해당됐다.◎

119 성직자가 특별한 의식 때 입는 긴 사제복.◎

아무도 나오지 않았다는 사실에 백작은 다소 화가 났다. 그때 클라렌스 공작이 그를 만나기 위해 혈혈단신으로 달려와 프랑스 협상의 성공으로 인한 만족감을 맹렬한 고통으로 바꾸어 놓는 소식을 전했다.

워릭이 바다 건너에서 환대를 받고 있을 때 왕은 자신의 계획이 방해받지 않으리라 믿고 실행에 옮겼다. 그는 프랑스가 아니라 부르고뉴와 동맹을 맺기로 결정한 것이다. 워릭이 떠난 직후 부르고뉴의 밀정이 런던에 나타났다. 샤롤레 궁정의 신임받는 대리인인 '위대한 서자' 앤서니Anthony[120]는 워릭이 세느 강을 거슬러 오르던 바로 그 순간에 템스 강을 거슬러 오르고 있었다. 표면적으로는 기사도적인 임무를 띠고 온 그는 부르고뉴의 모든 여인들에게 경의를 표한 왕비의 큰오빠 스케일스 경과 마상 창 시합을 하기 위해 도착했다. 런던 대중의 커다란 호응 속에 기사도 무술 시합passage of arms이 개최되었으며 잉글랜드 연대기 저자들은 이를 그해의 중요한 정치적 사건들과 연관시키는 대신 행사의 모든 세부 사항을 알려주기에 열중한다. 그러나 서자가 방문한 진짜 목적은 자신의 동생을 위한 잉글랜드 동맹 협상이었다. 그는 성공하여 샤롤레 백작에게 에드워드의 여동생인 마거릿을 줄 것을 약속받고 플랑드르로 돌아갔다.

그러나 워릭은 왕이 단지 그의 등 뒤에서 부르고뉴와의 협상을 통해 비열하게 프랑스와의 협상을 망쳤다는 사실만 알게 된 것이 아니었다. 그는 도착하기 불과 이틀 전에 에드워드가 웨스트민스터 병영Westminster Barrs이기도 한 자택에 병환으로 누워 있는 동생 요크 대주교를 아무 통보나 이유 없이 갑자기 찾아가 그의 대법원장직을 파면하고 국새를 빼앗아 갔다는 소식

---

120   선량공 필립과 정부 사이에서 태어난 용담공 샤를의 이복형으로 이복동생을 군사적, 외교적으로 충실하게 보좌했다.◎

도 듣게 됐다. 이제 네빌가는 전쟁을 공식적으로 선포하게 될 터였다.[121]

그러나 주군의 이중거래로 인해 씁쓸한 분노에 휩싸였음에도 불구하고, 워릭은 그의 임무를 수행하기 위한 절차를 진행했다. 그는 도착 즉시 왕에게 대사직 수행의 성공을 알리고 프랑스 대사들의 말을 하룻동안 경청할 것을 간곡히 요청했다.

'백작은 루이 왕이 베푼 모든 환대와 자신이 지나간 모든 성과 마을의 열쇠를 준 사실에 대해 설명했지만 왕의 표정에서 전혀 경청하고 있지 않다는 사실을 감지했기에, 심히 불쾌해하며 집으로 돌아갔다.'

다음날 프랑스 대사들은 청중을 확보했다. 왕은 리버스, 스케일스, 존 우드빌, 그리고 헤이스팅스에게 둘러싸인 상태에서 그들을 만났다.

'대사 일행은 그를 만나고 심히 당황했는데 그가 거만한 왕자 행세를 했기 때문이었다.'

워릭은 그들을 소개했고 일행의 대변인인 장 드 푸펭쿠르가 루이 왕의 제안을 전달했다. 에드워드는 자신이 일을 추진하고 있기에 그들과 직접 의사소통을 할 수는 없으며, 특별히 임명한 영주들을 통해 듣겠다고 간단히 답했다. 그런 다음 그들은 그의 면전에서 물려져야 했다. 그가 그들을 위해 아무것도 하지 않을 것이 분명했다. 사실 이 모든 일이 워릭을 제거하기 위해 꾸며진 일일 뿐이었다. 그의 임무는 실패하게끔 의도되어 있었다.

궁전을 나서는 백작은 격렬한 분노에 휩싸였다. 평상시의 주의력과 상냥함은 사라졌고 외국인들 앞에서도 분노의 언어를 쏟아냈다.

---

121 워릭과 왕의 최후의 균열이 에드워드가 네빌가 여인에게 폭력을 행사했기 때문이라는 폴리도로 비르질리와 다른 사람들의 발언은 어떤 목적으로도 납득이 불가능해 보인다. 물론 리튼 경은 자신이 쓴 소설의 로맨스를 위해 이 소문을 넌지시 흘린 목적이 있었지만, 역사가라면 이 내용이 너무 모호하고 신뢰할 수 없다고 생각해야 한다.

'그들이 바지선을 저어 집에 돌아왔을 때 프랑스인들은 서로 많은 대화를 나눴다. 그러나 워릭은 스스로를 억누를 수 없을 정도로 분노했고 프랑스 제독에게 "왕의 반역자를 보지 못했습니까?"라고 물었다. 그러나 제독은 "백작이여, 그대의 분노가 잦아들기를 기도합니다. 언젠가 당신은 확실하게 복수하게 될 것입니다"라고 대답했다. 그러나 백작은 분을 삭이지 못하고 "그 반역자들이야말로 내 형제를 대법관직에서 파면되게 한 자들이고, 왕으로 하여금 국새를 빼앗도록 한 자들임을 알고 있습니다"라고 말했다.'

에드워드는 다음날 윈저로 갔고 대사들에게 더 이상 주의를 기울이지 않았다. 그들을 보필할 담당자를 아무도 임명하지 않은 채 왕은 6주 동안 아무 소식이 없었고, 대사들은 그들을 흡족하게 하기 위해 최선을 다하는 워릭과 그의 새로운 우방인 클라렌스 공작만을 볼 수 있을 뿐이었다. 끝내 그들은 아무것도 이루지 못한 채 귀국했다. 그들의 출발 전야에 왕은 선물을 보냈는데 프랑스에서 보내온 금 술잔과 그릇, 호화로운 보석에 비하면 초라하기 짝이 없는 수렵용 나팔, 가죽 주머니 및 투견들따위였다.

워릭은 주군을 더 이상 견딜 수 없었다. 그는 프랑스 대사들을 샌드위치까지 배웅하고 나서 깊은 분노에 휩싸여 미들햄으로 갔다. 그곳에서 형제들인 대법관직에서 파면된 조지, 그리고 노섬벌랜드 백작인 몬태규의 존과 많은 대화를 나눴다. 크리스마스에 왕은 그를 궁정으로 소환했다. 이에 대해 그는 '치명적인 적들이자 왕의 간신들, 즉 재무상 리버스 경, 스케일스 경, 허버트 경과 존 우드빌 경이 있는 이상 다시는 의회로 돌아가지 않을 것'이라고 회신을 보냈다. 워릭과 주군 사이의 균열은 이제 완성 단계였다.

XIV
배신의 게임

왕국의 운명을 좌우하는 일에 익숙해져 있다가 군주의 변덕으로 느닷없이 불명예스럽게 당한 거물 각료들 중 평정심을 갖고 실패를 담담히 받아들일 사람은 좀처럼 없을 것이다. 그렇게 되려면 실무적인 정치가에게서는 좀처럼 발견할 수 없는 자기부정과, 원리원칙에 대한 공상에 가까운 충성이 요구된다. 지난 여러 해 동안 충분한 타격을 받는 바람에 공직에 대한 열의가 사라진 파직된 각료라면 은혜를 모르는 왕에 관한 교훈으로 받아들이고 몸을 사릴 수도 있었다. 탁월함이 전적으로 직무를 행하는 한도 내에서의 탁월함이었으며 권력이 주군에게서 위임된 권위에 전적으로 의존하고 있었다면, 불만은 위협적이지 않을 수 있었다. 그러나 워릭은 이제 겨우 마흔 살로 인생의 전성기였고 사면의 바다로 둘러싸인 왕국 안에서 가장 강력한 신하였다. 에드워드 왕이 일련의 의도적인 모욕으로 그런 막강한 자를 절망에 빠뜨린 것은 미친 짓이었다.

이것은 그저 일반적인 배은망덕함으로 치부할 사례가 아니었다. 만약 한 인간이 다른 인간을 창조할 수 있다고 한다면, 리처드 네빌은 에드워드 플랜태저넷을 만들었다고 할 수 있다. 그는 러드포드의 비참했던 패배 당시 열여덟 살의 청년이었던 그를 책임졌고, 끊임없는 보살핌으로 무기 사용법과 치국책을 가르치며 훈련시켰다. 그는 1459년과 1461년, 가망 없던 요크파를 두 번이나 구한 바 있다. 그는 사촌이 평화로이 왕관을 쓰게끔 하기 위해 5년에 걸쳐 연속적인 긴 전투와 포위전을 수행했다. 그는 에드워드가 해외뿐만 아니라 국내의 적으로부터도 안전할 수 있도록 바다와 땅으로 둘러싸는 사명을 수행했다. 그는 아버지와 형제가 요크의 대의를 따르다 도끼와 칼로 살해되는 것을 보았다. 어머니와 아내가 흔적도 없이 도망친 것을 보았고, 성들은 불길에 휩싸였으며, 저택들은 폐허가 되었고, 소작농들은 살해됐고,

그 모든 것은 리처드 플랜태저넷의 아들을 왕좌에 앉히기 위해서였다.

망신을 당한 워릭

워릭은 주군의 배은망덕함에 마음이 갈기갈기 찢겼을 것이다. 프랑스 사절 문제로 왕이 그에게 저지른 마지막 배신 이후, 그가 궁정에서 은퇴하고 에드워드의 다음 소환 때마다 씁쓸한 회신을 보냈다고 해도 놀라운 일은 아니었다. 왕과의 공개적인 절교 이후 그에게는 이제 두 갈래 길이 있었다. 첫 번째는 모든 계획을 뒤로 하고 물러나 침묵의 괴로움 속에서 광대한 영지를 관리하는 것이었고, 두 번째는 중세 잉글랜드가 너무나 잘 아는 방식으로 권력을 되찾는 길을 모색하는 것이었다. 그 길은 바로 시몽 드 몽포르와 랭커스터가의 토머스, 요크의 리처드가 사용했던 방식이자, 시몽과 토머스, 그리고 리처드를 피 묻은 무덤으로 인도한 길이기도 했다. 첫 번째 대안은 의심할 여지없이 완벽한 인간, 이상적으로 충직하고 이타적인 기사가 마땅히 선택해야 할 길이었다. 그러나 리처드 네빌은 완벽한 인간이 아니었다. 그는 노련한 정치가였다. 그를 가까이서 관찰한 사람은 그를 '당대의 가장 영리한 사람'이라고 칭했다. 그는 오랫동안 권력을 누리면서 왕의 의회 일등석은 마땅히 자신의 것이라고 여기게 되었다. 그의 적인 우드빌가와 허버트가는 자신들이 잘 다룰 수 있는 무기인 음모와 오해를 이용해 성공적으로 상석에 안착한 그를 끌어내릴 수 있었다. 이에 그가 가장 잘 다룰 수 있는 무기인 무력의 강철손으로 되갚아주는 것보다 더 자연스러운 복수가 있을까?

지금까지의 워릭의 경력은 간단하고 일관성이 있었다. 온갖 어려움에도 불구하고 그는 요크파의 대의를 지지했고 결코 충성을 주저하지 않았다. 왕과의 다툼이 극도로 악화됐기 때문에 그가 정책을 완전히 뒤집었다는 추론은 위험하다. 1469년에 은혜를 모르는 그의 주군이 다시 집권했을 당시 그의 행동에서 알 수 있듯이, 그는 1461년부터 1464년까지 왕의 의회에서 차지했던 자리를 스스로 되찾는 이상의 계획은 없었다. 이후에 일어난 사건들로 인해 계획했던 것보다 더 크게 일을 벌이게 되었지만, 시작 당시 그의 유일무이한 계획은 우드빌가 청산이었음이 분명하다. 그 계획을 더 깊고 반역적인 영역으로 몰고 간 유일한 요소는 예비 사위인 클라렌스의 조지와의 관계였다. 그에게 헌신을 맹세한 이 잘생긴 젊은이는 그의 충고에 온순하게 따랐다. 왕과의 다툼에서는 너무도 열렬하게 워릭의 편을 들었기에 처음부터 그가 에드워드보다 더 큰 호감을 얻은 것처럼 보이게 했다. 그러나 클라렌스는 야망을 가진 사내였다. 그 야망이 얼마나 크고 많은 일을 성취할 수 있는지 백작은 아직 알지 못했다.

워릭은 이제 주군이 임명한 신임 각료들을 괴롭힐 준비가 되어 있었다. 누구보다도 자신에게 그럴 힘이 있음을 스스로 알고 있었다. 네빌과 몬태큐트, 보샴프와 디스펜서의 영토를 합치면 강력한 군대를 조직할 수 있었다. 게다가 그의 영향력이 지배적인 이웃 주들의 주민들은 그의 제복을 입고 자원했다. 제후나 기사들은 래기드 스타프 문장을 달고 그의 군대에서 활동하기 위해 그의 '자문단Privy Council'에 속하기를 열망했다. 그의 동지들의 바로 이런 면모가 왕의 보잘것없는 처지를 반증하는 듯 했다. 모든 이들은 소수의 추종자로 구성된 그의 작은 군대가 매일 아침 황소 여섯 마리를 먹어치운다는 홀링스헤드의 저 유명한 묘사를 읽었다.

워릭은 자신을 따르는 자들의 힘만 믿은 것이 아니었다. 그는 자신이 왕국에서 가장 유명한 사람임을 잘 알고 있었다. 국민들은 그를 늘 민중의 벗이라 불렸고 '그의 열린 부엌은 정의로운 대의만큼이나 효과적으로 비열한 무리들을 설득했다.' 반면에 그의 적들은 반드시 민중의 미움을 받았다. 요크파의 옛 파벌들은 여전히 우드빌가를 랭커스터 변절자들로 보았고, 리버스 가문이 쓸어담는 탐욕은 워릭과 왕의 균열이 있기 이전부터 민중의 시위를 불러 일으켰다. 켄트의 다수의 폭도들은 1467년 가을 리버스가의 저택 중 한 곳을 약탈하고 그의 사슴을 죽였으며 다른 지역에서도 그를 향한 불만이 들끓었다. 워릭의 말 한 마디면 잉글랜드의 땅 절반을 채울 폭도들을 불러모을 수 있었다. 1468년 1월 프랑스 대사는 이미 다음과 같이 보고했다.

'어떤 한 주에서는 3백 명 이상의 궁수가 무장한 채 로빈Robin이라는 자를 두목으로 떠받들며, 워릭 백작에게 이제 슬슬 바빠질 시기인지 물어보면서 모든 이웃들이 준비되었다고 전갈했습니다. 그러나 그분께서 대답하시길, 아직 때가 아니니 집으로 돌아가라고 하셨습니다. 때가 되면 알리겠노라면서요.'[122]

새로운 랭커스터 문제들

워릭과 그의 군주 사이에 일어난 다툼에 관한 소식을 움직이라는 신호로 받아들인 것은 불만에 차있던 요크파뿐만이 아니었다. 이 소식은 추방당한 랭커스터파 사람들을 누구도 예상하지 못한 기세로 갑자기 폭발시켰다. 마거릿 왕비는 루이 왕으로부터 배와 자금을 빌려 아르플뢰르에 군대를 준비

---

122 윌리엄 모니페니William Monipenny가 루이 11세에게 보낸 편지. 그는 서퍽과 요크셔 사이의 교차점을 서피오크셔Surfiorkshire의 나라라고 부른다. 그러나 워릭은 서퍽에 관심이 없었으므로 후자를 의미했을 것이며, 우두머리는 분명 리즈데일의 로빈이었다.

시켰다. 데븐 백작의 후계자인 헨리 코트니 경Sir Henry Courtney과 헥섬에서 전사한 영주의 아들인 토머스 헝거포드는 남서부에서 반란을 일으키려 했으나 사우스윅Southwick의 스태포드 경에게 붙잡혀 솔즈버리에서 참수되었다. 이에 대한 치하로 왕은 스태포드에게 그가 죽인 데븐 백작의 칭호를 주었다. 웨일스에서는 오랫동안 방황하던 재스퍼 튜더Jasper Tudor가 소수의 프랑스 함대와 함께 2천 명 병사들의 우두머리로 갑자기 나타났다. 그는 할레크 성을 점령하고 덴비Denbigh를 약탈했다. 그러나 몇 주 후 워릭의 적 허버트 경이 마치의 요크군 우두머리로 나타나 그의 오합지졸 군대를 패주시키고 할레크를 회복하는 바람에 그는 다시 산들을 떠돌며 피난처를 찾는 신세가 되었다. 스태포드 경과 마찬가지로 허버트 경 역시 자신이 정복한 적의 칭호를 받아 펨부르크의 백작이 되었다. 이러한 폭동이 만연한 와중에 랭커스터파 밀정들은 잉글랜드 전역에서 분주히 움직였으나, 결국 아무 소득 없이 일련의 사형 집행들로 정리되고 말았다. 노퍽 공작의 수행원이었던 장정 두 명은 부르고뉴 공작이 된 샤롤레Charolois의 용담공 찰스와 결혼한 마거릿 공주를 호위하는 일행을 따라 플랑드르에 가있는 동안 보퍼트가와 비밀 연락을 한 죄로 참수당했다. 런던에서는 더 많은 사형 집행들이 있었고, 전 시장이었던 토머스 쿡 경Sir Thomas Cooke은 반역죄로 모함당해 모든 재산을 몰수당했다. 랭커스터파의 밀정이라는 혐의로 구속되어 고문을 당한 두 명 중 한 명은 워릭이 폭동을 원조할 것을 약속했고 계획의 전말을 알고 있다고 했으며, 다른 한 명은 워릭의 친구이자 지지자인 웬록 경이었다. 그러나 이 두 건 모두 왕은 스스로 이 취조가 경솔했다고 인정했다. 궁지에 몰린 자들이 자백을 강요받자 스스로 목숨을 부지하기 위해 무작위로 상상한 것에 불과했다. 워릭이 아버지와 형제의 살인자이자 자신의 살해를 선동한 마거릿 왕비라는 패를 사용할 가능성은 거의 없었다.

워릭의 배반

에드워드 왕은 랭커스터 세력의 갑작스런 부활에 놀라움을 금치 못했지만, 자신이 이미 섭렵한 쉬운 길을 따라 내년 프랑스 원정에 착수함으로써 신하들이 갖고 있던 전쟁에의 충동을 가라앉혔다. 그는 헨리 5세를 본보기 삼아 외국과의 전쟁을 일으켜 국내의 반역을 잠잠하게 만들려고 했다. 고국을 떠나기 위한 그의 준비 가운데에는 워릭과 화해 협상을 열려는 시도가 있었다. 왕은 자신의 대의를 간청하기 위해 요크 대주교에게 그가 1467년에 점유한 토지 일부를 되돌려줬다. 부활절 즈음 조지 네빌은 형으로 하여금 코번트리에서 왕을 만나게끔 유도했다.

결국 워릭이 왔다. 그는 적들에게 복수하기로 완전히 결심했고 군주를 향한 마음은 여전히 굳게 닫힌 상태였음에도 불구하고, 왕과 정중하게 대화했다. 그리고 우드빌가에는 할 말이 없을지라도 허버트 경과는 화해하기로 동의했다. 그는 또한 플랑드르에서 결혼하는 마거릿 공주를 해안으로 호송하는 일행에 합류하도록 설득되었다. 이 일 이후 워릭은 런던을 잠시 방문하여 7월에 런던에서 랭커스터파 공모자들을 심문한 판사들과 함께 앉았다. 클라렌스가 그와 동행했고 같은 판사석에 앉았다. 그는 결혼이 금지된 촌수였던 이사벨 네빌[123]과의 혼인을 교황이 승락하도록 설득하기 위해 마지막 몇 달을 보냈다. 그러나 에드워드 왕의 압력으로 교황청은 그의 요청에 대한 심리를 연기했다.

---

123 클라렌스의 어머니는 이사벨의 큰 이모였다.

1468년 가을과 1469년 봄은 잠잠히 지나갔다. 워릭은 여전히 그의 계획에 완벽을 기하며 아무런 움직임도 보이지 않았다. 그는 자신의 충고를 따랐더라면 오래 전에 평화로운 사이가 됐을 프랑스가 왕을 쥐락펴락 하는 것을 보면서 은밀한 기쁨을 맛보았을 것이다. 그리고 아마도 그의 적인 안토니 우드빌Anthony Woodville이 큰 함대를 이끌고 두 번이나 프랑스 해안을 정벌하러 갔다가 적을 만나보지도 못한 채 불명예스럽게 돌아왔을 때에도 그의 풀죽은 모습을 보며 묘한 기쁨을 느꼈으리라.

한편 백작은 자신이 가진 자원을 신중하게 가늠해보고 있었다. 그는 모든 일족들과 이야기를 나누었고 대다수로부터 완전한 협력을 확보했다. 요크의 조지 대주교, 워릭의 늙은 삼촌인 라티머Latimer 경의 후계자 헨리 네빌, 그의 조카 앨리스 네빌Alice Neville의 남편인 혼비Hornby의 존 코니어스John Coniers 경, 그의 사촌 피츠휴Fitzhugh 경, 그리고 타우튼에서 매우 잘 싸워준 작고한 폴큰브릿지 경의 친자인 '폴큰브릿지의 서자' 토머스Thomas가 주요 우방이었다. 형제이자 노섬벌랜드 백작인 몬태규의 존은 마음을 결정할 수 없었다. 그는 왕에게 워릭의 계획을 밝히지는 않았지만 아무런 원조도 약속하지 않았다. 애버거브니의 윌리엄 네빌William Neville은 너무 나이가 들어 고려 대상에서 제외되었다. 그 즈음 워릭의 다른 삼촌과 형제 들은 죽고 없었다.

1469년 4월, 모든 준비가 완료되었다. 네빌의 이름이 호령하던 모든 지역들은 신중하게 문제에 대비했다. 켄트, 요크셔, 그리고 사우스 웨일스는 폭동의 준비가 되었지만 모든 일이 너무나 조용히 치러졌기 때문에, 백작의 영향력을 박탈한 이래로 부도덕하고 악한 삶과 방탕한 습관 속으로 더욱 깊이 침잠한 왕은 아무것도 의심하지 않았다.

리즈데일의 로빈의 봉기

4월에 워릭은 아내와 딸들을 칼레로 데려갔는데 이는 위험으로부터 대피시킬 목적이었음이 분명해 보인다. 그는 새로 결혼한 부르고뉴 공작부인 마거릿을 보기를 간청하며 생 오메르로 갔다. 그곳에서 그는 용담공 샤를을 방문하여 불로뉴에서 있었던 지난 만남의 나쁜 기억에도 불구하고 화해했다. 백작의 행동은 방문에 다른 의심쩍은 목적이 전혀 없는 것처럼 여행에만 집중됐다. 그러나 사실 그의 행동은 에드워드 왕을 속이기 위한 계략이었다. 그는 생 오메르에서 연회를 즐기며 바다 건너 폭동의 개시를 지시했다. 며칠 안에 반란이 시작될 예정이었다. 그 사이 워릭은 칼레로 돌아가 거대한 요새를 지휘하던 웬록에게 합류했다.

그의 지시는 곧 효과를 나타냈다. 6월 말에 요크 근교에서 심상치 않은 폭동이 일어났다. 표면 상으로 그들은 도시에 있는 세인트 레오나드St. Leonard 병원의 부당 관리와 관련이 있었다. 그러나 그 폭동은 사실 농민이 아닌 정치인의 소행이었다. 며칠 만에 1만5천 명이 요크 관문 앞에 운집했고, 케이드의 1450년 성명서를 근거로 불만사항을 쏟아냈다. 우리는 다시한 번 과도한 세금 부과, 법의 오용, 왕실의 재산이 왕이 총애하는 벼락출세자들에게 쏠리고 왕의 의회가 귀족의 혈통인 훌륭한 귀족들을 배제하는 문제에 대하여 듣게 된다. 다시 한 번 간신들의 처벌과 왕실 일가의 절약, 그리고 국방 예산 투입이 요구된다. 폭도들의 첫 번째 지도자는 리즈데일의 로빈Robin of Redesdale으로 알려진 로버트 헐드야드Robert Huldyard였는데, 의심할 여지없이 1468년에 백작이 조용히 때를 기다리라고 지시했던 로빈과 동일한 사람이다. 노섬벌랜드 백작 존 네빌은 여전히 북부의 대리인이었기에 거대한 중장병 부대를 거느리고 요크에 주둔해 있었다. 많은 이들은 그가 폭도들과 합류하리라고 예상했지만 폭동이 형의 계획임을 잘 몰랐기 때문인지, 또는 에드워드에게 충성하기로 결심했기 때문인지 몬태규는 되려 요크를 습격한 무리를 공격해 세상을 놀라게 했다. 그는 선봉을 패산시키고 헐드야드를 포로로 잡아 참수했다.

그러나 이 교전으로 폭동의 기세를 꺾지는 못했다. 일주일 만에 티즈 강부터 험버Humber 강까지 요크셔 전역에서 반란이 일어났고, 곧 이 움직임이 누구를 위한 것인지 분명해졌다. 새로운 지도자들이 속속 나타났다. 워릭의 조카의 남편이자 북부의 가장 영향력 있는 요크파의 일원인 존 코니어스 경이 헐드야드를 대신하여 리즈데일의 로빈이라는 이름을 이어받았고, 라티머의 헨리 네빌과 피츠휴 경이 그와 함께했다. 반란군의 거대한 병력[124]은 요크 관문에서 우물쭈물하는 대신 남하하여 미들랜드로 쳐들어갔다. 그들은 왕에게 불만을 호소하기 위해 가고 있다고 말했다. 그리고 그들이 통과한 모든 장소의 교회 문들에 어떤 노련한 정치인의 작품이 분명한 선언문을 붙였다.

에드워드 왕은 이 위험한 폭동에 대해 잘 알지 못했던 것으로 보인다. 그는 워릭을 주시하는 일에 온 신경이 팔려있었고, 워릭이 해외에 있기에 안전하다고 생각했다. 6월 말에 그는 1468년에 직접 선발해 호위병으로 늘 곁에 두었던 2백 명 남짓의 궁수를 제외하고는 어떤 병력도 거느리지 않은 채 노퍽에서 여행 중이었다. 요크셔에서의 폭동에 대해 듣고 그는 북쪽으로 방향을 틀어 노팅엄으로 달려가며 당장 소집 가능한 병력을 불러모았다. 달려가던 그에게 폭동의 전말을 순식간에 드러내는 소식이 전해졌다.

---

124   소문에 의해 3만 명 이상으로 불려졌다.

클라렌스의 결혼

형의 관심이 북부의 폭동에 팔려있는 순간, 클라렌스 공작은 요크 대주교 조지 네빌과 함께 조용히 칼레로 건너갔다. 이는 매우 의심스러워 보였으므로 왕은 클라렌스, 워릭 및 대주교에게 지체없는 귀환을 명령했다. 그리고 그 명령이 그들에게 당도하기 훨씬 전에 반역의 전말이 드러났다. 클라렌스가 칼레에 도착한 지 열두 시간 만에 그와 이사벨 네빌 사이에 오랫동안 고대하던 결혼이 성사되었다. 이는 왕에 대한 완벽한 배반이었다. 워릭과 클라렌스는 하루 동안 휴가를 가졌다. 결혼식은 11일에 있었고, 12일에 그들은 칼레의 강력한 수비군을 호위대로 대동하고 켄트로 이동했다.

사나운 켄트 사람들은 노스햄튼 전투 이전인 1460년에 워릭의 깃발 아래 모였던 것처럼 열렬한 그의 우방으로서 무리지어 봉기했다. 백작과 공작은 수천 명의 병력을 거느리고 캔터버리에 당도했다. 그곳에서 그들은 리즈데일의 로빈의 선언문을 공정하며 유익하다고 간주하고 이를 왕에게 촉구하기 위해 최선을 다하리라는 선언문을 발표함으로써 반역의 의도를 밝혔다. 왕을 어떻게 설득해야 할지에 대해서는 켄트 전 지역을 소환하여 백작의 깃발에 합류하라는 선포에 의해 명확하게 밝혀졌다. 워릭과 그의 사위가 런던으로 진군하자 성문이 제깍 열렸다. 이로써 왕은 두 개의 불길 사이에 갇힌 꼴이 되었는데 북쪽에서는 반란군이, 남쪽에서는 동생과 사촌의 무장병력이 진격해오고 있었던 것이다.

워릭의 반역이 알려지기 전에도 왕은 북부 폭동의 심각성을 인식하고 잉글랜드 전역에 걸쳐 자신의 권한을 위임한 군대를 파견했다. 곧 그의 지시를 위임받은 두 개의 상당한 병력이 무장 상태가 되었다. 펨브르크의 새로운 백작 허버트는 브레큰Brecon과 러들로에서 웨일스인들과 국경민들 1만4천 명을 모아 동쪽으로 진격했다. 데븐의 새 백작인 스태포드는 남서부 주들에서 6천 명의 궁수를 모아 북쪽으로 진격했다. 왕은 헤이스팅스 경, 마운트조이 경, 우드빌가와 함께 노팅엄에 주둔해 있었다. 왕은 당시 거의 1만5천 명의 병력을 보유하고 있었던 것으로 알려져 있으나, 그들의 사기는 이미 떨어져 있었다. 마운트조이가 총군사회의에서 왕에게 말했다.

"전하, 누구도 전하의 사람에게 해를 끼치기 꺼리겠지만, 리버스 경과 그의 자식들을 타일러서 멀리 보냄이 좋을 것으로 사료됩니다."

에드워드는 이 충고를 받아들였다. 리버스와 존 우드빌은 곧 쳅스토 Chepstow로 내려갔다. 스케일스는 켐브리지에 있는 여동생이자 왕비에게 합류했다.

한편 북부의 반란군은 돈커스터와 더비Derby를 지나 남쪽으로 진격했다. 그들의 수장인 코니어스와 라티머는 상당한 군사 기술을 보여주었는데 레스터로 신속하게 행군하여 왕과 허버트 경의 군대 사이를 가로막았기 때문이다. 한때 뛰어난 장수였던 에드워드는 그들을 따라 남쪽으로 쫓아갔지만, 요크셔의 군대는 그들보다 며칠을 앞서 있었고 마침내 7월 25일에 대번트리 Daventry에 도달했다. 같은 날 허버트와 스태포드는 밴버리Banbury에 병력을 집중시켰다. 그러나 이 두 명의 신임 백작들은 처음 만났을 때 사적인 말다툼이 격렬해져 서로 심한 욕설까지 주고받는 바람에, 적이 매우 가깝게 있음에도 불구하고 감정이 상한 스태포드가 자신과 대동한 6천 명의 궁수를 10마일 떨어진 데딩튼Deddington으로 빼내버려 결국 펨부르크의 1만4천명 웨일스인 창병들은 궁수 없이 전쟁터에 남겨진 꼴이 되었다.

에지코트 전투

다음 날 이 대서사시의 모든 주요 배우들이 잉글랜드 중심부의 한 지점으로 모여들었다. 코니어스는 대번트리에서 밴버리로, 펨부르크는 밴버리에서 대번트리로 가는 중이었고, 스태포드는 그의 뒤를 따라가고 있었으며, 워릭과 클라렌스는 런던을 떠나 세인트 올번스를 지나 토스터Towcester로 향하고 있었다. 그리고 왕은 요크셔의 반란군을 쫓아 노스햄튼 근방에 있었다.

이 군사 작전에서 모든 영예를 차지하게 될 코니어스와 그의 동료들은 다시 한번 적군보다 앞서 나갔다. 26일 밴버리로 빠르게 이동하면서 그들은 밴버리로부터 북쪽으로 6마일 떨어진 에지코트 파크Edgecott Park 근처에 있는 데인스무어Danesmoor라는 공유지에서 접근해오는 펨부르크의 군대를 발견했다. 웨일스 군대는 병력이 절대적으로 불리함에도 불구하고 작은 하류 앞에 포진하고 전투 준비를 했다. 북부인들은 즉각적으로 그들을 공격했는데, 비록 세 명의 우두머리 중 한 명인 라티머의 헨리 네빌이 첫 습격 때 전사했지만 결국 압승을 거두었다. 허버트와 그의 형제들이 용맹한 기사로 활약했음에도 불구하고 '궁수들의 공격으로 웨일스 군대를 언덕에서 골짜기로 내려가게끔 유도했다.' 왕은 불과 몇 시간 떨어진 거리에 있었고 실제로 제프리 게이트 경Sir Geoffrey Gate과 토머스 클래펌 경Sir Thomas Clapham이 이끄는 선발대가 현장에 도착했지만 그들은 워릭을 오랫동안 섬겼던 관리들이었기에 반란군의 배후를 치는 대신 그들과 합류하여 허버트를 향한 최종 공격을 이끌었다.

이 탈영 사건이 보여준 병사들 사이의 심각한 사기저하에 벼락맞은 듯 놀란 왕은 노스햄튼을 반역자들에게 넘겨주고 올니Olney로 돌아갔다. 다음날인 7월 27일, 포로로 잡혔던 펨부르크의 용감한 백작과 그의 형제인 리처드 허버트 모두 코니어스의 명령에 따라 선고나 재판도 없이 시장 바닥에서 참수되었다. 그들의 피는 의심할 여지없이 워릭의 칼날에 의해 흘려진 것이었다. 비록 그와 클라렌스 모두 그 자리에 없었지만, 반란군은 분명 그의 명령에 따라 행동했기에 만약 그가 모든 포로들을 살려두라고 지시했다면 감히 그들을 참수하지 못했을 것이다. 몇몇 역사가들은 워릭과 클라렌스가 허버트의 죽음을 지시했다고도 말한다. 허버트는 우드빌가만큼 타락하지는 않은 존경할 만한 적이었고, 불과 1년 전에 워릭은 그와 화해했었기에 이 학살은 비난받아야 마땅하다.[125] 허버트 형제의 처형만이 이 위대한 백작이 잉글랜드 전역을 배후에서 조종했다는 사실의 유일한 징표는 아니었다. 그가 특별히 싫어하던 리버스와 존 우드빌은 일주일 후에 쳅스토에서, 세번 강에 인접한 디스펜서 영지의 봉신들로 추정되는 한 무리 폭도들에게 포로로 잡혀 코번트리로 끌려가 8월 초에 처형되었다. 만약 펨부르크의 처형이 코니어스와 피츠휴가 승인 없이 멋대로 저지른 일이라 할지라도, 이 우드빌가 살육은 워릭의 소행이 분명하다. 웨일스인들의 탈영으로 에지코트에서 쓰라린 패배를 경험한 데븐의 백작 스태포드는 자신이 배신한 동료보다 나을 것이 없었다. 그는 군대를 해산하고 고향으로 도망쳤다. 그러나 브릿지워터Bridgewater에서 1년 전 자신이 참수한 데븐 백작의 봉신들인 폭도들에게 붙잡혀 즉시 죽임을 당했다.

---

125   공정을 기하자면, 허버트는 모두에게 미움을 받았다고 말할 수 있다. 그는 교회와 하원의 약탈자라고도 불렸다.

왕을 잡다

이제 에드워드 왕의 운명에 대한 부분만 남았다. 7월 27일에 퇴각한 이후 그가 머물던 올니에 에지코트 전투의 소식이 전해지자 그의 군대 대부분이 뿔뿔이 흩어졌고 남은 부하는 극소수였다. 한편 워릭과 클라렌스는 멀리 떨어지지 않은 로마 도로를 따라 런던에서 노스햄튼으로 전진하고 있었다. 왕의 처지에 관한 소식이 군대에 전해졌고, 선봉과 함께 있던 요크 대주교 조지 네빌은 과감하게 습격하기로 했다. 그는 한밤중에 상당한 기마병 부대를 이끌고 올니를 포위했다. 왕의 보초들이 감시를 소홀히 한 틈을 타고 일은 이뤄졌으며, 자정 무렵 에드워드는 문 앞에서 벌어진 전투에 잠에서 깼다. 그는 워릭의 병사들로 가득 찬 거리와 그의 곁방ante-chamber에서 기다리고 있는 대주교를 발견했다. 온화한 표정의 고위 성직자는 그의 방으로 들어와 일어나서 옷을 입을 것을 요청했다.

그럼에도 왕께서는 아직 더 쉬고 싶기 때문에 그리하지 않겠다고 대답했다. 그러나 그 거짓되고 불충한 성직자인 대주교는 두 번째로 왕에게 말했다. "전하, 일어나서 제 형제 워릭을 보러 가셔야겠습니다. 제 말을 거역하실 수는 없을 텐데요." 왕은 더 나쁜 일을 당할까 두려운 나머지 일어나 사촌 워릭을 만나기 위해 말에 올랐다.

한편 백작은 노스햄튼으로 이동해 7월 29일에 북부 반란군을 만났고, 그들이 잉글랜드를 위해 한 훌륭한 봉사에 감사했다. 그곳에서 그는 런던에서 자신을 따라온 켄트 군대를 해산시켰다. 그리고 아마도 대부분은 자신의 소작농들로 구성되었을 요크셔군의 호위를 받으며 코번트리로 이동했을 것이다. 코번트리에서는 대주교, 그리고 마지못해 그와 동행한 왕이 워릭과 만났다. 워릭과 클라렌스와 포로로 잡힌 군주와의 만남에 관한 자세한 내용은 우리에게 전해지지 않았다. 그러나 에드워드가 지난 1년 동안 펼쳐진 백작의 교활한 계략을 똑같이 기만적인 익살의 가면으로 갚아준 것이 분명하다. 그는 자기 편의 죽음에 관해 워릭에게 어떠한 비난도 하지 않았고, 요구받은 모든 것에 서명했으며, 탈출 시도조차 하지 않았다. 그리고 워릭의 영향력 아래 첫 번째 옥새상서privy seal가 8월 2일 코번트리에서 발행됐다.

에드워드와의 타협

백작의 장대한 역모는 완벽한 성공으로 마무리되었다. 그는 잉글랜드의 절반이 자신의 말 한마디에 봉기할 수 있음을 보여주었고, 적들은 죽었으며, 주군은 손 안에 있었다. 그러나 그는 문제가 끝나기보다는 이제 시작되었음을 알게 되었다. 왕국 전체가 격동과 혼란에 빠졌을 뿐만 아니라, 해묵은 논쟁을 무기로 해결하기 위해 곳곳에서 전투가 벌어졌다. 한 예로 노펵 공작은 캐이스터Caistor의 패스튼Paston 성을 포위했고, 노섬벌랜드의 평민들은 퍼시가의 유산 복원을 요구하며 무장 봉기했다. 이 문제들은 워릭의 강력한 무력 진압으로 해결될 수 있었다. 그러나 진정한 어려움은 왕과 조율하는 잠정적인 타협안이었다. 에드워드는 얼마 전 일어난 것과 같은 폭동에 겁을 먹고 얌전히 행동할 겁쟁이가 아니었다. 그 불같은 설질을 고려해 보면, 자신을 피해자로 만든 폭력에 대한 분노를 어떻게 참을 수 있을까? 그의 아내 또한 언제나 그의 편에 있을 터였다. 자연스러운 애정은 엘리자베스 우드빌의 강점이 아니었지만[126] 아버지와 형제의 죽음을 용서하기에 그녀는 여전히 너무 야심차고 보복적이었다. 워릭은 앞으로 에드워드와 자신 사이에 결코 신뢰를 쌓을 수 없음을 알 만큼 에드워드를 충분히 알고 있었으므로 여생 동안 주군의 검으로부터 목숨을 잘 지켜야 했다.

그러나 백작은 자부심과 자립심이 있었다. 그는 위험에 맞서 왕을 석방했다. 에드워드를 죽이고 사위인 클라렌스를 새로운 왕으로 선포하는 것 외에는 다른 대안이 없었다. 그러나 에드워드의 대의에 충성하며 보낸 지난날의 기억은 너무나 강렬했다. 클라렌스도 형을 대신해 왕이 될 의지가 있었을지는 모르겠지만 그를 제거하자고 공개적으로 제안하지는 않았다.

에드워드는 한 달 넘게 사촌의 손아귀에 잡혀 있었다. 그는 워릭의 감시 하에 코번트리에 갇혀 있었지만, 마지막 3주간은 백작의 북부 거점인 미들햄에서 보냈다. 우리가 알고 있는 몇 가지 이야기에서 왕은 모든 일을 매끄럽게 처리했고 공정한 약속을 한 것처럼 보여진다. 다른 한편 백작과 대주교는 왕이 감금된 것처럼 보이지 않게 각별히 주의했다. 그는 모든 사람에게 자유롭게 접근할 수 있었고, 소수의 백작 부하들과 함께 성에서 3~4마일 정도 떨어진 곳에서 사냥을 할 수 있도록 허락되었다. 그러면서 워릭은 요크파에 충성하며 두 개의 랭커스터 폭동을 진압했다. 그중 하나는 홀더니스 Holderness의 로빈이 이끄는 퍼시가에 의해서였고, 다른 하나는 그의 손위 방계의 험프리 네빌 경이 일으켰는데 그는 곧 포로로 잡혀 요크에서 참수되었다.

왕을 석방하기 전에 워릭은 몇 가지 보장을 요구했다. 첫 번째는 자신과 클라렌스, 그리고 리즈데일의 로빈의 봉기에 연루된 모든 사람들의 사

---

126 후일 리처드 3세가 그녀의 아들들을 살해한 후에, 그와의 거래를 한 것이 목격되었다.

면이었다. 두 번째는 자신을 사우스 웨일스 관리인에 임명하고 카마던 Caermarthen과 다른 사우스 웨일스 성들의 성주를 임명할 권리를 주는 것이었다. 이들은 원래 허버트 손에 있었고, 백작은 이들이 글래모갠셔 Glamorganshire와 남 웨일스 마치South Marches에서 자신의 힘을 위축시 켰음을 깨달았다. 세 번째는 전 잉글랜드 병자간호 기사수도회Hospitallers 수도원장인 존 랭스트로더경Sir John Langstrother의 재무상 임명이었다. 그 는 2년 전 왕이 비밀리에 임명하려고 노력한 존 우드빌에 대항하여 수도원 장에 임명된 바가 있기 때문에 리버스의 후임으로 선택된 것이 분명했다. 그 러나 대법관직은 아직 아무와도 원한을 맺고 있지 않은 스틸링튼Stillington 주교가 맡고 있었는데, 조지 네빌은 자신의 옛 직위를 회복하려고 하지 않고 그대로 그에게 맡겼다.

10월에 왕은 몬태규, 대주교, 글로스터의 리처드, 에식스와 아룬델의 백 작의 호위를 받아 위엄 있게 런던으로 돌아왔다. 패스튼가의 한 명은 그 날 을 이렇게 기록했다.

'왕은 클라렌스, 워릭, 요크에 대해 칭찬을 아끼지 않으며 가장 훌륭한 친 구들이라고 말했지만 그의 가족은 다르게 평가했기에 누가 더 빠르게 몰락 할지는 말할 수 없다네.'

여기에 덧붙이자면, 잉글랜드의 어느 누구도 이제 더 이상 왕과 워릭을 함 께 계산하지는 않게 됐다.

XV
헨리 6세를 위하여

워릭과 에드워드 왕 사이의 평화는 예상보다 훨씬 짧게 지속되었다. 그들은 1469년 9월부터 1470년 3월까지 일곱 달을 견뎌야 할 운명이었다. 평화가 견고한 동안 모든 것은 겉으로 보기에는 너무 부드러웠기에 그 끝은 세상에 천둥 번개를 불러왔다. 조용한 시간을 좋아하는 사람들에게 있어선 1469년과 1470년 사이의 겨울에 일어난 일들보다 더 희망적으로 보이는 것은 없었으리라. 의회는 지난해 저항세력에 대한 왕의 모든 면책권을 비준했고, 왕은 앉은 자리에서 요크와 네빌가를 그 어느 때보다도 더 결속시키기로 약속한 계획을 발표했다. 에드워드는 결혼한 지 6년이 되었지만 아들이 없었다. 세 명의 딸들만이 엘리자베스 우드빌Elizabeth Woodville과의 연합의 쟁점이 되었다. 그는 이제 자신의 큰딸이자 추정상속인推定相續人을 네빌가의 후계자인 몬태규의 아들이자 아직 아이인 조지George와 결혼시키자고 제안했다.[127] 그리고 소년의 직위를 자신의 의도에 맞추기 위해 베드포드 공작으로 만들었다. 몬태규는 직분이 상승한 그의 형제들과 함께하지 않았고 리즈데일의 로빈과는 싸우기조차 했기 때문에, 왕은 그에게 이 최고의 영예를 주는 일이 매우 쉬웠다.

루즈콧 필드 전투

2월에 워릭은 워릭 성에 있었고 북부에는 몬태규, 런던에는 클라렌스와 에드워드 왕이 있었다. 모든 것이 매우 조용하던 중, 갑자기 링컨셔에서 말

---

127   존 린가드John Lingard가 예리하게 관찰한 바와 같이, 이 계획은 두 가지 의미를 가질 수 있다. 우리가 위에서 말한 것처럼 네빌가와의 평화의 비준이었거나-혹은 이쪽이 꽤 가능성이 높은데-몬태규에게 에드워드 가문의 번영에 관한 특별한 관심을 기울일 기회를 줌으로써 그의 형제들로부터 멀어지게 하려는 의도였다.

썽이 일어났다는 소식이 전해졌다. 윌로우비 경과 웰스가의 아들인 로버트 웰스Sir Robert Welles 경이 이끄는 과격한 군대들이 모여 에드워드의 가장 신뢰받는 하인들 중 하나인 토머스 버러 경Sir Thomas Burgh의 영지를 빼앗고 왕국의 악정에 대한 일상적이고 선동적인 외침을 불러일으켰다. 처음에는 아주 위험한 부분은 없어 보였다. 왕이 아들의 행동에 대한 책임을 묻기 위해 윌로우비를 불렀을 때, 이 나이 든 동지는 자신에 대한 안전 보장을 신뢰하며 해명하기 위해 런던으로 빠르게 도착했을 정도였다. 그러나 폭동은 전형적인 반란으로 번졌고 곧 로버트 웰스 경이 1만5천 명에 달하는 링컨의 모든 주 부대를 소집하여 헨리 왕을 외치게끔 군대에 명령했다는 소식이 전해졌다. 에드워드는 반군에 대항할 압도적인 힘을 모으기 위해 즉시 준비위원회를 발족시켰다. 그 위원회 중 두 명은 워릭셔와 우스터셔에서 병사를 모으도록 명령할 수 있는 워릭과 클라렌스로 보내졌다. 그들의 모병 주문일은 3월 7일 날짜로 되어있었으나, 그보다 반나절 전에 그들이 공표한 목적이 달성되었다. 에드워드는 윌로우비 경을 인질로 삼는 이따금씩 그가 보여줬던 놀라운 에너지를 분출하며 북쪽으로 돌진했다. 그는 6일 런던을 떠나 11일 원군과 동부 주의 군대를 등에 업고 스탬포드까지 도착했다. 12일에 그는 스탬포드 근처의 엠핑엄Empingham에서 반란자들을 만났다. 그리고 웰스가 해산 명령을 내리지 않자 그의 늙은 아버지 윌로우비를 참수했다. 링컨셔 군인들은 왕의 대포가 불을 뿜기도 전에 불명예스럽게 패망하여 도망쳤고, 루즈콧 필드Lose-coat Field라고 알려진 그 전투에서 웰스의 색깔로 칠해진 튜닉은 서둘러 벗어던져졌다. 며칠 후 로버트 경은 돈커스터에서 붙잡혀 참수되었고 반란은 끝났다. 21일 화요일에 왕은 그의 군대를 살펴보았다.

'잉글랜드에서 그렇게 많은 선한 사람들을 볼 수 있는 자리는 없었으며 싸움을 위한 준비가 잘 되어 있었다. 특히 노퍽 공작은 경건한 마음으로 동행하였으니, 그곳에는 따로 군주가 없었다.'

워릭과 클라렌스는 그들의 명령에 따라 링컨에서 모집한 수천 명의 군인들과 함께 그날 체스터필드에서 지냈다.

그런데 갑자기 에드워드는 자신의 군대에게 워릭과 클라렌스가 반란에 연루되었다는 로버트 웰스 경의 사망 자백을 입수했다고 발표했다. 웰스는 가끔 헨리 왕의 이름을 사용했지만, 사실 그는 클라렌스를 왕좌에 앉히겠다고 했고 워릭의 전폭적인 지지를 받아 행동했다고 했다. 에드워드는 즉시 동행자 없이 출석하라는 요구를 이미 공작과 백작에게 보냈다고 덧붙였다. 그들이 안전 보장 없이 오기를 거부했기 때문에 이제 반역자라고 선언했지만, 일주일 안에 자신의 앞에 현명하게도 겸손하고 경건하게 나타나기만 한다면 그들에게 삶을 허락하겠다고도 했다. 군대는 즉시 체스터필드로 진군하도록 지시됐다. 그러나 선언이 워릭과 클라렌스에 이르렀을 때 그들은 따르지 않고 목숨을 걸고 도망쳤다.

웰스의 이야기

이 일련의 사건들은 워릭의 일생 중 가장 곤혹스러운 부분이다.[128] 연대기 저자는 우리에게 거의 도움이 되지 않으며, 우리가 가지고 있는 단 두 건의

---

128 이후 이어지는 설명에서 웰스와 관련된 반역 음모에 대하여 저자는 에드워드 4세의 음모와 워릭 백작의 결백함에 대하여 주장한다. 물론 에드워드 4세의 문서에 기반하여 워릭 백작이 반역 음모에 적극적으로 관여했다고 주장하는 학자도 있다.◎

직접적인 문서는 에드워드 왕이 작성한 공식 서류들일 뿐이다. 이 서류들은 널리 퍼져있어서 프랑스 작가들에게서도 한 자씩, 한 단락씩을 여러 번 만난다. 물론 이름은 끔찍하게 뒤죽박죽이다.[129] 에드워드는 웰스가 체포되는 바로 그 순간까지 워릭과 클라렌스가 자신을 충실하게 섬기지 않는다는 생각은 못했다고 말했다. 그러나 웰스의 고백과 추적 중에 살해당한 클라렌스 공작 측 종자의 부하에게서 발견된 몇몇 반역적 문서들이 음모를 폭로시켜 주었다는 것이다. 왕이 발간한 두 번째 문서는 웰스의 고백인데, 이것은 전체 이야기가 그럴지도 모른다거나 그렇지 않을 수도 있다는 식의 횡설수설하는 토로였다. 웰스가 그렇게 하면 목숨을 구할 수 있으리라고 예상하지 않았다면, 그는 왜 우리가 볼 수 없는 모든 것을 고백했겠는가? 만일 그렇게 해서라도 목숨을 구하기를 기대했다면 그는 왕이 선택한 어떤 이름도 그의 이야기 속에 삽입했을 터이다.

웰스의 진술은 링컨셔 주가 작년에 리즈데일의 로빈과 함께한 일에 대한 복수심으로 왕이 올까 봐 두려워했다는 것과 관련된다. 2월 2일경, 올해 또 다른 문제가 있다면 링컨셔가 들고 일어날 준비가 되어 있는지 묻고자 클라렌스 공작의 목사 존 클레어 경이 웰스에게 왔을 때 이미 동요가 일어나고 있었기에, 목사는 공작이 말을 전할 때까지 미동도 하지 말라고 명령했다고 한다. 웰스의 이야기에 따르면, 그는 그 이상의 의사소통을 위해 지체없이 링컨셔 전체를 일으켰고 클라렌스 공작뿐만 아니라 헨리 왕의 이름으로 선언하였다. 폭동이 시작된 지 며칠 후, 그가 왕을 화나게 만들었다고 말하는 클라렌스 공작 측 종자가 웰스에게 찾아왔다고 한다. 그리고 많은 하원 다수

---

129   예를 들어 장 드 와브랭 Jean de Waurin은 반란군 거점인 랜비 하우Ranby Howe를 타비호흐Tabihorch로, 랭커셔는 랭트레기에Lantreghier로 썼다.

는 그들이 분발하지 않는 한 죽을 수밖에 없다고 말했다고 한다. 그래서 이 종자는[130] 그 자신이 스탬포드에서 죽을 때까지 군의 지휘를 넘겨받아 행사했다는 것이다. 게다가 존 라이트John Wright가 워릭 백작의 기념품이라고 말하는 반지를 끼고 링컨에 왔는데, 그는 백작이 링컨셔와 같은 역할을 하겠다고 맹세하는 위로의 메시지를 가져왔다고도 했다.

'나는 그들이 큰 반란을 계획했음을 알게 됐다. 그리고 클라렌스 공작을 왕으로 만들려는 의도와 그것이 우리 군에 커다란 문제가 되리라는 것도.'

웰스의 이야기에 따르면 그는 워릭이나 클라렌스를 본 적이 없고 그들의 목적에 대한 명확한 지식도 없었다. 그는 단지 클라렌스를 왕좌에 앉히는 것이 목적이라는 것만 이해했을 뿐이다. 그리고 그의 모든 정보는 클레어와 익명의 종자로부터 나온 것이다.

이것은 이상한 이야기이고 많은 의구심을 자아낸다. 워릭이 정말로 지난해의 희극을 다시 연기하기를 원했다면, 어째서 반란을 일으키기 위하여 자신의 영향력이 없는 랭커스터 가문의 영향을 충실하게 받은 주로 가야만 했는가?[131] 그리고 만약 그가 링컨에서 반란을 계획했다면, 왜 그는 자신의 미들랜드와 사우스 웨일스 부하들을 부르거나 요크셔나 켄트처럼 주 전체에 명령할 수 있는 곳에서 모병하여 계획을 지지하려고 하지 않았을까? 백작은 1469년에 분명하게 보여줬던 반역적 배신을 할 역량이 충분히 있었다. 그런 그가 웰스의 반란 쇼 준비처럼 정신 나간 형편없는 술책을 쓸 필요가 있었을까? 지난해에 그의 친척과 부하 들은 계획을 실행하여 매우 정확하게 기회

130　웰스는 그의 성을 왕에게 알려줄 수 없었으며 월터Walter라는 것만 알았을 뿐이다.

131　웰스의 할아버지는 타우튼에서 헨리의 대의를 따르다 쓰러졌고, 아버지는 1460년 워릭을 납치하려 했던 윌로우비였다.

를 잡았으며 굉장히 성공적으로 진행시켰다. 그런 그가 굳이 왜 지금 실수를 한 걸까?

게다가 존 워크워스John Warkworth[132]와 다른 연대기 저자들은 웰스가 클라렌스에 대한 자신의 신앙 고백을 하는 시간 동안, 정작 부하들에게는 헨리 왕을 외치도록 했으며 그의 모든 인맥은 확실한 랭커스터파였음을 말한다. 그가 어깨에 놓인 죄책감을 떨쳐버리려고 노력하면서 목숨을 구원받고자 애쓸 때 에드워드의 암시를 받아 워릭과 클라렌스를 자신의 죄에 연루시켰을 가능성이 있지 않을까? 또한 에드워드의 성격을 고려하면, 자신이 충성스럽고 승리한 군대의 우두머리임을 알게 되자 워릭과 클라렌스에게 덤벼들어 펨부르크와 리버스의 죽음에 대한 복수를 할 수 있겠다는 생각이 갑자기 떠올랐다는 예상은 충분히 가능성이 있다.

워릭의 도주

그렇든 아니든 에드워드가 체스터필드에 진군했을 때 완전히 준비되지 않은 상태였던 공작과 백작은 붙잡혔다. 그들은 왕이 자신들에게 안전 보장을 해주면 오겠다는 메시지를 남기고 맨체스터로 도망쳤다. 에드워드는 그들과 그들이 많은 병력을 모을 수 있는 요크파들에게 군대를 보냈다. 도망자들은 스탠리 경Lord Stanley[133]을 자신들의 대의에 관심을 두게 하려고 노력했지

---

132   사제이자 교수. 그가 썼다고 알려진 에드워드 4세의 연대기인 『워크워스 연대기』는 현재는 같은 캠브리지 피터하우스 대학교의 다른 이가 쓴 것으로 여겨진다.◎

133   워릭 백작의 여동생 엘레노어의 남편이었던 더비 백작 토머스 스탠리. 장미전쟁 기간 동안 절묘한 정치적 감각으로 에드워드와 워릭 사이에서 줄타기를 했으며 끝까지 아무 해도 입지 않고 살아남았다.◎

만 허사였기에 미들랜드로 되돌아갔다. 수백 명이 행렬을 이뤄 워릭에게 도착했지만 그곳에 계속 있을 시간은 없었다. 왕은 믿을 만한 사람들을 잉글랜드 전역에 파견하여 소집위원회Commission of array를 열었고, 확고한 요크파 세력들은 사방에서 미들랜드로 접근하고 있었다. 에드워드는 4월까지 전장에 거대한 군대를 세우겠다고 계산했다. 그는 승리를 거둔 2만 명 이상의 군대를 이끌고 남쪽으로 내려오면서 슈롭셔, 헤리포드Hereford, 글로스터, 스태포드, 윌트셔, 데븐, 도셋, 서머셋 모두에 군대 소집령을 내렸다. 그리고 워릭이 남쪽으로 이동한다는 소식을 들었을 때, 그는 솔즈버리로 가서 백작이 몬태큐트Montacute 땅에 닿으려고 하면 그곳에 집중시킬 4만 명의 병력을 위한 숙소와 식량을 주문했다.

공격 준비가 되지 않은 백작은 워릭 성에서 귀중품을 챙겨 아내와 두 딸과 함께 적들에게 포위되기를 기다리지 않고 남해안으로 달아났다. 그는 자신이 엑시터에 있을 때에야 솔즈버리에 간신히 닿은 왕을 크게 앞질렀다. 그곳에서 공작과 백작은 몇 척의 배를 얻었고, 다트머스로도 배를 모으기 위해 파견했다. 잉글랜드 해안의 모든 사람들은 백작을 선호했기 때문에 후자에서는 더 많은 배들이 획득되었다. 에드워드가 가까이 다가오자 워릭과 그의 사위는 급조된 함대에 올라타 바다로 나갔다. 그들은 스케일스의 무산된 탐험 이후 그곳에 머물렀던 트리니티Trinity라고 불리는 커다란 배를 포함하는 왕실 해군의 일부로 사우스햄튼에 이르기까지 남해안을 따라 달렸다. 그러나 스케일스와 하워드Howard가 대규모 햄프셔Hampshire 모집군으로 도시를 점령한 상태였다. 백작의 공격은 실패했으며 그의 배들 중 세 척은 선원들을 태운 채 적의 수중에 떨어졌다. '잉글랜드의 일류 도살자' 우스터의 팁토프트 백작은 사람들을 포획했으며 클래펌Clapham과 19명 이상의 종자들이 매달리고 찔렸다. 이 잔혹한 처벌은 잉글랜드를 공포스러운 충격에 빠뜨렸고, 팁토프트의 이름은 그를 캑스튼의 우상으로 만든 모든 학문과 업적보다는 이 혐오감으로 아직도 기억되게 만들었다.[134]

워릭은 자신이 맡았었고 지금은 친구 웬록이 맡고 있던 칼레로 무리없는 입성을 기대하며 갔다. 그러나 왕은 갈리아드 드 두라스Galliard de Duras와 다른 장교들을 보내서 총독을 감시하게끔 했으며 다소 기회주의자였던 웬록은 감히 자신의 속내를 내보이지 않았다. 워릭이 나타났을 때 그는 입성을 거부했고 배 쪽으로 공포를 발사했다. 동시에 그는 백작에게 '만약 그가 프랑스에 가서 기다린다면, 기회가 오는대로 그에게 칼레에 대한 객관적인 이야기를 해줄 것'이라는 비밀 메시지를 보냈다. 워릭이 칼레에 정박해 있는 동안 그의 딸인 클라렌스의 아내는 아들을 낳았다. 웬록은 포도주 두 병을 쓰라고 보냈지만 그녀에게 육지로의 안전한 통행을 내주지는 않았다. 이를 코민은 '하인이 자신의 주인을 대하는 지나친 가혹함'이라고 논평했다.

루이에게 받아들여지다

비록 대부분의 칼레 수비대와 주민들이 워릭과 클라렌스 일행을 받아들이기를 원했다는 얘기가 나왔지만, 그들은 프랑스의 루이로부터 피난처를 얻을 수 있으리라 믿은 옹플뢰르Honfleur 항구로 피난해야 했다. 그들은 칼레와 옹플뢰르 사이 길에서 부르고뉴 공작 소속 선박 몇 척을 진상했다. 그

---

134 팁토프트 백작은 이탈리아에서 몇 년 동안 머무르면서 법학과 라틴어를 배웠고 그 과정에서 키케로Cicero의 『노년에 관하여De Senectute』 등 다수의 라틴어 고전을 영어로 번역했다. 윌리엄 캑스튼은 그 번역서들을 인쇄, 출간함으로써 영어의 언어적 완성도를 높였다.◎

들이 자신들을 공격하려고 무장한 줄 알았기 때문이었다. 루이는 워릭과 거리를 유지했지만 비서인 듀 플레시스Du Plessis를 보냈으며 제독인 부르봉의 서자는 이 도망자들을 진심으로 환영했다. 루이는 여전히 잉글랜드와 전쟁 중이었고 프랑스 해안에 에드워드 왕이 상륙하는 상황을 두려워했다. 그는 이제 존중하는 법을 배운 워릭을 주인에게 저항하게끔 만들 수 있게 되어 기뻤다. 그는 잉글랜드에서 문제를 일으킬 수 있다면 그의 적일지라도 집에 머물게 할 터였다. 왕이 관리들에게 내린 첫 번째 명령은 워릭이 그의 배를 수선하게끔 하고, 돈을 주고, 가능한 한 빨리 잉글랜드로 보내도록 하라는 것이었다. 그러나 좁은 해협은 너무 잘 감시됐다. 워릭이 자신의 상인들을 붙잡은 것에 화가 난 용담공 샤를은 일흔 척으로 이뤄진 큰 선단을 구성했으며 이 함대는 해협을 휩쓸면서 세느 강 입구를 감시하였다.

워릭의 출발이 강제로 지연되자 프랑스 국왕의 바쁜 머릿속에서 새로운 아이디어가 숙성될 시간을 갖게 되었다. 워릭은 이제 에드워드 왕과 가망 없이 헤어졌다. 그들은 다시는 서로를 믿을 수 없게 됐다. 그러니 백작이 랭커스터의 대의와 자신을 조화시키지 않을 이유가 있는가? 루이는 바르공국 duchy of Bar에 있는 은신처로 마거릿 왕비를 보내는 것보다 먼저 이 아이디어를 구체화시켰고 그들이 7월 중순 앵거스에서 만났을 때 자신의 계획을 그녀와 백작 앞에 내놓았다.

그 계획은 일견 양측에 반발을 불러일으켰다. 그들 사이에는 흘린 피와 문제가 너무 많아서 어느 누구도 그 제안을 받아들일 수가 없었다. 만약 마거릿으로 하여금 워릭이 그녀를 잉글랜드에서 두 번이나 쫓아냈고, 남편을 탑으로 수치스럽게 보냈다는 사실을 잊게 할 수 있다면, 그녀는 분노한 순간 자신을 간음한 여자이자 아들을 사생아로 낙인찍은 그를 용서할 수 있었을 지도 모른다.[135] 워릭은 워릭대로 만약 왕비가 1459년에 만들어낸 자신의 삶에 대한 음모를 용서할 수 있다면, 웨이크필드 다음 날 그의 흰머리 아버지를 냉혹한 처형대로 보낸 여자와의 만남을 견딜 수 있었을 것이다. 루이 왕은 양쪽에게 과거는 모두 잊어버리고 현재의 급박한 상황을 위해 서로를 향한 간절한 증오를 희생해 줄 것을 요청했다.

마거릿 왕비와의 화해

만약 워릭과 마거릿 왕비가 혼자였다면, 그들이 합의에 도달했을 가능성은 거의 없었다. 그러나 그들 사이에서 루이는 분주히 왔다갔다 했다. 왜냐하면 그의 부도덕한 마음은 정열이나 정서가 명백한 정치적 필요성을 능가하는 걸 도저히 상상할 수 없었기 때문이었다. 두 파벌들은 점차 왕의 계획에 반대한다는 입장을 표명하게 되었는데, 이것은 협상의 시작을 위한 첫 번째 단계였다. 워릭이 먼저 항복했다. 왕비는 설득하는 데 훨씬 더 오랜 시간이 걸렸다. 백작은 자기 자신, 남편, 그리고 아들에게 닥친 모든 문제의 원인이었다고 그녀는 말했다. 그녀는 그를 용서할 수 없었다. 게다가 그를 용서하는 일은 그가 자신에게 줄 수 있는 것보다 더 많은 친구들을 잃게 만들 터였다.

워릭의 대답은 간단했다. 그는 자신이 행한 그녀와 그녀 주변의 위해들에 대해 모두 인정했다. 그러나 그 모욕은 자신이 결코 당할 이유가 없었던, 사악한 그녀의 계획으로부터 시작되었다고 말했다. 그가 한 일은 오로지 자기

---

135   영국 밖의 연대기 저자들은 워릭이 1460년의 코피니Coppini에서 이 표현들을 사용했
       다고 기록하고 있다.

방어였다는 것이다. 그러나 이제 새로운 왕은 믿음을 저버렸고, 더이상 그에게 얽매이지 않게 됐다. 마거릿이 자신을 용서한다면 지금부터 쭉 그녀에게 진실할 것이다. 그리고 그렇게 되면 프랑스 왕이 보증인이 될 것이다. 루이는 그의 말을 왕비에게 전하며 그녀가 백작을 용서하기를 간청했다. 백작은 다른 어떤 사람보다도 더 신세를 지고 있다고도 말했다.[136]

왕비는 그런 압박과 아버지 르네 왕의 조언자들의 설득으로 워릭을 용서하기로 했다. 루이는 그 후 계획의 두 번째 지점을 제기했다. 그는 새로운 동맹은 결혼으로 인해 봉인되어야 한다고 충고했다. 웨일스공은 이제 열일곱 살이었고 워릭의 어린 딸인 레이디 앤은 열여섯 살이었다. 어떤 결합이 이보다 공정하거나 더 희망적일 수 있을까?

그러나 왕비는 이 제안을 듣지 않으려고 했다. 그녀는 아들과 더 잘 어울리는 결합을 찾을 수 있다고 말했다. 그리고 최근에 에드워드가 자신의 어린 엘리자베스 공주를 그녀의 아들에게 제안한 편지를 그들에게 보여주었다.[137] 그러나 루이는 조용하면서도 끈질기게 고집을 부렸으며 결국 왕비는 이 지점도 양보했다. 8월 4일, 그녀는 앵거스에 있는 생 마리St. Mary 교회에서 워릭을 만났고, 그들은 화해했다. 거기서 백작이 헨리 왕의 싸움에 기꺼이 동참할 것을 진실된 십자가의 한 조각에 걸고 맹세하자 왕비는 백작을 진실하고 충실한 신하로 여기며 지나간 일에 대해 백작에게 어떠한 비난도 하지 않겠다고 맹세했다. 백작은 그의 딸을 왕비의 손에 맡기고, 그가 헨리 왕을

---

136   이 모든 것은 『흰 장미 연대기』에 실린 귀중한 '앙제Angiers의 워릭 백작의 거래 관리'에서 나온 것이다.

137   이것은 불가능한 이야기가 아니다. 워릭이 왕비와 동맹하는 것을 두려워한 에드워드는 마거릿의 아들에게 궁극적인 왕위계승권을 주는 것으로 그들을 갈라놓기를 바랐을지도 모른다. 그는 남자 상속인이 없었기 때문에 왕위는 그의 큰딸인 엘리자베스와 함께 갈 터였다.

위해 잉글랜드를 되찾을 때에만 결혼이 이루어져야 한다고 말했다. 그리고 그의 함대를 바다로 보낼 준비를 하기 위해 해안으로 떠났다.

잉글랜드 침공

루이의 계획이 성공하자 한 사람만이 몹시 화가 났다. 클라렌스 공작은 장인과 랭커스터 가문의 화해를 보고 싶지 않았다. 왜냐하면 그는 워릭이 에드워드를 몰아낸다면 자신이 왕이 되리라고 기대했기 때문이다. 그러나 떠돌아다니는 망명자들은 운을 그대로 따라가야 할 팔자였고, 클라렌스는 마거릿과 그녀의 남편이 제자리로 다시 돌아갔을 때 자신의 이름이 그녀의 아들의 뒤를 이어 쓰여지리라는 왕비의 약속에 만족해야 했다. 하지만 왕자는 건강하고 전도유망한 청년이었기에 주어진 전망은 절망적일 정도로 멀었다. 클라렌스는 불만을 가졌고 워릭 밑에 있음을 후회하기 시작했다.

이 시점에 잉글랜드에 있는 그의 형은 클라렌스 공작부인의 여성 주치의를 통해 메시지를 보내어 랭커스터가에 들러붙느라 자기 가문의 행운을 망가뜨리지 말아달라고 간청하면서 그들 사이에 놓여 있는 세습적인 증오를 기억하라고 했다. 에드워드는 동생에게 완전한 사면을 내렸다. 클라렌스는 잉글랜드에 도착하자마자 왕에게 가겠다는 약속으로 답했다. 이 모든 협상들이 이뤄지는 동안 워릭은 아무것도 의심하지 못했다.

에드워드는 동생이 백작의 침공을 무산시키기로 한 약속에 너무 기뻐하며 워릭을 저지하려고 바다에 있는 함대 유지에 돈을 낭비한 부르고뉴의 샤를을 비웃었다. 그리고 혼자서도 충분하기에 가장 큰 바람은 자신의 적수가 잉글랜드 땅에 안전히 상륙하는 걸 보는 일이라고 선언했다.

그는 곧 그 소원을 이뤘다. 9월에 추분의 돌풍이 부르고뉴 함대를 잡아서 사방으로 날려버렸는데 그중 일부는 스코틀랜드와 덴마크까지 갔다. 이것은 오랫동안 바다로 나가기를 기다려왔던 워릭을 위해 해안을 비워주었다. 백작은 일을 쉽게 하기 위해 이미 예방 조치를 취해놨다. 그와 클라렌스가 서명한 선언문은 그들을 자진해서 돕는 이들에 의해 잉글랜드 전역에 퍼져 있었다. 그것은 망명자들이 '그들의 땅에 권리와 정의를 세우고, 비참한 종의 신분이 된 왕국을 영원히 되찾고 개조하기 위해' 돌아왔다고 말하고 있었다. 하지만 내용 안에서 에드워드와 헨리 중 어느 한 쪽도 언급되지 않는데, 이 희안한 사실은 랭커스터 동맹이 마지막 순간까지 공언되어서는 안 됨을 지적하는 것처럼 보인다. 그러나 많은 선언들보다 더 유용한 것은 백작이 북부로 보낸 메시지였다. 그는 전에 그랬던 것처럼 친척인 피츠휴에게 그와 코니어스가 리즈데일의 로빈의 반란을 일으켰을 때처럼 요크셔를 일으켜서 왕을 북쪽 방향으로 끌어오라고 주문했다.

피츠휴는 미들햄에서 네빌 소작인들을 선동하는 데 별 어려움이 없었다. 그리고 워릭의 예상대로 에드워드는 반란 소식을 듣자마자 동생인 글로스터의 리처드, 스케일스, 헤이스팅스, 세이, 그리고 매우 신뢰하는 더 많은 제후들과 워릭이 남부 해안에 상륙했을 때 대항하기 위해 쓰려던 임시적인 군대의 정예들을 이끌고 지체없이 진압에 나섰다.

요크 근교에서 에드워드는 지난 1년간 형의 반란에도 불구하고 자신에게 충실했던 몬태규와 맞닥뜨리게 되었다. 그러나 왕은 몬태규의 충성에 대해 형편없이 지불했다. 왕은 그로부터 노섬벌랜드에 있는 퍼시 가문의 땅들을 빼앗아 퍼시가의 젊은 후계자에게 돌려주면서, 몬태규에게는 후작 직위를 내리고 워릭의 몰수당한 북쪽 땅들 중 일부를 넘겨주는 것으로 보상해주었다. 몬태규는 '후작 직위와 함께 파이 껍데기를 줬다'며 은밀하게 불평했으며 왕이 생각했던 것만큼 만족하지는 않았다.

에드워드의 도주

9월 25일 워릭은 다트머스에 아무런 저지 없이 상륙했다. 그의 군대에는 클라렌스뿐만 아니라 망명 생활을 하고 있던 몇몇 거물 랭커스터 군주들인 펨부르크의 재스퍼, 옥스포드, 그 이상의 랭커스터 사람들이 있었다. 그들은 약 이천 명을 데리고 왔는데, 그들 중 절반은 루이가 빌려준 프랑스 궁수들이었다. 침략자들이 상륙한 순간, 워릭과 클라렌스는 헨리 왕을 지지하는 성명을 발표함으로써 자신들을 선언하였다. 데본과 서머셋은 항상 랭커스터의 요새였고 보퍼트와 엑시터의 옛 신하들이 자신들의 망명한 주군들을 만나기 위해 수백 명이 들어왔다. 며칠 후 워릭은 만 명의 병력을 거느리고 런던으로 행군할 수 있었다. 왕은 돈커스터에 있었고, 그의 남부 부관들은 그 없이는 버틸 수가 없었다. 얼마 후 워릭의 미들랜드와 윌트셔 소작인들이 합류했고 슈어즈버리 백작은 그의 도움으로 세번Severn 계곡에서 올라와서 잉글랜드 서부를 손에 넣었다.

한편 이 순간까지도 일을 매우 절망적일 정도로 잘못 관리한 에드워드 왕은 자신의 행렬에 속한 몬태규와 많은 다른 영주들과 함께 돈커스터와 링컨의 남쪽으로 이동했다. 10월 6일, 그는 경호병과 함께 노팅엄 근처의 요새화된 저택에 누워 있었고 군대는 주변의 모든 마을을 점령했다. 아침 일찍 그가 여전히 침대에 누워 있는 동안, 음유시인장chief of his ministrels인 알렉산더 칼라일Alexander Carlisle과 목사 마스터 리는 그의 방으로 뛰어들어, 군에서 배신 행위가 있었다고 말했다. 몬태규와 다른 영주들은 '주여, 헨리 왕을 구하시옵소서!'라고 외치는 군대 대열을 따라가고 있었다. 병사들은 워릭과 랭커스터를 응원하며 소리쳤다. 그런 그들에게 아무도 요크의 대의를 지키기 위한 공격을 가할 기미를 보이지 않았다.

에드워드는 서둘러 일어나서 자신이 누워 있는 저택으로의 접근을 막기 위해 경호병을 세우고 그 보고의 진실을 알기 위해 정찰병을 보냈다. 그들은 자신들을 향해 진군해오는 몬태규와 만난 후, 소문이 모두 사실이라고 전하기 위해 돌아서서 달아났다. 에드워드는 동생 글로스터, 시종장 헤이스팅스, 세이와 스케일스, 직속 추종자들과 함께 말을 타고 도망쳤다. 그들은 약 8백여 명의 강군이 있는 린Lynn에 도달했으며 몇몇 상인과 항구에 있는 두 척의 작은 네덜란드 범선을 붙잡아 부르고뉴 땅을 향해 출항했다. 폭풍과 한 자동맹 해적들의 추적에 시달린 이들은 네덜란드 주지사인 그루트후세의 루이Louis of Gruthuyse와 함께 피신했다. 왕과 귀족, 궁수 들은 모두 자기 등 뒤에 단 것 외에는 아무것도 없이 탈출했다. 따라서 에드워드는 자신을 나른 배 주인에게 도피할 때 입은 비싼 담비 털 가운을 줌으로써 배삯을 치를 수 있었다.

XVI
에드워드 4세의 귀환

에드워드 왕의 제명은 놀라울 정도로 갑작스러웠다. 다트머스에 상륙한 지 11일 만에 워릭은 잉글랜드의 주인이 되었다. 추방된 왕을 향해 한 대도 치지 않았는데도 말이다. 칼레에서 베릭까지 모든 남자는 진짜든 거짓이든 기쁨의 표시로 붉은 장미나 래기드 스타프를 달았다. 10월 6일에 백작은 런던에 도착했고 런던은 익숙한 채비로 문을 열었다. 그것은 조프리 게이트 경 Sir Geoffrey Gate이 백작의 이름으로 모은 켄트주 사람들의 난폭한 군대를 두려워하여 항복을 연기했을 뿐이었다. 그들이 사우스워크Southwark[138]에 피해를 입혔기 때문에 런던 시민들은 그들을 들여보내기를 거부했고 헨리 왕을 공식적으로 인정하기 전에 워릭의 도착을 기다렸다. 한편 요크의 모든 파벌들은 도시를 벗어나거나 성소를 점령하였다. 엘리자베스 왕비는 웨스트민스터 관구로 피신했는데, 에드워드 왕의 첫 번째 아들을 낳은 직후였다.

헨리 6세의 부활

시내를 따라 달리던 워릭은 탑에 도착하였고 헨리 왕이 간수의 손에서 '자신의 나라에 있는 것에 걸맞게 왕자로 추앙받지도 않고 깨끗하지도 못한 채'임을 발견했다. 백작은 그를 성채-5년 전 구속된 죄수였던 그를 자신이 인도한-로부터 빼내어 왕실 예복을 입히고 공식적으로 세인트 폴 대성당으로 데리고 갔다. 시장과 주 장관과 모든 하원 의원 들은 그 앞으로 걸어와 '모든 사람들이 오른손으로 기뻐하고, 왼손으로 박수를 치며 기뻐하며, 소리쳤다. "신이여 헨리 왕을 보호하소서!"' 그러자 왕은 대성당에서의 해방에 감사한

---

138   서더크라고도 불리며 템스 강 남안에 있고, 남쪽에서 런던으로 들어가는 도로의 집합점으로 32개 구가 있는 그레이터런던에서 가장 오래된 지역.◎

나머지, 치프사이드Cheapside[139]로 내려가서 런던 주교 궁전에 거주지를 마련했다.

헨리는 포로 기간 동안 많이 망가졌고 우울해졌다. 한 비우호적인 연대기는 '그는 울wool 자루처럼 절뚝거리고 무기력하게 왕좌에 앉았다'고 말한다. '그는 단지 그림자이고 가식일 뿐이며, 그의 이름으로 행해진 일은 스스로의 의지와 인지 없이 행해졌다.' 그에게 부서지지 않고 남은 것은 신앙심과 동요하지 않는 인내심뿐이었다. 그러나 왕의 그런 약점은 워릭의 목적에 더 적합했다. 그의 해방은 6일에 이루어졌고, 10월 9일에는 그가 왕국의 정부를 재구성하는 일련의 긴 서류들에 서명하기 시작한 것을 발견할 수 있다. 워릭과 그의 친구들이 랭커스터 동료들보다 더 많은 왕의 임무를 맡는다는 게 처음부터 명확했다. 첫 번째 임명에서 워릭은 왕의 대리인이 되었고 칼레의 수장과 해군 제독이라는 오랜 직책을 재개했다. 조지 네빌은 대법관에 복직되었고, 병자 간호 기사수도회의 전임자였던 존 랭스트로더 경은 1469년에 워릭이 그에게 주었던 재무부를 다시 받았다. 클라렌스 공작은 1470년에 유배될 때까지 형 밑에서 누렸던 아일랜드 총독으로 임명되었다. 랭커스터파 중에서는 옥스포드가 호민관으로, 펨부르크는 워릭 휘하 공동 대리인으로 임명되었다. 나머지는 압수된 땅을 돌려받았지만 공식적인 승진은 없었다.

옥스포드가 호민관으로서 한 첫 번째 권력 행사는 아무도 용서할 수 없는 에드워드 왕의 몇 안 되는 신봉자들 중 하나인 우스터의 팁토프트 백작을 해치우는 일이었다. 워릭은 지난 4월에 자신의 지지자들이 백작에 의해 말뚝에 꿰찔렸음을 기억했고 옥스포드는 그가 1462년에 거열형에 처한 아버지

---

139 런던을 동서로 가로지르는 큰 거리.◎

와 형제의 복수를 해야 했다. 잉글랜드의 도살자는 예상대로 자비가 베풀어지지 않았고 10월 18일에 참수되었다.

워릭은 가능한 한 빨리 왕국에 정착하기를 열망했으므로 왕의 이름으로 소환장이 발송되기 며칠 전인 11월 26일에 의회에서 모임을 가졌다. 그리고 새로운 규칙이 관용과 사면 중 하나임을 보여주기 위해 모든 주의를 기울였다. 에드워드의 마지막 의회에 참석했던 생존한 동료들은 모두 헨리 왕을 만나기 위해 초청되었는데 헨리 왕은 6명만 구했고[140] 나머지 네 명인 글로스터, 스케일스, 헤이스팅스, 그리고 세이 경은 바다 건너로 달아났다.

의회는 예레미야서의 '나를 배반하고 떠나갔던 자들아 돌아오너라Turn, O ye back-sliding children.' 구절[141]에 맞춘 설교를 한 조지 네빌 대법관을 환영했다. 이 회기의 진행 내용은 유실되었지만 그들이 주로 형식적이었으며 국왕의 임명을 확인하고 마거릿 왕비와 클라렌스 사이에 이루어진 협정을 비준했음이 알려져 있다. 마지막 내용과 관련해서는 웨일스공에게 부실한 문제가 발생했을 때의 왕위 계승자로 선언되어야 한다는 것이었다. 그리고 상원 의석을 차지할 수 있는 서머셋과 엑시터와 다른 랭커스터 영주들의 사권 박탈을 뒤집어야 한다는 내용도 있었다.

프랑스와의 조약

그러나 복구에 있어 가장 중요한 정치적 사건은 1464년에 첫 번째로 무산된 협상 이후 워릭이 마음 깊이 두었던 프랑스와의 조약 체결이었다. 워릭

---

140 그들의 요크적 당파성이 아무리 강했어도.

141 『공동번역성서』, 예레미야 3장 14절.◎

의 권력이 확고히 자리를 잡자 바이외Bayeux의 주교이자 명목상의 예루살렘 총대주교Patriarch가 이끄는 사절단이 런던에 나타났으며 12년 동안의 평화와 동맹 조약이 정식으로 체결되었다. 이 조약의 가장 중요한 특징은 잉글랜드를 부르고뉴와의 싸움에서 프랑스 왕 편을 들도록 의무로 구속했다는 점이다. 에드워드가 쫓겨났고 더 이상 용담공 샤를을 도울 수 없다는 소식을 듣자 루이는 즉시 솜므Somme의 도시들을 공격했고 아미앵Amiens과 몇몇 다른 중요한 장소들을 점령했다. 그는 내년 봄, 공작과의 경쟁이 본격적으로 시작되면 부르고뉴인을 매우 싫어하는 사람에 의한 잉글랜드의 힘이 도움이 되리라는 걸 알고 매우 기뻐했다. 워릭은 공작의 영토에 완전히 둘러싸여 있던 칼레의 수비대를 즉시 강화하기 위한 조치를 취했으며 내년 봄의 군사 작전을 준비하기 시작했다.

불만스러운 사람들

헨리 왕의 복귀에 따른 잉글랜드의 국민정서가 어떠했는지 정확히 측정하기는 다소 어렵다. 그러나 국가는 눈에 띄는 열정은 없더라도 매우 침착하게 새 정부를 받아들인 듯하다. 랭커스터파들은 물론 만족했다. 비록 그들은 자신의 무기로 지위를 되찾고 싶어 했을지도 모르겠지만 말이다. 요크파에서는 대부분의 중요한 부분들을 에드워드 왕이 아니라 백작이 보유하고 있다고 여겨졌다. 이것은 나중에 나라 대부분 지역의 하원의원들이 보여준 바와 같았으며, 특히 요크의 대의에 강한 애착을 갖고 있었던 요크셔와 켄트에서는 확실히 그랬다. 그러나 복위에 대한 반응이 좋지 않은 계층들도 있었다. 그것은 네빌가가 아닌 요크 귀족들에 의한 반감이었다. 노퍽 공작과 모든 부치어 일족 등은[142] 워릭이 왕비의 친인척들을 징벌할 때는 불쾌해 하지 않았으나 에드워드의 완전한 퇴장을 보고 싶지는 않았다. 켄트의 그레이 백작과 아룬델 백작과 같은 다른 동료들은 우드빌가와 동맹하고 결혼함으로써 에드워드 편에 더욱 깊숙이 헌신했다. 대가문의 모든 수장들은 옛 적들에게 용서와 호의를 구하는 게 쓰디쓴 일이었다. 예를 들어 패스튼의 기록에 따르면, 랭커스터파였던 옥스포드 백작에게서 가족들이 자신에게 소송을 걸려고 하지 않는 것처럼 겸손해지도록 강요당했던 노퍽의 감정은 어땠을까?

복구가 진통을 겪는 또 다른 부분은 런던 상인들 사이에서 발견되었다. 전왕은 엄청난 돈을 썼기에 망명하는 순간 그를 기쁘게 했던 많은 부유한 사치품 납품업자들은 시름에 빠졌다. 이제 빚을 돌려받는 일은 가망 없게 되었고 불행한 채권자들은 부루퉁하고 우울해졌다. 게다가 에드워드의 정중하고 상냥한 매너는 그가 상습적으로 나타났던 런던 중앙에 거주하는 사람들 눈에 호감 있게 비치게 만들었다. 그리고 구전이 잘못된 게 아니라면 그들의 아내들 눈에는 여전히 그렇게 비춰지고 있었다. 랭커스터 사람으로 선언된 경우를 제외하고는 도시에 있는 몇몇 사람들만이 새 정부를 열정적인 의미로 바라보았다.

또한 새 정부에 대한 감정이 별로 중요하지 않을 듯한 한 사람도 있었다. 비록 클라렌스의 조지는 워릭을 따라 런던으로 가서 복구되는 모든 일들에 중요한 역할을 했지만, 그의 입장은 매우 불만스러웠다. 그는 아일랜드의 총독으로 임명되었을 때[143], 그리고 많은 영주들을 만났을 때 전혀 현명하지 못했다. 그는 웨일스공의 최종 후계자로서 형의 치세 때보다도 더 왕좌에서 멀

142　에식스, 대주교, 크롬웰, 버너스.

143　그가 대리인에서 해방되기 위해 선택한 자리였다.

리 떨어져 있었다. 만약 그에게 기회가 주어졌다면 워릭을 배신하고 잉글랜드로 돌아가서 에드워드 왕과 만났을 것이다. 그러나 일들이 너무 빨리 진행돼서, 그는 요크의 대의에 붙을 기회를 찾지 못했다. 1470~1471년 겨울 동안, 그는 다시 한 번 형과 연락했다. 이 서신은 그들의 누이들[144]을 통해 이루어졌다. 이것은 클라렌스가 에드워드에게 도움을 주겠다는 약속을 재개하고 그가 잉글랜드에 다시 발을 디딘 순간 모을 수 있는 모든 사람들과 함께 합류하겠다는 맹세를 의미한다. 한편 워릭은 사위의 배반 혐의에 대해 아무런 의심을 품지 않았다. 그는 그를 극구 신뢰했고 많은 호의를 베풀었으며 잉글랜드 왕국 전역에 헨리 왕의 대리인으로서 자신과 펨부르크의 이름에 사위의 이름을 함께 쓰기까지 했다.

 다섯 달 동안 백작의 통치는 방해받지 않았다. 나라에는 그의 의지에 감히 이의를 제기하는 사람이 아무도 없었다. 그의 커다란 난관이 될 존재인 마거릿 왕비는 아직 바다를 건너지 않았다. 그녀의 지체는 이상했다. 아마도 그녀는 여전히 오랜 적의 손에 몸을 맡기기를 두려워했으리라. 혹은 워릭이 잉글랜드에서 권력을 확고히 하여 그녀의 음모들로 인한 곤란을 겪지 않게 될 때까지 프랑스 왕이 억류했을 것이다. 하지만 백작은 정말로 그녀의 존재를 원했다. 그는 그녀를 여러 번 초청해 도착을 앞당겼고, 마침내 재무상 랭스트로더를 재촉하여 마거릿과 그녀의 아들을 해협을 넘을 수 있도록 호위하려고 보냈다. 그녀가 움직이도록 설득된 것은 3월이 되어서였다. 그리고 3월은 시간적으로 너무 늦었다.

144　영국해협 안쪽에서는 엑시터 공작부인, 바다 너머에서는 부르고뉴 공작부인.

플러싱으로부터의 에드워드의 항해

한편 에드워드 왕은 부르고뉴 궁정에서 따뜻한 환영을 받았다. 프랑스 전쟁을 겪은 샤를 공작은 잉글랜드와의 평화 유지를 선호했을 것이다. 그러나 그의 동정심은 랭커스터와 요크 사이에서 갈렸다. 그의 아내는 에드워드의 여동생이었지만 혈관에는 랭커스터 피가 흐르고 있었으며 궁정에서는 서머셋, 엑시터, 그리고 다른 랭커스터 망명자들을 오랫동안 데리고 있었다. 그의 개인적인 적인 워릭이 잉글랜드의 대변자들 중에서 가장 막강하다는 현실은 에드워드를 지지하는 단호한 노선을 취하도록 강요했다. 백작이 프랑스의 루이와 동맹을 맺는다면, 샤를 공작으로선 워릭의 지배를 좌절시키기 위해 망명중인 처남에 대한 지원이 절대적으로 필요할 수밖에 없었다.

에드워드는 역경 속에서도 자신의 오래된 지치지 않는 힘을 다시금 발견했다. 그는 지난 가을 몬태규의 갑작스런 배신 행위가 없었더라면 훌륭하게 방어할 수 있었음을 깨달았으며, 검을 통한 재결권裁決權으로 일이 공정하게 끝날 때까지 자신의 명분을 버리지 않기로 결심했다. 그는 잉글랜드와 완전한 의사소통을 하고 있었고 클라렌스 외에도 더 많은 사람들이 그를 잉글랜드 땅에서 보고 싶어 함을 알 수 있었다. 그 모험은 위험할 터였다. 왜냐하면 그는 예전처럼 랭커스터파뿐만 아니라 위대한 백작에 대한 믿음을 항상 갖고 있었던 거대한 민중과도 싸워야 했기 때문이다. 그러나 무모한 기분이 들때, 위험은 에드워드를 억제하기보다는 오히려 동기를 유발시켰던 듯싶다. 그는 부르고뉴의 샤를이 약속했던 도움을 받았다. 비록 그것이 비밀스럽고 마지못해 준 것이지만 말이다. 에어Aire에서 공작과 마지막 면담을 가진 후, 그는 2월에 플러싱Flushing으로 떠났는데, 그곳 뷜커른Walcheren의 습지들 사이에 몇 척의 배들이 그를 위해 정박되어 있었다. 동생 글로스터와 헤이스 팅스 경, 세이, 스케일스 등 약 천오백 명의 잉글랜드 난민들이 동행했다. 공작은 그를 위해 금으로 5만 플로린florins[145]을 줬으며 독일 핸드건handgun 병 삼백 명을 고용했다. 이렇게 적은 재원을 갖고 추방된 왕이었지만, 그는 자신의 왕국을 재건하는 일에 주저함이 없었다. 3월 11일에 그와 부하들은 항해를 시작했다. 그들은 독일해를 지나면서 그들을 보호하기 위해 공작이 보낸 14척의 무장한 한자동맹 선박에게 호위되었다. 그러나 샤를은 그들이 안전하게 떠났다는 소식을 들은 순간 워릭의 이익을 위해, 어떤 사업에서든 잉글랜드 왕국에 대항하여 요크의 에드워드를 돕거나 사주하는 일을 경고하는 성명을 발표했다.

라벤스푸르 상륙

에드워드의 준비 작업이 비밀스럽게 이루어지긴 했지만 적들의 주목을 완전히 피하지는 못했다. 워릭은 능력을 최대한 발휘하여 상륙에 맞서기 위한 배치를 취했다. 폴큰브릿지의 서자가 맡고 있는 칼레에 주둔한 한 함대가 해협을 주시하며 켄트 해안을 보호했다. 백작은 불만을 품은 이들을 물리치고 헨리 왕을 지키기 위해 런던에 자리했다. 옥스포드는 동부 주들[146]에 지휘권을 갖고 있었다. 북부에서는 몬태규와 노섬벌랜드 백작이 권한을 나눠 헐 Hull에서 베릭까지 책임지고 있었다.

---

145   2실링짜리 동전으로 현재의 10펜스에 해당.◎

146   가장 위험한 지역으로는 에드워드와 계속 연락했다고 의심되는 노퍽과 부치어가 있었다.

워릭이 예상한 대로 침략자들은 이스트 앵글리아 상륙을 목표로 했다. 3월 12일에 에드워드와 그의 함대는 크로머Cromer에 정박했다. 그는 직접 육지에 발을 디디기 전에 신호를 보내기 위해 두 명의 기사를 해안으로 보냈다. 하지만 몇 시간 후에 이들은 돌아왔다. 옥스포드는 모든 지역을 엄중히 감시하고 있었고 에드워드의 친구들은 감옥에 있거나 허튼 행동을 하면 안 되는 상황이었기 때문에 그들은 그에게 다시 돛을 올려야 한다고 말했다.

이 실망스러운 정보를 받자마자 에드워드는 종종 그를 구원한 대담한 시도들 중 하나를 결정했다. 만약 우호적인 지역들이 그렇게 잘 감시된다면 워릭의 선호도가 매우 높은 지역들은 덜 신중하게 보호될 것이다. 비록 요크셔가 위대한 백작에게 헌신하는 것으로 알려졌으나 왕은 조타수에게 배를 북쪽으로 조종하도록 하여 험버의 입Humber mouth[147]으로 향했다.

그날 밤 남쪽에서 불어온 강풍이 에드워드의 배들을 쓸어 멀리까지 흩어 놓았다. 3월 15일 바람은 가라앉았고, 선박들은 홀더니스Holderness 해안의 다양한 지점들에 상륙했다. 5백 명의 군인을 거느린 왕과 헤이스팅스는 라벤스푸르Ravenspur에 상륙했는데, 이것은 볼링브루크의 헨리가 1399년에 런던에서 승리를 거둔 진군을 시작한 것과 같은 좋은 징조였다.[148] 다른 배들은 병력을 해안 근처의 지점에 상륙시켰고 다음날 아침까지 에드워드의 2천 명은 모두 안전하게 모였다. 그들이 시골로부터 받은 대우는 매우 맥빠지게 만들었다. 사람들은 마치 침략자들에 대항할 것처럼 마을을 떠나 큰 무리를 지어 모여들었다. 사실 그들은 그들이 공세를 취하도록 유도할 수 있는

---

147 험버 강은 영국 잉글랜드 중부에서 동쪽으로 흘러 북해로 들어가는 강이며 하구부에서 약 30km까지는 빙하기에 깎인 삼각강으로서 험버의 입이라고도 불린다.◎

148 헨리 4세가 1399년에 왕위에 오르며 랭커스터 왕조를 열었던 것을 말한다.◎

지도자만 있으면 됐다. 하지만 눈에 띄는 사람은 홀더니스에 있지 않았다. 몬태규는 북쪽의 웨스트라이딩West-Riding과 노섬벌랜드에 있었다. 홀더니스 사람들이 찾을 수 있는 유일한 지도자였던 델러메어Delamere라는 이름의 종자와 웨스터데일Westerdale이라는 이름의 주교는 멀리 떨어져 있는 왕을 따라다니며 요크로 그가 접근했다는 소식을 전하는 것으로 만족했다.

에드워드 플랜태저넷보다 덜 단호한 모험가라면 요크셔에서 도움도 동정도 없음을 발견했을 때 배를 다시 돌렸을 것이다. 그러나 에드워드는 게임을 하기로 결심했다. 적대적인 시골의 모습이 여우의 가죽으로 사자를 숨겨버티게끔 결심하게 만든 것이다. 그는 볼링브루크의 헨리가 72년 전 행했던 계략[149]을 기억하면서 헨리 왕을 축출하기 위해 무기를 들고 온 것이 아니라 단지 요크의 조상 대대로 내려오는 공작 영지를 요구하기 위해 왔을 뿐이라며 모든 곳으로 전령을 보냈다. 읍촌을 지날 때 그는 부하들에게 헨리 왕을 위해 소리치라고 명령했고, 자신은 타조 깃털로 만든 랭커스터 배지를 달았다. 그는 이 빌려온 지위로 요크 성벽 앞에 나타났는데, 아직 검증되지 않았기에 그의 깃발에 사람들이 모이지 않았다. 그가 접근했던 가장 큰 도시인 헐은 그에게 단호하게 대항하며 문을 닫았다.

몬태규를 지나가다

에드워드의 운명은 3월 18일 아침 요크 관문 앞에서 정해졌다. 그는 시민

---

149 볼링브루크의 헨리는 리처드 2세가 아일랜드에 간 사이에 잉글랜드를 침공하여 왕위를 찬탈하여 헨리 4세로 즉위했는데, 그 과정에서 그는 자신의 의도는 왕위가 아니라 랭커스터 공작으로서의 권리를 찾기 위해서라며 사람들을 호도했다.◎

들이 무장을 한 성벽을 발견했다. 그러나 그들은 총을 쏘는 대신 교섭을 했다. 그리고 그가 아버지의 위엄과 소유물만을 열망하며 평화롭게 왔다고 선언했을 때, 열여섯 명뿐인 그의 무리는 관문을 통과할 수 있었다. 그 후 그는 대성당의 높은 제단의 십자가에서 '그는 다시는 잉글랜드의 왕이 되지 않을 것이며, 워릭 백작의 자극적이고 선동적인 행위가 없었다면 그 이전에도 왕이 되지 않았을 것이다', '그리고 모든 사람들 앞에서 그는 외쳤다, "헨리 왕! 헨리 왕과 에드워드 왕자!"' 이러한 주장에 만족한 요크 사람들은 그들의 벽 안으로 침입한 사람들을 인정했다. 그러나 에드워드는 요크에서 12시간밖에 머물지 않았고, 다음날 아침 타드커스터로 행군했다.

이날은 거의 마지막 날만큼 중요했다. 라벤스푸르에 상륙한 지 닷새가 지났기에 소식이 퍼질 충분한 시간이 있었다. 만약 몬태규와 노섬벌랜드가 헨리 왕에 대한 충성에 마음이 기울었다면, 그들은 지금 가까이에 있어야 했다. 그러나 요크의 별은 상승세를 타고 있었다. 노섬벌랜드는 이 순간 랭커스터가에 바쳤던 할아버지의 충정보다는 네빌가를 향한 오래된 원한을 더 기억했다. 그는 실제로 군대를 모았지만, 남쪽으로 진군하거나 침략자를 저지하려는 시도는 하지 않았다. 랭커스터 연대기 저자들이 선언한 대로, 그는 실제로 에드워드와 반역적인 연락을 주고받았을 가능성이 있다. 반면 몬태규는 2, 3천 명의 사람들을 모아 그레이트 노스 로드를 보호하기 위해 폰테프랙트Pontefract로 향했다. 그러나 에드워드는 폰테프랙트에 접근하는 대신 군대를 교차로로 이동시켰고, 덕분에 그는 적군을 둘러싼 측면 쪽으로 진군을 할 수 있었다. 그는 아버지에게는 재난과도 같았던 웨이크필드 전투의 전날 밤을 보낸 샌들 성에서 그날 저녁 잠을 잤다.

어떻게 해서 에드워드가 몬태규를 추월할 수 있었는지는 결코 설명이 나오지 않을 문제들 중 하나다. 그의 정찰병들이 적군을 시야에서 잃는 바람에 측면으로 전진해오는 전선을 놓친 것이었을지도 모른다. 몬태규가 실제로는 자신의 군대보다 크지 않은 왕의 군대를 과대평가해서 동료인 노섬벌랜드가 합류할 때까지 싸우지 않은 것인지도 모른다. 일부 현대 작가들은 왕과의 오래된 애호 관계를 기억하는 후작이 자신의 손으로 옛 주군을 치는 걸 혐오했다고 주장한다. 다른 이들은 몬태규가 묵은 충성심으로 옮겨간 것이 양심의 가책 때문이 아니며 실제로는 형을 버리고 에드워드파에 합류하기로 결심했다고도 말한다. 그러나 그의 나중 행동은 이 주장을 불가능하게 만든다.

아무튼 몬태규의 치명적인 나태함은 에드워드에게 있어선 구원이었다. 그는 상륙한 후 처음으로 샌들에서 격려를 받았다. 그는 요크 공작령 사유지 한가운데에 있었고, 그의 조상 대대의 신하들 사이에서 상당히 많은 수의 사람들이 그와 합류했다. 이러한 합류에 고무되어 그는 남쪽으로 빠르게 돌진했고, 하루에 거의 20마일 정도를 진군하며 21일에는 돈커스터, 23일에는 노팅엄에 도착했다. 그 과정에서 신병들이 모여들기 시작했고 노팅엄에서는 제임스 해링턴 경Sir James Harrington과 윌리엄 파르 경Sir William Parr 휘하 6백 명의 중장병으로 이루어진 군대의 합류로 요크군을 크게 부풀렸다. 그 후 에드워드는 상륙 후 처음으로 친구와 적 들의 위치를 파악하기 위해 잠시 멈추었다.

워릭의 고백

한편 에드워드의 진군 소식은 잉글랜드 전역에서 산불처럼 번졌으며 사방 팔방의 사람들은 그의 원조나 파괴에 대비하여 무장하고 있었다. 워릭은 처음에는 몬태규와 노섬벌랜드가 침략자를 막길 바랐다. 하지만 에드워드가 슬쩍 통과했다는 말을 들었을 때, 자신이 직접 전장으로 나가야 함을 깨달았다. 이에 따라 그는 22일 런던을 떠나 서둘러 워릭으로 향하여 미들랜드 신하들을 불렀다. 런던의 경비와 헨리 왕을 보호할 사람은 동생인 대주교에게 맡겼다. 동시에 서머셋은 남서부에 추가로 군대를 징집하기 위해 떠났고 클라렌스는 글로스터셔와 윌트셔를 일으키기 위해 출발했다. 옥스포드는 이미 전지戰地를 장악했으며 22일에는 4천 명의 인원을 거느리고 린에 있었는데 이는 무기를 들 수 있는 노퍽, 서퍽, 케임브리지 랭커스터군이 모인 그리 많지는 않은 수였다. 그때부터 그는 노팅엄 근처 어딘가에서 에드워드의 옆구리를 무너뜨리기를 바라면서 군을 뉴어크Newark로 이끌었다.

바로 그 순간 침략자는 그때까지 쓰고 있던 가면을 벗어던졌다. 호평을 받고 강하게 증강된 자신을 발견하자 요크 공작령만을 구한다는 명분을 버리고 자신이 바로 왕이라고 선언했다. 그러나 그의 입장은 여전히 위험했다. 워릭은 전방에 병력을 모으고 있었다. 몬태규는 조심스럽게 그의 뒤를 따라오고 있었고, 옥스포드는 그의 측면을 공격하려 했다. 적들은 어떠한 위험에도 맞서려 했다. 그래서 에드워드는 잠시 동안 다른 적들을 무시한 채 옥스포드만을 맹렬히 공격했다. 그는 약 5천에서 6천 명의 사람들과 함께 뉴어크로 빠르게 진군했다. 이 결정과 무력시위는 백작을 놀라게 했는데 백작은 엑시터 공과 바돌프Bardolph 공과 합류했지만 싸우기에는 너무 허약하다고 느끼고 있었기 때문이었다. 요크군의 선봉이 나타나자 그는 서둘러 뉴어크를 떠났고 스탬포드에서 매우 무질서한 모습으로 다시 무너졌다.

그래서 에드워드는 그의 측면 문제를 해결한 후 노팅엄으로 다시 돌아와서 레스터로 이동했다. 여기서 그는 동 미들랜드에 있는 대량의 요크파들과 합쳐졌다. 헤이스팅스 경의 신하들 가운데서도 삼천 명이나 되는 사람들이 한꺼번에 그를 찾아왔다.

침략자로부터 두 번의 짧은 진격을 당한 워릭은 군대를 모으기 위해 모든 신경을 다 쏟고 있었다. 그의 공식 서한들은 래기드 스타프나 붉은 장미를 달아본 미들랜드의 모든 기사들을 부르기 위해 동서로 달렸다. 이 편지들 중 하나는 1889년 비버 성Belvoir Castle의 꽝lumber room에서 발견되었다. 그 것은 위대한 더비셔Derbyshire 지주 헨리 버논에게 전달되었다. 첫 번째 부분은 비서의 손으로 쓰여졌으며 내용은 다음과 같다.

신뢰와 경애를 담아-

친애하는 자네를 위해 마음으로부터 우러나오는 기도를 올리며, 우리 영주의 큰 적, 반란, 반역자인 저쪽 사람 에드워드가 지금 이 땅의 북쪽에 도착하였네. 그리고 2천 명이 넘지 않는 플랑드르인, 동부인, 데인족들과 함께 남쪽으로 빠르게 오고 있네. 그러므로 자네는 이걸 보는 즉시 무장하여 모을 수 있는 한 많은 사람들과 함께 코번트리로 나에게 와서 군으로 배치되도록 하게. 나의 유일한 마음이 자네 안에 깃든 것처럼, 추후 자네의 번영과 명예를 보장해주기 위해서라도 자네가 가능한 한 빨리 나와 합류하길 바라네. 하느님께서 자네를 지켜주길.

-워릭에서 3월 25일 작성

그리고 나서 백작이 직접 추신을 써넣어 버논의 개인적인 우정에 호소했다.

"헨리, 내가 자네를 위해 할 수 있는 것만큼, 나를 실망시키지 않기를 기도하고 있어."

유감스럽게도, 우리가 가지고 있는 위대한 백작의 거의 유일한 사인인 이 긴급한 호소는 목적을 달성하지 못한 듯하다. 버논은 게임의 관전을 더 선호했고 4월 2일 늦게까지도 어느 편에 서서 무기를 들 준비를 하지 않았다.

클라렌스의 배신

워릭은 3월 28일 6천 명을 거느리고 에드워드의 선봉에 맞서는 강력하게 방비된 마을인 코번트리로 갔다. 같은 날, 그의 적군은 거의 만 명이나 되었으며 레스터에서 남쪽으로 행군했다. 다음날 아침 워릭과 왕은 서로를 볼 수 있었고 전투가 예상되었다. 그러나 백작은 싸우기 전에 증원군을 기다리기로 결심했다. 그는 몬태규가 북쪽에서 곧 도착할 것이고 동쪽으로는 옥스포드가, 남서쪽에서는 클라렌스가 도착하리라고 계산했다. 따라서 그는 코번트리에 틀어박혔고 교전의 위험을 무릅쓰지 않았다. 이 군사 작전 내내 가장 완벽한 지휘관임을 증명한 에드워드는 재빨리 적을 지나쳐 워릭이 자신의 본부를 만든 워릭을 점유했다. 그리고 나서 그는 코번트리에서 런던으로 가는 고도high road에 군대를 파견하여 백작과 수도와의 직접적인 통신을 차단한 채 기다렸다. 백작처럼 그도 증원군을 기대하고 있었다.

가장 먼저 다가온 세력은 남서쪽에서 온 클라렌스의 소집군이었다. 7천 명의 병력을 거느리고 공작은 4월 2일 버포드Burford에 도착했다. 다음날 그는 밴버리를 향해 진군했다. 4일이 되자 워릭은 사위가 하얀 장미를 달고 에드워드 왕과 합류했다는 끔찍한 소식을 전해 듣게 됐다. 그 반역죄는 오랫동안 계획되었으며, 완벽한 신중함으로 큰 성공을 거두며 행해졌다. 밴버리에서 몇 마일 떨어진 곳에서 클라렌스의 전열은 요크파와 마주하게 됐다. 클라렌스는 병사들에게 에드워드 왕을 외치라고 명령했고 자신들과 맞서고 있는 군대 대열에 합류했다. 지도자에게 배신당한 군인들은 저항하지 않았고 요크 군대로의 등록을 허락했다.

클라렌스는 추정키에 매우 수치스럽게도 장인에게서 항복 조건을 받으려고 했다. 요크파의 한 연대기 저자는 말한다.

'그는 만약 코번트리의 문을 연다면 백작에게 충분히 유익할 수 있는 어떤 조건들을 제안했다. 그러나 백작이 왕과 자신 사이의 지속적인 선의의 지속을 믿지 않았든, 아니면 마거릿 왕비에게 선서한 큰 맹세와 조약과 약속을 지킬 의사가 있었든, 아니면 그가 여전히 왕보다 우위를 가져야 한다고 생각했든, 아니면 왕에 반하는 커다란 악의를 가진 옥스포드 백작 같은 어떤 사람에게 이끌리건 간에, 합리적이고 비합리적이건 어떠한 임명도 받지 않을 생각이었다.'

그는 클라렌스의 전령들을 쫓아냈다.

'그는 자신이 공작 같은 반역자가 아님을 신에게 감사했다.'

런던 확보

워릭은 비록 옥스포드가 4천 명의 병력과 함께 그와 합류했고 몬태규가 접근하고 있었지만, 4월 5일 아침 코번트리 관문 앞에서 에드워드와 클라렌스가 자신의 군대를 끌어내려고 했을 때 여전히 전투를 받아들일 만큼 강하지 않다고 느꼈다. 그렇게 버티자 그는 적들이 행군 종대를 나누어 런던 로드를 따라 물러나는 것을 보았다. 에드워드는 이제 약 1만8천 명의 병력을 데리고 있었기에 친구들이 지난 2주 동안 그를 위해 분주하게 소란을 피웠던 수도를 공격할 수 있을 만큼 충분히 강하다고 생각했다. 그는 모든 위험을 무릅쓰고라도 워릭을 억류하라는 명령을 내린 강력한 후위를 뒤에 남겼다. 그리고 본대를 워틀링 가도를 따라가도록 하여 런던과 그를 떨어뜨려 놓았던 75마일을 5일 만에 이동했다.

한편 워릭은 옥스포드뿐만 아니라 몬태규와도 합류했으며 7천~8천 명을 데리고 있는 서머셋이 50마일 밖에 떨어져 있지 않다는 소식을 들었다. 이 상황은 그를 기분 좋게 만들었다. 왜냐하면 런던이 며칠 동안 버티는 사이, 그가 템스 강에 접근하게 되면 켄트 사람들이 그의 군기軍旗에 맞춰 모이는 계획을 계산했기 때문이다. 그는 헨리 왕을 지키고 있던 대주교 동생에게 급히 편지를 써서 헨리 왕이 도시를 48시간만 지키면, 침략군을 둘 사이에 두고 격파할 수 있다고 말했다. 그리고 그는 코번트리를 떠나 다음 5일 동안 항상 그의 앞 20마일을 앞서 있는 왕을 뒤쫓기 위해 서둘렀다.

그러나 런던에서는 모든 것이 혼란스러웠다. 대주교는 전략가가 아니었고 그에게 쓸만한 군인은 한 명도 없었다. 도시의 랭커스터파는 결코 강력했던 적이 없었고 요크파는 이제 폭동을 조직하고 있었다. 그들 중 2천 명 이상이 웨스트민스터 성역에 있었는데 그중 3백 명은 기사와 기사의 종자 들이었다. 모든 사람들이 첫 신호에 일어날 준비가 되어있었다. 에드워드가 세인트 올번스에 도착했다는 소식이 전해졌을 때, 대주교는 말 위에 헨리 왕을 태우고 런던을 돌아다니면서 시민들에게 그에게 신뢰와 옳은 대의명분을 위한 힘을 줄 것을 간청했다. 그러나 그들 앞을 지나가는 허리가 휘고 활기 없는 눈을 한 왕의 허약한 그림자는 사람들을 열광하게 만들지 못했다. 오직 6

백~7백 명의 무장한 사람들만이 왕실의 깃발 아래 세인트 폴 대성당 앞마당에 모였다.[150]

그러한 힘의 균형은 반감을 품은 도시를 방어하는 일에 있어 명백하게 불공평했다. 다음날 에드워드의 군대가 성벽 앞에 나타났을 때, 런던 기록원의 어스윅Urswick과 일부 시의원들이 앨더스게이트Aldersgate의 경비원을 해임하여 에드워드의 진입을 막지 못하게끔 했다. 요크 대주교와 헨리 왕은 런던 궁전의 주교에게 피신했다. 그러나 붙잡혀서 탑으로 보내졌다. 조지 네빌은 많은 사람들이 반역죄로 고소했지만 매우 쉽게 사면을 얻었다. 그는 마지막 순간에 런던 시민들을 일으킬 수 없다는 것을 알게 되자 몰래 에드워드에게 어떤 저항도 하지 않겠다고 약속하면서 용서를 구했을 가능성이 충분히 있어 보인다.

런던 점령은 에드워드 왕의 지위를 비교적 안정적으로 만들었다. 그는 그때까지 부족했던 작전 기지를 보유하게 됐고 요크파의 대의를 선호하는 인구 가운데 자리를 잡았다. 다음날 그는 많은 힘을 얻었다. 에식스의 부치어 백작과 그의 동생인 부치어 대주교, 버너스 경, 그리고 많은 심지 굳은 요크파들은 동부 주들에서 증원한 7천 명과 함께 합류했다. 에드워드의 군대는 이제 너무 강해져서 워릭이 극북極北과 서부로부터의 증원군을 기다리지 않는다면 그가 거느린 어떤 군대와도 맞부딪칠 수 있었다.

---

150 『에드워드 왕의 도착』(1471?~1472?)은 인쇄본에 '6천에서 7천 명분'이라고 쓰여있다. 이것은 작은 숫자가 아니라 큰 숫자여서 필경사의 실수임에 틀림없다. 그리고 말그대로 이 책을 베낀 와브랭은 '6백 또는 7백'이라고 썼다.

얼굴을 맞대다

세족식을 행하는 성 목요일Maundy에 런던은 함락되었고 성 금요일Good Friday에 왕은 런던에 있었다. 토요일 오후, 그는 군대를 크게 강화시키고 원기를 회복시켜 쫓아오는 적을 만나기 위해 북쪽으로 진군했다. 왕이 자신을 억류하기 위해 남겨둔 후위, 그리고 서머셋 군대를 기다릴 필요성[151]으로 인해 매우 뒤쳐진 워릭은 금요일에 던스터블에 도착했으나 그날 저녁에 런던을 잃었으며 동생과 헨리 왕이 붙잡혔다는 소식을 받았다. 하지만 그는 계속 밀고 나가 세인트 올번스에서 워틀링 가도에서 벗어나 동쪽으로 방향을 돌렸다. 의심의 여지없이, 어민스트리트의 전선을 가로지르게끔 군을 위치시킴으로써 요크 세력이 강한 동 미들랜드와 에드워드의 연락을 차단하고자 하는 의도였다. 토요일 저녁, 그의 군대는 몽켄 하들리 교회Monken Hadley Church 근처의 둔덕에 진을 치고, 그 아래에 있는 바넷의 작은 도시를 내려다보았다. 모든 병력은 전투 대형으로 배치됐고 울타리 뒤에 배치되었다. 그들 앞에는 바다 위 400피트에 위치한, 내려가면 미들섹스 평야로 이어지는 황량한 고원이 있었다.

밤 동안 워릭의 보병 부대가 진격한 지 한두 시간 후, 그리고 땅거미가 지고 오랜 후에 요크군에 적이 가까이 왔다는 경보가 울렸다. 백작이 접근했다는 소식을 듣자마자 왕은 동원할 수 있는 모든 병사들과 함께 런던 밖으로 진군했다. 그의 선봉은 워릭의 척후병들을 물리쳐 바넷 도시 밖으로 쫓아내

---

151 장미전쟁의 초기 연구에서는 연대기 자료에 근거하여 서머셋 공작 에드먼드 보퍼트가 바넷 전투에 참전했다고 여겼으나 후에 여러 현대 역사가들은 그의 참전에 대해 의구심을 표한다. 바넷 전투 당시 서머셋 공작의 위치는 학자에 따라서 런던에 있었다거나 양주의 마거릿을 맞이하러 갔다는 주장들이 있다. 본서에서 저자는 서머셋 공작이 바넷 전투에 참전했음을 전제로 내용을 전개시킨다.◎

M.&N. 한하트, 바넷 전투 부분, 『바넷의 순회 성직자』(1885)

고, 본대로 돌아가는 그들을 추격했다. 적군을 발견하자 에드워드는 바넷을 통과하여 비탈을 올라, 백작의 군대가 위치한 울타리 뒤를 대면하고는 어둠 속에서 병사들을 배치시켰다.

워릭이 더 잘 볼 수 있었다면 전방에서 해야 했을 일을 행하지 않았기에 (에드워드의 군대는) 그가 생각했던 것보다 훨씬 더 가까이 왔다. 그리고 왕의 군대는 어떤 소음이나 말소리도 내지 않으며 그들을 그대로 두었다. 양측 모두 총포를 가지고 있었는데, 백작은 왕을 몹시 화나게 만들겠다는 뜻으로 거의 밤새도록 포를 쐈다. 그러나 그것들은 항상 왕의 군대를 넘어가는 바람에 거의, 혹은 전혀 피해를 주지 않았다. 왜냐하면 왕은 그들이 생각했던 것보다 훨씬 더 가까이 있었기 때문이다. 그러나 왕에게는 쏠 만한 포가 없었고 큰 효과를 발휘할 포도 매우 적었다. 백작이 그가 있을 만한 땅을 찾아 거기에서 포들을 겨누었기 때문이었다.

그래서 밤새 그들 머리 위로 대포가 울렸고, 두 군대는 모두 갑옷을 입은 채 비참한 부활절 전야를 보내야 했다. 다음날 결정적인 전투가 일어나리라는 것은 분명했다. 워릭이 켄트와 북부와 서부의 증원군을 끌어들이기 전에 한번에 끝내는 게 목적이었던 왕은 랭커스터군에게 발견되지 않고 철수하는 게 불가능할 정도로 백작에게 매우 가까이 접근했다. 날이 밝으면 잉글랜드에서 리처드 네빌의 이름과 에드워드 플랜태저넷의 이름 중 어느 쪽이 강할지 단번에 결정될 터였다.

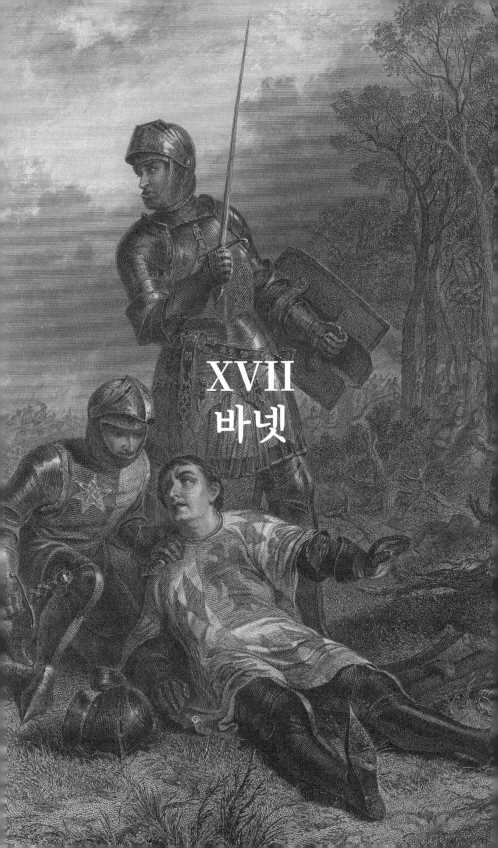

XVII
바넷

부활절 아침은 흐릿한 회색으로 밝았다. 골짜기로부터 짙은 안개가 피어올랐고 두 군대는 전날 밤보다 더 서로를 볼 수 없었다. 눈에 보이지 않는 군중의 둔탁한 소리만이 서로에게 다른 사람이 여전히 제자리에 있다고 말하고 있었다.

워릭의 군대

우리가 판단할 수 있는 한, 두 군대에는 각각 약 2만5천 명의 병력이 있었을 것이다. 어느 쪽이 더 강했다고 말하는 것은 증거의 충돌로 불가능하지만, 어떤 큰 힘의 차이가 있을 수는 없다.[152] 각각은 전형적인 중세의 군대로, 중심부의 주 부대, 전위와 후위는 좌우로, 그리고 중앙 뒤로 작은 예비군으로 이루어져 있었다. 15세기 잉글랜드의 보편적 관행에 따라 양측은 거의 모든 병사가 말에서 내렸다. 심지어 워릭 자신도 이 자리에서는 그의 말을 후방으로 보내고 하루 종일 보병으로서 싸웠다.[153] 그는 부하들에게 이것이 흔한 싸움이 아니라 자신의 영지, 이름, 권력, 그리고 생명을 걸고 있음을 보

---

152 『에드워드 왕의 도착』을 쓴 요크측 저자는 그의 후원자가 9천 명 밖에 없었다고 말한다. 하지만 우리는 더 많은 것을 설명할 수 있다. 에드워드는 2천 명과 상륙했고, 노팅엄에서 적어도 6백 명, 레스터에서 3천 명이 합류했다. 클라렌스는 7천 명, 에식스와 다른 부르치어가에서는 7천 명을 더 데려왔다. 합치면 1만9천6백 명이 되고, 더 많은 사람들이 작은 집단으로서 가입했을 것이다. 반면에 워릭은 코번트리에서 6천 명을 얻었다. 옥스포드는 4천 명을 데리고 합류했고, 몬태규는 3천 명, 서머셋은 7천 명, 그리고 기록되지 않은 많은 작은 지원군을 끌어들였다. 요크파는 그의 군대를 3만 명이라고 여겼다. 아마도 그건 몇 천 명 초과한 숫자였을 것이다. 그들은 틀림없이 비슷했을 것이다.

153 첫 번째 돌격 전선을 이끌려는 게 아니었기에, 그리고 그 자신을 예비 부대의 맨 앞에 세워 마지막으로 가격할 준비를 하기 위해서였다.

글로스터의 리처드−리처드 3세와 아내이사 리처드 네빌의 딸 앤 네빌, 카디프 싱의 스테인드 글라스

여주고 싶었다.

백작의 군대 안에서 몬태규와 옥스포드는 북쪽과 동쪽으로부터 온 부하들과 함께 우익을 맡았다. 서머셋은 자신의 웨스트 컨트리West-Country 궁수와 미늘창병 들과 함께 중앙을 형성했다. 워릭은 미들랜드 부하들과 함께 좌익을 맡았다. 워릭은 1458년에 행한 저 유명한 행진에서의 내키지 않는 파트너이자 1460년 봄의 바다에서는 적이었던 오랜 적수 엑시터와 함께였다. 여기저기에 옛 랭커스터파와 워릭의 일행들이 뒤섞여 있었다. 홀랜즈의 햇불통Cresset of the Hollands[154]은 래기드 스타프를 달고 굳건하게 서 있었다. 몬태규의 암갈색 소Dun Bull of Montagu[155]와 드 베레의 빛나는 별Radiant Star of the De Veres[156]은 나란히 있었다. 당연히 오랜 적이었던 새 동지들에게 많은 의심의 시선이 주어졌다는 것과 가능한 배반 혐의가 모든 가슴에 자

---

154 엑시터 공작의 상징.◎

155 몬태규의 상징.◎

156 옥스포드 백작의 상징.◎

리했었음을 의심할 수밖에 없다.

에드워드의 군대도 비슷한 순서로 배치되었다. 글로스터의 리처드는 우익을 지휘했다. 그는 겨우 열여덟 살이었다. 그러나 그의 형은 리처드의 넘치는 열정과 에너지를 일찌감치 믿고 있었다. 왕은 클라렌스의 부하들을 가운데로 이끌었다. 장인을 배신한 지 이제 열한 시간째인 교활한 동생이 회개하지 않게끔 곁에 두기로 했기 때문이다. 헤이스팅스는 좌측에서 후방 부대를 이끌었다.

군대는 서로 너무 가까워서 서로 다투지 못하였다. 군인들은 밤새 누워 있던 진흙땅에서 일어나서 서 있는 곳에 전선을 꾸몄다. 그러나 밤은 에드워드 왕을 그릇된 길로 이끌었다. 그는 백작의 가장 먼 좌익과 겹치도록 군대를 세웠으나, 그의 맨 우익과는 대립하지 않았다. 한쪽 군대에서는 글로스터가, 상대쪽 군대에서는 몬태규와 옥스포드가 군대를 우회 기동하여 상대의 좌익과 우익에 선수를 칠 수 있는 상황이었다. 햇볕이 빤히 비춰졌다면 양군은 이 사실을 알 수 있었을 것이다. 그러나 짙은 안개 속에서 어느 쪽도 아직 그 유리한 점이나 위험을 알아차리지 못했다. 서로의 병력과 위치를 알아낸 전선에서의 만남이 이뤄지기까지 그럴 수가 없었다.

요크군 좌익의 패배

새벽녘의 첫 회색빛으로 물든 새벽 4시에서 5시 사이에, 두 군대는 자신들의 행로가 서로를 향해 뻗어 있음을 직감했다. 마침내 양쪽은 안개에 의해 지워지는 부분까지 좌우로 쭉 뻗은 미늘창과 활로 만들어진 긴 전선을 발견했다. 한동안 양 진영의 궁수와 포수 들이 맡은 바 역할을 치렀다. 그리고 두 전선은 더 가까이 붙어서 글래즈모어 히스Gladsmore Heath를 따라 끝에서 끝으로 만났다. 첫 번째 충격은 왕보다 워릭에게 더 유리했다. 사실 전선의 동쪽 끝에서 백작은 글러스터에게 선수를 맞고 원래 위치에 후퇴해야 했으며 자신의 중심부 쪽 입지를 양보해야만 했다. 그러나 요크군 대열의 다른 말미는 훨씬 더한 재앙을 겪었다. 몬태규와 옥스포드는 헤이스팅스의 측면으로 돌았을 뿐만 아니라 그의 대열을 감싸고는 부숴버리면서 황야 바로 너머까지 쫓아 바넷의 도시 지역으로 내려갔다. 궤멸된 부대들의 많은 이들이 런던까지 도망쳐 왕이 살해되고 요크의 대의가 파멸했다는 소식이 사방으로 퍼졌다. 그러나 에드워드의 좌익의 패배는 기대했던 결과를 모두 가져오지 못했다. 승리한 워릭군의 우익과, 심지어 그때 왕과 클라렌스가 입지를 잃기보다는 얻으며 서머셋과 격렬하게 싸우는 상황조차도 안개 때문에 주목받지 못한 것이다. 그래서 전선에서는 어떤 혼란도 전개되지 않았고 '누구도 낙담하지 않았다. 왜냐하면 자신들과 가장 가까운 몇 사람을 구했기 때문이다. 아무도 패배와 만나지 않았다. 똑같은 도주와 추격이 이뤄짐으로써 결코 상대보다 더 큰 용기를 얻을 수 없었기 때문이다.'

게다가 승리한 군대는 기회를 놓쳤다. 옥스포드는 힘든 동료들을 돕기 위해 돌아가는 대신 무모하게도 도망다니는 적을 죽이려고 1마일이나 쫓는 바람에 심지어 바넷의 거리 안으로까지 들어왔다. 그래서 그와 부하들은 안개 속에서 길을 잃었고 많은 병사들이 흩어져 있었다. 나머지는 천천히 부대를 추스르고, 산허리에서 들려오는 소음을 안내 삼아 전장으로 되돌아갔다. 몬태규는 그렇게 멀리까지 추격하지 않은 듯하다. 그는 분명 함께 있는 자신의 부대 일부를 유지하고 있었을 테고, 좌익에서 애를 먹고 있던 형의 군대를 강화하기 위해 그 병력을 사용했을 것이다.

그러나 한편, 에드워드 왕은 중심에서 자리를 잡고 있었다. 요크쪽 연대기 저자가 즐겁게 기록한 바에 따르면 그가 이끄는 종대는 '길을 가로막는 모든 것들을 두들기고 없앴으며, 그를 진심으로 우러러 보는 든든한 동료애와 그의 시선을 방해하는 게 없도록 손과 다른 손까지의 길이의 범위로 부숴 없앴다.' 요컨대 워릭군의 서머셋은 무너지고 있었다. 얼마 가지 않아 랭커스터의 중심은 깨질 터였다.

싸움이 시작된 지 한 시간 후, 옥스포드와 그의 승리한 부하들은 다시 한 번 전장에 나타났다. 안개 속에서 길을 잃은 탓에 그들은 자신들이 예상했던 에드워드의 뒤편이 아니라 아군 중앙의 왼쪽 뒤에서 나타났다. 그들은 어둠 속에서 긴 우회로를 그렸음에 틀림없다.

워릭의 죽음

드디어 그날의 치명적인 순간이 왔다. 드 베레의 빛나는 별이 그려진 깃발과 갑옷의 옥스포드 병사들은 동료들에 의해 요크군의 측면 종대로 오인되었다. 안개 속에서 그들의 상징은 빛살과 함께 그려진 태양처럼 보였는데, 그것은 에드워드 왕의 표식이었다. 그들은 동료들에게 가까이 다가가자 날카로운 화살을 받았고 워릭의 마지막 예비군에게 공격을 당했다. 이 실수는 매우 잔인한 결과를 낳았다. 옛 랭커스터파와 새 랭커스터파는 서로에 대한 의심 없이 지내온 적이 없었다. 동료들에게 공격을 받은 옥스포드는 노스햄튼의 그레이 드 루딘처럼 몇몇 사람이 대의를 배신했다고 생각했다. 반역죄를 외치면서 그와 부하들은 모두 전장에서 북쪽으로 도망쳤다.[157]

---

157 이것은 워털루 전투에서의 일과 비교해볼 수 있다. 지텐 백작 한스 에른스트 칼Hans

치명적인 고함소리가 고전중이던 워릭의 전선을 멈추고 모든 전열을 망가 뜨렸다. 옛 랭커스터파들은 워릭, 또는 적어도 에드워드 왕의 오랜 친분을 가진 그의 후작 동생이 위증죄를 범한 클라렌스의 예를 따르고 있다고 여겼 다. 많은 사람들이 네빌가를 향해 무기를 돌렸고 불행한 몬태규는 전투 중에 동맹들에게 살해되었다. 더 많은 사람들이 그 즉시 달아났다.

워릭의 부대는 여전히 자리를 잡고 있었지만, 마침내 백작은 모든 것을 잃 었음을 알았다. 동생은 죽었고, 엑시터는 옆에 쓰러져 있었고, 서머셋과 옥 스포드는 도주했다. 그는 자신의 군대 뒤에 있던 덤불과 울타리 쪽으로 후퇴 하기 시작했다. 그러나 거기서 그는 세인트 올번스와 노스햄튼, 타우튼과 헥 섬에서의 많은 적들에게 닥쳤던 운명과 만났다. 그의 무거운 갑옷은 빠른 도 주를 불가능하게 했다. 그리고 그는 로썸 숲Wrotham Wood 끝자락에서 쫓 아온 적에게 포위되어 부상을 입고 구타당한 후 살해되었다.

약탈자들이 쓰러진 사람들을 약탈했다. 그러나 에드워드 왕의 첫째 가는 열망은 백작의 사망 확인이었다. 전장은 조심스럽게 수색되었고 곧 워릭과 몬태규의 시체가 발견되었다. 두 사람은 모두 런던으로 옮겨져 상의가 벗겨 진 채 세인트 폴 대성당 보도 위에 눕혀져 3일 동안 세간의 시선에 노출되었 다.

'사람들이 백작이 아직 살아있다는 소문을 뿌리는 거짓된 이야기들에 휘 둘려서는 안 된다는 목적에서였다.'

시신들은 모두 돌들 위에 사흘 동안 누워 있다가, 그들과 같은 비셤에서

Ernst Karl, Graf von Zieten의 프러시아 군단은 잉글랜드군의 왼쪽 후방에 있는 전장에서 프 랑스군 전투복과 유사한 작센 바이마르Saxe-Weimar 왕세자의 여단을 공격했고 실수를 깨 닫기 전에 많은 이들이 살해당했다.

태어난 대주교 조지 네빌에게 넘겨졌고 수도원에 안장되었다. 무덤들은 그들의 아버지 솔즈버리와 조상인 몬태큐트 가문 백작들의 무덤들과 매우 가까이 있었다. 그들은 자신들을 덮고 있는 지붕과 함께 모두 똑같이 에드워드 개혁파의 반달리즘에 의해 휩쓸려갔으며 두 고요한 형제의 무덤은 흔적도 남지 않았다.

불운

그래서 리처드 네빌은 마흔네 살의 나이에, 세인트 올번스 전투를 처음 장악한 이후 16년 만에 칼에 맞아 죽었다. 종종 그의 친구였던 행운은 마침내 그를 떠났다. 어떤 합리적인 예지조차도 재앙으로 끝난 바넷에서의 일련의 기회들을 예견할 수 없었기 때문이었다. 몬태규의 우유부단함과 클라렌스의 배반만이 그에게 불리하게 작용했던 게 아니었다. 바람이 나빠지지 않았다면 3월 첫째 주부터 노르망디 해안에 있던 마거릿 왕비는 에드워드가 도착하기 훨씬 전에 런던에 있었을 테고, 그녀의 함대를 나른 웬록, 랭스트로더, 존 보퍼트 휘하 3천 명으로 도시를 확보할 수 있었을 것이다. 그러나 5주 동안 북쪽에서 불어오는 바람이 그 항해를 불가능하게 만들었다. 성 금요일에만 바람이 돌아서서 왕비의 항해를 가능하게 하였다. 워릭 백작부인을 다른 사람들과 함께 실어 나른, 바넷의 이른 아침에 포츠머스항에 도착한 첫 번째 배도 기회였다. 그녀가 육지에 발을 내딛고 있을 때 그녀의 남편은 글래즈모어 히스에서 그의 마지막 타격을 가하고 있었다. 원조가 들어오는 곳은 프랑스뿐만이 아니었다. 북부에서도 지원군이 모였고 켄트 사람들도 지도자를 기다리고 있었다. 워릭이 죽은 지 며칠 후, 폴큰브릿지의 서자는 헨리 왕의

실베스터 하딩
「헨리 6세의 아들, 웨스트민스터의 에드워드」
1793년
영국국립초상화미술관 소장

이름으로 캔터버리에 1만7천 명의 병력을 소집했다. 만약 워릭이 전투를 피할 수 있었다면, 그는 일주일 후에 군대를 두 배로 늘려 훨씬 더 유리한 조건 하에서 요크파와의 전투를 시도했을지도 모른다. 랭커스터파 잔당들은 지도자가 사라졌음에도 불구하고 튜크스버리에서 거의 동등한 조건으로 적과 맞설 만큼 충분히 강했다. 에드워드 왕이 바넷에서의 후퇴가 불가능하게끔 군대를 가까이 배치함으로써 백작에게 싸움을 건 것은 군사적 천재다운 공격이었고 워릭이 파멸한 근원이었다. 그러나 나머지 모든 군사 행동들에서 백작과 싸운 것은 기술보다는 행운이었다. 그의 적수는 용기와 성공이 따르는 위험한 게임을 했다. 하지만 만약 평범한 운만이 지배했다면 에드워드는 분명 실패했을 것이다. 그를 뒤엎을 승산이 너무 많았다.

그러나 행운들이 겹쳤고 워릭은 추락했다. 잉글랜드를 위해서라면, 그렇게 되어야만 했던 것은 잘된 일이었으리라. 만약 그가 성공하고 에드워드가 다시 한 번 쫓겨났다면, 장미전쟁은 1년 더 질질 끌었으리라고 확신할 수 있다. 요크 가문은 너무 많은 상속인과 너무 많은 추종자들이 있어서 긴 시간 동안의 문제를 겪지 않고는 그 해산이 불가능했다. 반면 랭커스터의 대의는 단 하나의 생명에 묶여 있었다. 에드워드 왕자가 튜크스버리 전장에서 도망치다가 블러디 메더우Bloody Meadow[158]에 떨어졌을 때 싸움은 끝났는데, 랭커스터 측에서 왕의 권리를 주장할 사람이 아무도 살아남지 못했기 때문이다.[159] 결국 왕위에 오르는 뜻밖의 기회를 차지한 리치몬드의 헨리[160]는 법적인 후계자도 아니었고 사실 랭커스터 가문의 진정한 후계자도 아니었다. 반대로 보면 워릭의 성공은 우리가 판단 가능한 내전의 지속으로 이끌었을 것이다. 그리고 그가 결국 요크파를 뿌리뽑는 데 성공했더라도, 손위 방계 네빌가와 왕비의 원조를 받으며 보퍼트가 이끄는 오래된 랭커스터파 사이의 장기화된 정치적 투쟁으로 이어졌을 것이다. 에드워드 왕자와 앤 네빌의 결혼은 백작과 앙주의 마거릿이라는 두 적들을 화해시키는 데 얼마나 도움이 되었을지 의심된다. 만약 워릭이 권력을 쥐게 되고 그의 능력과 인기가 합쳐져서 유지를 가능케 했다면, 그의 승리는 어느 나라도 오랫동안 견뎌내지 못한 형태의 정부인 가족 집단의 지배를 의미하게 됐을 것이다. 그러면 15세

---

158   튜크스버리 전투에서 에드워드 왕에게 패배한 서머셋 공작의 군대는 달아나기 시작하나 대부분은 콜른브룩Colnbrook의 긴 목초지에서 살해된다. 이곳을 블러디 메더우라고 부른다. 타우튼 전투가 일어난 전장의 캐슬힐 숲에서 콕 하천을 따라 북동쪽에 위치한 지역에도 같은 별명이 붙어 있는데, 당시 랭커스터군이 무너지면서 콕 하천 쪽으로 달아나던 중에 요크군에 의한 학살이 일어난 곳이었다.◎

159   튜크스버리 전투에서 헨리 6세의 아들 에드워드 왕자는 요크 측에 붙잡혀서 사망하는데 그의 죽음에 대해선 다소의 이견들이 있다. 그러나 그가 튜크스버리 전투 직후 살해된 것은 확실하다고 여겨진다.◎

160   튜크스버리 전투 후 브르타뉴로 피신했다가 후일 헨리 7세(1457~1509)로 즉위하여 튜더 왕조를 연다.◎

기 잉글랜드에서의 마지막 30년 역사는 기껏해야 스코틀랜드 왕관을 두고 싸웠던 더글러스 가문 왕실 시대나 프랑스의 통치자였던 기즈Guises 가문의 시대[161]와 비슷한 내용이 됐을 것이다.

하지만 워릭이 통치자라면 할 말이 많았을 것이다. 만약 그가 유혈과 내전이라는 예비 과정 없이 그 자리에 설 수 있었더라면, 헨리 6세 같은 왕에게는 완벽한 각료이자 대리인이 되었을 것이다. 잉글랜드에게 불행한 일은 그가 운명을 헨리 6세가 아니라 의지가 강하고 머리가 뜨겁고 이기적인 에드워드 4세에게 맡긴 것이다.

야심

워릭의 성격에서 두 가지 두드러진 특징은 그를 인간적인 지도자로 만들었는데, 그의 계급에서 태어나고 자란 사람에게 기대되었던 것이 아니었다. 첫 번째는 상업 활동에 대한 과도한 애정이었다. 두 번째는 그가 참을 수 없었던 계급인, 에드워드 4세가 즐겼던 '영주 만들기'로 벼락출세한 귀족만을 제외한 모든 이들의 친구로 만든 예의와 상냥함이었다.

이러한 특징들 중에서 첫 번째 것의 위력을 과장하는 것은 불가능하다. 워릭의 야망은 모든 종류의 일에 대한 열렬한 애정의 형태를 취했다. 특출나게도 그는 군인이었지만 전쟁에서의 활동은 쥐어진 모든 것을 잘, 그리고 철저히 관리하고자 하는 열정의 한 측면일 뿐이었다. 1455년 관직에 취임한 첫 순간부터 죽는 날까지 그는 잠시도 쉴 틈 없이 바빴다. 그의 영혼의 에너지

---

161   16세기 중반은 프랑스 내에서 신구교 간의 종교전쟁이 벌어졌던 시기로 로마 가톨릭 주의자였던 기즈 가문은 칼뱅의 영향을 받아 일어난 위그노교도들을 탄압했다.◎

는 장군, 제독, 주 장관, 판사, 의원, 대사 등 순간순간 긴급 상황이 요구되는 모든 일에 투입되었다. 그는 항상 움직이고, 항상 바빴고, 결코 한가한 시간이 없었다. 그의 삶의 세부사항들을 연구할 때 가장 놀라운 점은 그가 집에 얼마나 자주 있는지, 얼마나 끊임없이 공직에 있는지 알아내는 것이다. 그의 성과 저택 들은 그를 거의 만나지 못했다. 그는 워릭이나 에임즈버리, 케어필리, 미들햄이 아니라 아니라 런던, 칼레, 요크 또는 스코틀랜드 국경에서 상습적으로 발견되었다. 그가 봉신과 하인 들을 등한시한 것은 아니었다. 그들이 때마다 보여줬던 충성심은 정반대임을 증명하는 충분한 증거다. 그는 단지 위대한 제후이자 봉건 우두머리일 뿐만 아니라 위대한 장관과 공무원이 되기를 원했다.

그런 의미에서 워릭을 '최후의 제후'라고 부르는 것은 매우 기만적이다. 비록 그의 권력이 잉글랜드에서 가장 큰 지주로 여겨질 정도로 막대하긴 했지만, 그가 그 시대에 발자취를 남긴 것은 정치가이자 관리자로서였다. 그는 로베르 드 벨렘Robert of Bellême[162]이나 보훈 가문Bohuns과 비고드 가문 Bigods[163]의 후계자라기보다는 토머스 월시Thomas Wolsey[164]의 전조로 생각되어야 한다. 세상이 그를 사나운 귀족으로 기억하는 것은 불행한 일이다. 그런 관점은 상대의 필사적인 도발에 의해 자신이 쥔 거대한 봉건적 힘을 개인적 목적에 이용할 수밖에 없을 정도로 몰렸던 그의 생애 마지막 3, 4년을

---

162   3대 슈어즈버리 백작이자 어머니인 벨렘 지역 상속권을 가져서 벨렘의 로베르라고 불렸다. 정복왕 윌리엄 1세(1028~1087) 사후 자식들 간의 왕위 계승 분쟁에서 장남인 노르망디 공작 로베르 2세Robert Curthose를 지지했다.◎

163   보훈가와 비고드가 모두 유력 제후 가문으로 왕위에 반했던 전력들이 있다.◎

164   고위 사제이자 가신으로서 헨리 7세와 헨리 8세의 치세 동안 왕의 권한과 잉글랜드의 대외적 입지를 강화하기 위해 국내외적으로 다양한 정치적 시도를 추구했다.◎

성급하게 조사해서 나온 것이다. 그가 1468년에 죽었다면, 그는 뛰어난 인내와 일관성을 가지고 요크파 아래에서 잉글랜드를 통합하는 데 일생을 바쳤던 유능한 군인이자 정치가로서 역사에 기억되었으리라.

인기

워릭의 쉴 새 없는 활동 이면의 가장 두드러진 특징은 상냥함이었다. 선과 악이 번갈아 일어나는 시절이었기에 어떤 정치가도 계속적으로 국가 대중들로부터 인기를 끌지는 못했다. 백작의 인기는 그의 변치 않는 예의와 상냥함 덕분이었다. "그는 사람들에게 상냥한 말을 하고 자신을 편하고 친근하게 보여주었기 때문에 사람들은 그에 대해 긍정적으로 말했다"고 연대기 저자는 말한다. 그가 잘 알려진 곳이라면 어디든지 그는 호평을 받았다. 그를 자신들의 봉건 영주로 여겼던 요크셔와 미들랜드의 신하들, 그를 제독으로 섬긴 해군 장병들, 칼레의 수장 시절에 그와 많이 접촉해야 했던 켄트 사람들은 모두 그가 죽을 때까지 변함없는 추종자들이었다. 백작의 무한한 관대함, 자신과 관련된 권리를 가진 모든 이들을 위해 유지했던 열린 집, 그리고 부양하는 이들의 재산을 위해 밀어붙인 열정은 그의 인기를 부분적으로만 설명해 준다. 사람들을 왕실로 데려간 일만큼 그의 따뜻한 성격 덕분인 것도 없었다. 그의 모든 경력은 사람들 대다수가 그를 신뢰하고 존경할 뿐만 아니라 정말로 좋아했기 때문에 가능했다. 이것이 그의 만년의 '킹메이킹king-making'을 설명한다. 그의 지도를 따르는 일에 익숙해진 사람들은 그가 에드워드 왕에서 헨리 왕으로 충성을 옮겼을 때 묵인하기까지 했다. 그가 잉글랜드의 가장 위대한 지주여서 마음대로 왕관을 처분할 수 있었기 때문이 아니었다. 15년 간의 공적인 생활 끝에 그는 국민 대다수에게 인정받았기에 그가 과거의 모든 유대들과 결별했을 때에도 그의 지침을 따를 준비가 되어 있었기 때문이었다.

하지만 워릭은 활동적이고 온화하고 인기 있는 어떤 존재 이상이었다. 최고 수준에 도달한 능력은 그를 자신의 경력과 이어주는 충분한 역할을 했다. 대체로 그가 가장 빛날 수 있는 역할은 정치가였다. 사람을 다루는 그의 능력은 특출났다. 심지어 매우 무뚝뚝하고 냉정한 프랑스 왕 루이조차 그의 영향력을 받아들인 것처럼 보인다. 그는 개인들만큼 대중들에게도 성공적이었다. 그는 자신의 의지에 따라 의회나 군대를 움직일 수 있었다. 요크파의 전통에도 불구하고 그는 프랑스에 대한 잉글랜드의 오래된 권리를 반드시 포기해야 하는 현실을 견지했고, 두 나라를 화해시키기 위해 계속 노력했다는 사실은 정치적 선견지명에서 동시대 사람들의 대다수를 넘어섰음을 보여줬다.

전쟁에서 워릭은 능력 있는 사령관이었다. 그러나 용기와 냉정한 두뇌는 모든 흔한 위급상황에서 성공하게 만들었지만, 제자 에드워드가 보여준 군사적 천재성의 단계까지 달성하지는 못했다. 그의 부대들은 말에서 내린 기사와 미늘창병 들의 무리와 측면을 궁병들로 채운 에드워드 3세와 헨리 5세의 오래된 잉글랜드식이었다. 그는 대포와 핸드건 모두를 활용한 것으로 밝혀졌지만, 1464년 작전 당시의 공성포攻城砲 사례를 제외하면 결정적이거나 참신하게 사용하지 못했다. 그는 기병을 그리 많이 고용하지도 않았다. 대륙에서는 기병들의 위세가 다시금 회복되고 있었음에도 불구하고 그의 병사들은 아쟁쿠르에서의 그들의 할아버지들처럼 싸우기 위해 말에서 내렸다.

백작은 냉정하고 유능한 지휘관이었다. 그는 모든 돌격을 주도하려고 노력하는 성질 급한 봉건 지도자 중 한 명이 아니었다. 선제 공격을 감행한 뒤 퇴각한 다음 직접 마지막 공격을 가할 예비군을 지휘하는 것이 그의 습관이었다. 이것은 동시대의 비평가들, 특히 용담공 샤를의 성급한 용맹과 대조하며 그의 개인적 용기에 의문을 표하는 부르고뉴인들의 주의를 끌었다. 그 조롱은 터무니없다. 세인트 올번스의 하이 스트리트에 처음 진입했고, 열 시간 동안 타우튼에서 싸웠으며, 해전들이 필사적인 육박전으로 치러지던 시대의 바다에서의 승리들로 이름을 얻은 사람에게는 어떤 비난도 우습게 여길 여유가 있었다. 만약 그가 요크파 연대기 저자가 주장한 것처럼 바넷에서 '다소 도망치다가' 쓰러진 것이라고 해도, 그것은 또 다른 전장을 위해 스스로를 구하려고 분투한 것이기에 분명 옳았다. 그는 자신의 존재가 랭커스터파와 대다수 국민 사이의 연합에 대한 유일한 약속인 이상 한 번의 패배로 자신의 명분이 망쳐지지 않음을 알았을 것이기 때문이다.

실수들

용감하고 예의 바르고 자유분방하고 활동적이고 능력 있고 추종자들에게 관대한 영주, 공공의 지치지 않는 종이었던 워릭은 동시대 사람들의 존경을 받기에 필요한 모든 것을 가지고 있었다. 그들은 그를 켄트의 발라드 가수들이 노래하듯 "매우 고귀한 기사, 남자다움의 꽃"이라고 불렀다. 그러나 그도 당시 잉글랜드 귀족들을 구별했던 두 가지 원죄의 치명적 흔적들을 품고 있었음을 기록하는 것이 공정하겠다. 때때로 그는 유혈 참사에 신중하지 못했다. 그리고 일생에 한 번, 그는 길고도 신중한 반역과 배신 행위 때문에 전락했다.

이름이 붙여진 첫 번째 죄에서 워릭은 대부분의 동시대 사람들보다 비난할 부분이 적었다. 그는 결코 적들을 죽이기 위해 학살을 허가하거나 성소를 부수거나 거짓된 가식으로 사람들을 함정에 빠뜨리지 않았다. 전투에서도 그는 항상 평민들을 구하려고 부하들에게 명령했다. 더욱이 그의 유혈 범죄들 중 일부는 쉽게 변명이 가능하다. 그가 칼레에서 참수한 먼데포드와 다른 수장들은 그를 향한 충성 맹세를 어겼고, 요크에서 처형한 엑시터의 서자는 아버지를 살해한 장본인이었다. 완전히 용서할 수 없는 백작의 유일한 행동은 1469년에 우드빌과 허버트를 살해한 일이었다. 그들은 그를 쓰라리게 만드는 적들이었지만, 어떠한 법적 형식도 없이 도끼로 정적들에게 복수한 일은 워릭이 그 순간까지 누렸던 높은 명성에 어울리지 않았다. 그가 쉽게 조종할 수 있었던 반란군을 이용해 그들을 처형할 수 있도록 허락했을 뿐만 아니라 그 죽음에 공개적으로 명령을 내린 적이 없다는 말은 죄의 총합을 줄이지 못하고 되려 증폭시킨다.

하지만 도덕적 측면에서 더 심각한 것은 우드빌과 허버트의 살해보다 앞서서 있었던 배반과 기만의 행로였다. 백작이 아무리 온화한 사람이었다고 해도 감사할 줄 모르는 주군에 의해 절망으로 몰렸으리라고 이미 말한 바 있다. 이때 이상적일 정도로 충성스러운 사람이라면 왕의 배은망덕을 묵인하고 왕실을 영원히 포기했을지도 모른다. 성격이 급한 사람이라면 즉시 공공연한 반란을 일으켰을지도 모른다. 하지만 워릭은 어느 쪽도 아니었다. 첫 분노의 폭풍이 지나가자, 그는 비밀스러운 배신으로 복수하기로 마음을 굳혔다. 그래서 왕실로 돌아와 표면상으로는 적들과 화해했고, 자신의 잘못들을 잊은 것처럼 견뎠다. 그러나 그는 그러는 동안 내내 우드빌가와 허버트가를 휩쓸고 왕이 자신의 의지에 복종하게끔 강요하기 위한 군대를 조직하고 있었다. 그 계획은 무가치할 정도로 현명하지 못했다. 워릭의 반역은 그 순간은 성공적이었지만 그와 주군 사이의 어떠한 신뢰도 불가능하게 만들었다. 그리고 에드워드는 가능한 한 최대한 빠르게 자신에게 사용되었던 것과 같은 무기로 워릭을 공격했고 추방했다.

이후에 이뤄진 워릭과 랭커스터파의 화해에 대해 도덕적 분노를 불러일으킬 필요는 없다. 그것은 관계 그 자체가 문제가 아니라 관계를 나쁘게 만든 행동의 연장선이었기 때문이다. 충성을 바꾼 것에 대해서는 그를 비난할 필요가 없다. 그 상황에서는 그에게 다른 방법이 없었다. 그가 왕을 쫓아낸 게 아니라 왕이 그를 쫓아냈다. 그리고 그는 랭커스터가에 충성을 전한 이후로 다시는 변절하지 않았다. 1471년에 복귀한 후 에드워드가 그에게 한 모든 제의는 경멸의 대상이 되었다. 워릭은 최고 입찰자에게 자신을 파는 사람이 아니었다.

모든 것의 끝

워릭은 일생에 한 번 배신과 피비린내 나는 복수에 이끌렸지만, 우리는 그 죄에 맞서 그가 15년 동안 행한 대의를 위한 정직하고도 일관된 봉사를 떠올려야 한다. 그리고 그를 배반하게 만든 도발이 얼마나 지독했는지를 기억해야 한다. 최악이었던 1469~1470년의 그가 행한 사악한 행위들을 헤아려 봐도, 여전히 그는 다른 당대의 가장 비중 있는 잉글랜드인들과 비교해서 부정적으로 평가하기가 어려울 것이다. 그 침울한 시대에조차도 그의 견실한 모습은 매력적으로 두드러진다. 더 행복한 세대에서 태어났다면 그의 근면과 인내, 용기와 예의, 진보적인 영향력과 관대한 마음이 그를 추종자들의 우상뿐만 아니라 국가적 보루로 만들었을지도 모른다. 하지만 장미전쟁이라는 불경한 시기는 그로 하여금 국가적 이익이 될 수 있는 능력을 내분의 대의로 쓰고 파멸시킬 운명이었다. 이기심, 잔인함, 당대의 정치적 비도덕성이 그의 인격에 흔적을 남겼다. 그의 길고 명예로운 경력은 마침내 반역에 의해 더럽혀졌으며 성공의 기록은 참패에 의해 끝장났다.

그의 불행은 죽은 후에도 끝나지 않았다. 역사는 그에게 단지 이기적인 음모자, 격동의 봉건 영주라는 의미의 킹메이커나 마지막 제후라는 불충분한 기록을 부여했을 뿐이다. 그리고 4백여 년 동안 그에게는 전기라는 형식의 의심스러운 명예조차도 허락되지 않았다.

해제

장미전쟁의 열쇠, 워릭 백작 리처드 네빌

1471년 4월 14일, 긴 지체 끝에 마침내 프랑스를 출발한 앙주의 마거릿이 이끄는 랭커스터군은 바넷 전투가 벌어지던 그날 잉글랜드에 상륙했다. 바넷 전투를 승리로 끝낸 에드워드 4세는 그녀의 도착 소식을 듣고 서둘러 랭커스터군의 행로에 있는 글로스터에 그들을 막을 것을 명령하고 자신은 군을 이끌고 랭커스터군 쪽을 향한다. 글로스터는 명령대로 랭커스터군의 통과를 막았고, 에드워드 4세의 압박에 의해 앙주의 마거릿은 강제적으로 튜크스버리로 가게 된다. 그리고 장미전쟁 시대의 잠정적인 종결을 의미하는 튜크스버리 전투가 벌어지고 이 와중에 랭커스터 왕조 계승자인 웨일스공 에드워드가 사망한다. 이후 런던 탑에 갇혀 있던 랭커스터의 왕 헨리 6세도 불분명한 죽음을 맞이함으로써 에드워드 4세는 요크 왕조의 문제가 될 모든 것을 치우게 됐다. 프랑스와의 백년전쟁이 처절한 실패로 끝나면서 시작된 영국사 격동의 시대, 이후 윌리엄 셰익스피어부터 조지 R. R. 마틴에 이르기까지 수많은 작가들에게 강렬한 영감을 준 대가문들 간의 음모와 배신, 기사와 총포 들이 거칠게 엉켰던 장미전쟁의 긴 전반부가 끝나는 순간이었다.

흰 장미를 상징으로 하는 요크와 붉은 장미를 상징으로 하는 랭커스터가 맞붙었기에 장미전쟁이라고 불리게 된 이 내전의 시기는 요크 왕조의 명멸을 기준으로 보면 크게 두 부분으로 나눌 수 있다. 전반부는 잉글랜드 각지에서 전투를 치르다 결국 요크 왕조의 등극까지, 후반부는 리처드 3세의 왕위 쟁탈전과 몰락, 튜더 왕조의 개막까지다. 둘 중 길고도 드라마틱한 부분은 역시 전반부다. 헨리 6세, 앙주의 마거릿, 요크의 리처드, 워릭 백작 리처드 네빌, 에드워드 4세라는 난세의 거물들 간의 전쟁으로 채워진 이 혼돈의 시대는 잉글랜드를 왕권 중심의 국가 체제로 재편하는 계기가 된다.

장미전쟁의 전반부는 다시 세 부분으로 나눌 수 있다. 첫 번째는 요크와 랭커스터 세력의 대립 끝에 요크의 승리로 이뤄지는 에드워드 4세의 왕위 등극, 두 번째는 워릭 백작 리처드 네빌과 에드워드 4세의 갈등과 헨리 6세의 복위, 그리고 세 번째는 에드워드 4세의 복귀로 인한 랭커스터 왕조의 완전한 몰락과 요크 왕조의 시작이다. 요크와 랭커스터 사이의 역전과 복귀가 연속되는 지점들마다 중요한 역할을 했던 것이 바로 당대의 가장 강력한 권력을 가진 네빌 가문의 워릭 백작 리처드 네빌이었다.

리처드 네빌은 바넷 전투까지 이르는 장미전쟁의 전반기를 움직였던 중요한 인물이었지만 역사는 승자의 기록인 법. 승자에 의해 편파적 기록들만 남은 채 킹메이커라는 별명 뒤에 숨은 음험한 2인자로서 각인된 그는 본서를 통해 그의 역사학적 복권을 시도한 찰스 오만의 한탄대로 오랜 시간 오명으로서 취급되었다. 그러나 두께가 두꺼운 악역은 작가들에게 매혹의 대상이 된다. 그래서 그에 대한 왜곡의 시간이 길어질수록 그의 역사적 생명력은 연장되었다.

장미전쟁의 사료가 너무 적고 모호하다고 꾸준하게 불평한 저자가 그럼에도 불구하고 장미전쟁에 대해 논하기 위해 리처드 네빌을 축으로 삼은 것에는 타당한 이유가 있다. 그의 개인적인 정보는 21세기가 된 아직까지도 전해지는 게 거의 없다. 공식 문서에서도 상대적으로 리처드 네빌에 대한 내용은 적으며 그나마도 왜곡되었을 가능성이 크다. 그럼에도 불구하고 그가 장미전쟁에서 수행한 역할은 지대했다. 따라서 그를 연구하려면 그가 활동했던 장미전쟁을 통해 파고 들어가는 수밖에 없다. 이러한 상황은 역설적이게도 그의 삶과 장미전쟁의 밀접도를 높여서 둘을 떼어놓으면 어느 쪽도 설명하기 어렵게 만들었다. 그는 당대에는 킹메이커였으며 후대에는 이 모호한 기간의 서사적 비밀을 푸는 열쇠로서도 역할을 하게 된 셈이다.

현대의 역사 연구자들도 저자가 복권하려 한 이 킹메이커에게서 2인자로서의 음험함보다는 헌신성과 대안으로서의 가능성에 더 주목하는 편이다. 그토록 정치적으로 어지러운 시기였음에도 불구하고 그가 보편적 인기를 누렸고 민중의 지지를 끌어내는 능력이 있었음은 분명하다. 행정가로서의 견실함과 정치가로서의 감식안도 대체로 인정되는 부분이다. 물론 저자가 말미에 내린 평가에서처럼, 그 또한 시대의 문제적 인간으로서 당대 귀족들의 악덕에서 벗어나지 못한 부분들이 있다. 그렇게 객관적으로 짚어야 할 부분들과 함께, 그럼에도 불구하고 이 논란 많은 인물의 복권이 필요했던 것은 그에 대한 오해가 장미전쟁사에 대한 오해와 연결될 수밖에 없었기 때문이기도 하다.

『중세의 전쟁 378~1515』에 이어 중세에 관한 책이자 찰스 오만의 책으로는 두 번째 책을 내놓게 됐다. 『중세의 전쟁 378~1515』에서처럼 고전에 속하는 원서를 현대적으로 번역하면서 최근의 연구들을 주석으로 수록하여 내용을 보완했다. 국내에서 장미전쟁에 관한 내용은 그 유명세에 비하면 많이 다뤄지지 않았기에 새로운 길을 간다는 점에서는 뿌듯한 작업이었지만, 지난 반년 동안 실로 전쟁을 치르는 듯한 제작 과정이었다. 처음 시도한 장미전쟁에 관한 책이므로 부족한 점이 많을 것으로 여겨진다. 독자 여러분의 많은 관심과 지도를 바란다.

이 도서의 국립중앙도서관 출판예정도서목록(CIP)은 서지정보유통지원시스템 홈페이지(http://seoji.nl.go.kr)와 국가자료공동목록시스템(http://www.nl.go.kr/kolisnet)에서 이용하실 수 있습니다. (CIP제어번호 : CIP2019005383)

워릭 백작 리처드 네빌
-장미전쟁의 킹메이커

초판 1쇄 인쇄 | 2019년 3월 4일
초판 1쇄 발행 | 2019년 3월 14일

지은이 | 찰스 오만
옮긴이 | 이지훈·박민혜
펴낸이 | 유정훈
책임편집 | 유정훈
디자인 | 김이박
인쇄·제본 | 두성P&L

펴낸곳 | 필요한책
전자우편 | feelbook0@gmail.com
트위터 | twitter.com/feelbook0
페이스북 | facebook.com/feelbook0
블로그 | blog.naver.com/feelbook0
팩스 | 0303-3445-7545

ISBN | 979-11-958719-7-1 03920